**SRI DAYA MATA**
(1914 – 2010)
Troisième président et chef spirituel de la
Self-Realization Fellowship/Yogoda Satsanga Society of India

# Rien que l'Amour

Vivre une vie spirituelle
dans un monde en évolution

de
SRI DAYA MATA

QUELQUES MOTS SUR CE LIVRE : cet ouvrage vit d'abord le jour sous la forme d'un petit opuscule publié en 1971 sous le titre *Qualities of a Devotee*. Il contenait plusieurs discours de Sri Daya Mata, présidente de la Self-Realization Fellowship, dont la plupart avaient été tenus dans les années soixante. L'anthologie actuelle qui couvre une période de vingt ans, de 1955 à 1975, offre un large éventail allant de discours majeurs tenus en Inde et en Amérique jusqu'à de brefs exposés informels. Vous trouverez également dans cet ouvrage certaines des réponses données sur-le-vif par Sri Daya Mata à des questions qui lui furent posées durant des *satsangas* (rassemblements de fidèles où le guide spirituel s'exprime spontanément sur des sujets d'ordre spirituel). Bon nombre de ses propos furent d'abord publiées dans les pages du magazine *Self-Realization* (un périodique que Paramahansa Yogananda créa en 1925). Bien que la plupart de ces sujets s'adressaient soit aux membres de l'Ordre monastique de la Self-Realization Fellowship, soit aux étudiants qui suivaient les enseignements de Paramahansa Yogananda, des personnes de différentes croyances et de toutes conditions sociales bénéficièrent de ces conseils tout empreints de l'amour du prochain et dont l'utilité n'est plus à démontrer. C'est ainsi que la Self-Realization Fellowship publia en 1976 la première anthologie des discours de Sri Daya Mata ; un deuxième volume intitulé *Finding the Joy Within You* suivit en 1990.

Titre original anglais publié par la
Self-Realization Fellowship, Los Angeles (Californie) :

*ONLY LOVE*

ISBN-13: 978-0-87612-216-7
ISBN-10: 100-87612-216-0

Traduit en français par la Self-Realization Fellowship
Copyright © 2012 Self-Realization Fellowship

Tous droits réservés. À l'exception de brèves citations dans des revues littéraires, aucun passage de *Rien que l'Amour (Only Love)* ne peut être reproduit, archivé, transmis ou affiché sous quelque forme ni par quelque procédé que ce soit (électronique, mécanique ou autre) connu ou à venir (y compris la photocopie, l'enregistrement et tout système d'archivage et de consultation de l'information) sans l'autorisation écrite préalable de la Self-Realization Fellowship, 3880 San Rafael Avenue, Los Angeles, CA 90065-3219, U.S.A.

Édition autorisée par le Conseil des Publications
internationales de la Self-Realization Fellowship

Le nom « Self-Realization Fellowship » et l'emblème ci-dessus apparaissent sur tous les livres, enregistrements et autres publications de la SRF, garantissant aux lecteurs qu'une œuvre provient bien de la société établie par Paramahansa Yogananda et rend fidèlement ses enseignements.

Première édition en français de la Self-Realization Fellowship, 2012
First edition in French from Self-Realization Fellowship, 2012

ISBN-13: 978-0-87612-199-3
ISBN-10: 0-87612-199-7

1810-J2444

À mon Gurudeva vénéré,

PARAMAHANSA YOGANANDA

*Sans ses bénédictions,
en disciple que je suis, je n'aurais pas trouvé
l'amour suprême de Dieu,
l'amour parfait de Celui qui est notre Père unique,
Mère, Ami, Bien-Aimé
et qui comble tous nos désirs.*

# PRÉFACE

de Chakravarthi V. Narasimhan,
Secrétaire général adjoint aux affaires interinstitutions et à la coordination aux Nations Unies

J'ai lu *Autobiographie d'un Yogi* en 1967. Ce fut mon premier contact avec Paramahansa Yogananda et avec le mouvement de la Self-Realization Fellowship[1]. Depuis, j'ai suivi attentivement les activités de cette société. J'ai eu le privilège de rencontrer Sri Daya Mataji et quelques uns de ses collaborateurs dévoués à plusieurs reprises. J'ai également eu l'occasion de visiter le centre de la Self-Realization à Encinitas en Californie, où Paramahansa Yogananda a vécu pendant de nombreuses années.

Comme je le disais déjà, ce fut pour moi un privilège de rencontrer Sri Daya Mataji; car quiconque s'est trouvé en sa présence n'a pu manquer d'être touché par l'aura de paix spirituelle et de sérénité qui se dégage de sa personne. Sri Daya Mataji était encore très jeune lorsqu'elle se sentit appelée à suivre les enseignements de Paramahansa Yogananda; de toute évidence et malgré sa jeunesse, elle sut être réceptive à l'étincelle divine qui confère l'illumination. Elle devint l'une des premières disciples de Sri Yoganandaji de son vivant, puis son digne successeur spirituel, chargée

---

[1] Littéralement: « Société de la réalisation du Soi. » Paramahansa Yogananda a expliqué que le nom *Self-Realization Fellowship* signifie: « Communion avec Dieu à travers la réalisation du Soi et amitié avec tous ceux qui cherchent la Vérité. » (Voir « Buts et idéaux de la Self-Realization Fellowship », p. 334.) (*Note de l'éditeur.*)

de propager son message, non seulement dans ce pays et dans le mien [l'Inde], mais à travers le monde entier.

Ce message de paix et de sérénité intérieure en faveur du développement d'une personnalité intégrée est d'une grande actualité de nos jours. Nous vivons une époque troublée et les changements se succèdent de façon vertigineuse. Même dans les nations les plus évoluées, beaucoup d'êtres humains éprouvent une insécurité sur le plan personnel, tandis que les pays du tiers monde sont frappés par une pauvreté, une misère et une souffrance inimaginables. Nous avons besoin d'une nouvelle philosophie reposant sur l'interdépendance et la solidarité mondiale afin de résoudre ces problèmes. Il faut un changement radical d'attitude, non seulement de la part des gouvernements qui agissent à travers les organisations internationales telles que les Nations Unies, où j'ai travaillé pendant plus de dix-neuf ans, mais de manière encore plus significative au niveau individuel. Nous avons plus que jamais besoin d'êtres humains caractérisés par une personnalité intégrale. Or, la réalisation du Soi est un moyen sûr et simple de parvenir à l'intégration progressive des éléments de notre personnalité.

Lorsque les premiers astronautes contemplèrent la terre depuis la lune, ils s'exclamèrent devant tant de beauté. De cette distance, ils voyaient la terre comme un tout et non pas divisée en pays, en continents ou en régions peuplées de gens de différentes races et couleurs. Si nous sommes incapables de voir la terre comme un tout, c'est que notre façon de penser est trop terre-à-terre. Mais nous pouvons facilement dépasser cet obstacle en faisant preuve d'un peu d'imagination. Cela nous permettra d'élargir notre vision au-delà des cloisonnements qui tendent à nous séparer les uns des

*Préface*

autres et de suivre les enseignements des grands saints et des sages qui nous ont exhortés à pratiquer l'amour, la compassion et la tolérance.

C'est pourquoi le message de Sri Daya Mataji est des plus importants et des plus pertinents en cette ère de doute et de scepticisme. Les discours publiés dans cet ouvrage brillent comme une lumière d'espoir et de foi. Ils proclament non seulement l'unité de la race humaine, mais aussi celle de l'homme avec Dieu.

*New-York, le 14 janvier 1976*

# INTRODUCTION

Lire ou entendre les paroles de Sri Daya Mata est comme faire la connaissance de quelqu'un qui est amoureux. L'amour qui est le sien dépasse toute forme d'exclusivité pour aller vers tous dans une étreinte universelle. Il est l'expression sublime du désir ardent de l'âme et de son joyeux accomplissement en Dieu. Dans cet ouvrage qui réunit des propos informels, Mataji nous donne un aperçu du royaume de la conscience spirituelle élargie où l'âme goûte à l'amour divin.

Daya Mata naquit à Salt Lake City, dans l'Utah. Dès sa tendre enfance, elle se sentit profondément attirée vers Dieu. À l'âge de huit ans, lorsqu'elle entendit parler de l'Inde pour la première fois à l'école, elle ressentit un mystérieux éveil intérieur et eût la conviction que l'Inde détenait la clé de sa vie et de son accomplissement. Ce jour-là, à la fin des cours, elle courut à la maison et annonça en jubilant à sa mère : « Quand je serai grande, je ne me marierai pas ; j'irai en Inde. » Paroles bien prophétiques pour une enfant !

Lorsque Daya Mata eût quinze ans, on lui offrit un exemplaire de la Bhagavad Gita, « Le Chant du Seigneur ». Ce texte la toucha profondément, car il évoquait l'amour compatissant de Dieu et Sa compréhension envers Ses enfants. Il y était décrit comme un Être pouvant être approché et connu et Ses enfants étaient appelés des êtres divins qui pouvaient, grâce à leurs efforts personnels, réaliser leur droit de naissance spirituel : l'unité avec Lui. Daya Mata décida que d'une manière ou d'une autre elle consacrerait sa vie à chercher

*Introduction*

Dieu. Elle visita plusieurs communautés religieuses, mais dans son cœur cette question restait toujours sans réponse : « Existe-t-il quelqu'un qui *aime* Dieu, qui Le *connaît* ? » Avec tristesse, elle se rendait compte qu'il lui manquait un élément essentiel dans sa quête : un guide qui connaisse réellement Dieu.

Ce fut en 1931 que Daya Mata, âgée alors de dix-sept ans, vit Paramahansa Yogananda[1] pour la première fois. Il s'adressait à un vaste public à Salt Lake City. Se rappelant plus tard ses premières impressions, elle dit : « Comment puis-je vous décrire ce que j'ai ressenti ? Lorsque je l'aperçus, debout sur la scène, je me sentis comme paralysée. Il parlait du potentiel spirituel contenu dans le pouvoir de la volonté et de l'amour envers Dieu. Il parlait de Dieu comme je n'avais jamais entendu personne le faire. J'étais subjuguée. Le reconnaissant instantanément comme un être qui connaissait Dieu et qui pouvait me montrer le chemin conduisant à Lui, ma décision fut vite prise : C'est lui que je suivrai. »

Dans une assemblée réunissant des milliers de personnes, il semblait peu probable que Daya Mata put avoir la moindre chance de faire la connaissance du Guru. Mais ne dit-on pas que les épreuves sont parfois des bénédictions cachées ? Daya Mata souffrait depuis longtemps d'une grave affection sanguine. Cette maladie, que les médecins avaient été impuissants à guérir, l'avait finalement obligée à abandonner l'école.

---

[1] Paramahansa Yogananda, auteur de *Autobiographie d'un Yogi*, vivait aux États-Unis depuis 1920. Cette année-là, il fut invité à Boston en tant que délégué indien à un Congrès international de religieux libéraux. Durant les années suivantes, il donna des conférences à travers tout le pays et il établit à Los Angeles les quartiers généraux de son organisation, la Self-Realization Fellowship/Yogoda Satsanga Society of India.

Cependant, elle assistait assidûment aux cours de Paramahansaji et les bandages recouvrant son visage enflé avaient apparemment attiré l'attention du grand Guru. Vers la fin des cours, devant tout l'auditoire, il prédit qu'en moins de sept jours il ne resterait plus trace de sa maladie. Et il en fut ainsi. Mais, pour Daya Mata, au-delà de cette guérison hors de commun, la plus grande bénédiction fut l'opportunité de connaître cet homme de Dieu. Elle était extrêmement timide et elle se demande encore aujourd'hui comment elle a trouvé le courage de lui adresser ses premiers mots: «Je voudrais tellement entrer dans votre ashram et consacrer ma vie à trouver Dieu.» Le Guru l'observa un moment avec un regard pénétrant et lui dit: «Il en sera ainsi.»

Mais un miracle était nécessaire pour que ce désir puisse se concrétiser, car sa famille s'opposait fermement à ce projet. Elle n'était qu'une toute jeune fille et sa famille – à l'exception de sa mère, pleine de compréhension – refusait catégoriquement de la laisser quitter son foyer pour se rallier à une religion qui leur était totalement inconnue. Mais un soir, Paramahansa Yogananda dit dans son cours que si une âme sincère faisait appel à Dieu avec une intensité suffisante, bien déterminée à recevoir une réponse, Sa réponse serait imminente. Daya Mata prit alors une résolution; ce soir-là, après que sa famille se fut retirée pour la nuit, elle alla dans le salon où elle pouvait être seule. Et tandis qu'elle ouvrait son cœur à Dieu, ses larmes coulaient abondamment. Au bout de quelques heures, une paix profonde avait envahi tout son être et ses larmes se tarirent: elle sut alors que Dieu avait entendu sa prière. En l'espace de deux semaines, toutes les portes s'ouvrirent devant elle et elle put rejoindre l'ashram de Paramahansa Yogananda à Los Angeles.

*Introduction*

Le temps passé aux pieds de son Guru s'écoulait rapidement. Bien qu'elle fut profondément heureuse, ces premières années de stage à l'ashram ne furent pas exemptes de difficultés. Paramahansaji, avec affection mais fermeté, avait pris la responsabilité de transformer la jeune *chela*[1] en une disciple exemplaire. Il dit plus tard à Daya Mata qu'en ce temps-là, il la plia à la même et sévère discipline que celle que son propre guru, Swami Sri Yukteswar, lui avait imposé – remarque éloquente, puisqu'elle allait plus tard hériter du sacerdoce spirituel et organisationnel qu'il s'était vu attribuer, tel un manteau invisible, par Sri Yukteswar.

Au fil du temps, le Guru confia de plus en plus de responsabilités à Daya Mata. Plusieurs années avant son *mahasamadhi*[2], Paramahansaji lui demanda d'assumer la gestion administrative du siège international de l'organisation, au Mont Washington. À partir de ce moment-là, il se retira dans la solitude et consacra la majeure partie de son temps à l'écriture. Les responsabilités spirituelles et administratives de Daya Mata s'accrurent de plus en plus, au fur et à mesure que les activités de l'organisation se développaient dans le monde.

Puis, le jour arriva où le Guru annonça à sa disciple qu'il quitterait bientôt son corps terrestre. Stupéfaite, Daya Mata lui demanda comment son œuvre pourrait continuer sans lui. Il lui répondit avec douceur : « Rappelle-toi ceci : lorsque j'aurai quitté ce monde, seul l'amour pourra me remplacer. Grise-toi de l'amour de Dieu nuit et jour, à tel point que tu ne connaisses plus rien d'autre que Dieu ; puis, offre cet amour-là à tous. » Ces paroles devinrent la lumière qui

---

[1] « disciple » en hindi.
[2] L'abandon volontaire du corps physique au moment de la mort, pour une âme qui s'est entièrement unie à Dieu.

allait guider la vie de Daya Mata.

Le 7 mars 1952, à Los Angeles, Paramahansaji entra dans l'état de *mahasamadhi*. Trois ans plus tard, Sri Daya Mata devint la troisième présidente de la société de son Gurudeva, succédant à feu Rajarsi Janakananda qui avait vécu en saint. En sa qualité de successeur spirituel de Paramahansa Yogananda et en véritable « Mère de Compassion » comme son nom l'indique, elle veilla à l'accomplissement fidèle des idéaux et des vœux de Yoganandaji concernant la Self-Realization Fellowship/Yogoda Satsanga Society of India; elle s'occupa également de la direction spirituelle de ses membres et de la formation des moines et des religieuses vivant dans les différents ashrams de la Self-Realization/Yogoda Satsanga.

Après avoir servi pendant plus de 55 ans comme chef spirituel de l'œuvre mondiale de Paramahansa Yogananda, Sri Daya Mata quitta paisiblement ce monde le 30 novembre 2010 à l'âge de 96 ans. Les réalisations remarquables de sa vie en sa qualité de pionnière dans la propagation des traditions spirituelles ancestrales de l'Inde furent commémorées dans le *New York Times*, le *Los Angeles Times*, *The Times of India*, ainsi que dans d'autres grands journaux et magazines aux États-Unis, en Inde et ailleurs.

Bien que sa vie fut principalement dédiée à l'œuvre de son Guru et aux fidèles engagés sur la voie de la réalisation du Soi, elle percevait tous ceux qui cherchaient Dieu comme faisant partie de sa famille spirituelle, quelles que fussent leurs croyances. Une religieuse de l'ordre catholique des sœurs de la Charité fit la remarque suivante après l'avoir vue et entendue parler à différentes occasions: « Pour moi, en tant que membre d'un ordre religieux, Daya Mata est un

*Introduction*

exemple éclatant de ce qu'une vie consacrée au service de Dieu et de son prochain devrait être. Elle me fait penser à Jean-Baptiste, ce grand précurseur du Christ qui a dit de lui-même : "Je suis la voix de celui qui crie dans le désert, préparant la voie du Seigneur". En sa présence, les différences entre catholiques, protestants ou hindous sont abolies, car tous sont enfants du Père unique, Dieu. Elle reçoit gracieusement chacun d'eux et chacun a une place dans son cœur. À la religieuse catholique que je suis, Daya Mata a fait preuve d'une extrême gentillesse, me montrant beaucoup d'intérêt et m'encourageant dans ma voie. J'ai toujours senti qu'elle me traitait comme si je faisais partie des siens. Pour moi, elle représentera toujours un idéal de ce que ma vie devrait être en tant que religieuse... La présence de Dieu rayonne à travers elle. »

Sur la voie qui mène à Dieu, ce n'est pas la règle, mais l'esprit qui est l'ingrédient quasi magique, apte à transformer la vie du fidèle. Les vérités des Écritures et leurs commandements ne sont que des mots jusqu'à ce qu'ils soient mis en pratique par des pensées et des actions. Ils doivent être vécus. *Rien que l'Amour* illustre l'esprit de la quête divine. Ce livre établit les fondements d'une vie en harmonie avec Dieu qui est la Source, le Soutien et l'Essence de la vie et de l'être humain.

Tous les chercheurs spirituels, peu importe la fonction extérieure qu'ils exercent dans le monde, verront que ce livre parle à leur âme. Bien que les discours contenus dans ce recueil s'adressaient souvent aux résidents monastiques des ashrams de la Self-Realization/Yogoda Satsanga, les vérités qui y sont exprimées sont d'application universelle.

Les paroles de Daya Mata, mises en lumière par sa

propre réalisation du Soi montrent de manière resplendissante que la quête de Dieu est une expérience pleine de joie ; Le trouver est la Joie même.

*Self-Realization Fellowship*

# RIEN QUE L'AMOUR

# Pourquoi devrions-nous chercher Dieu ?

*Jyoti Mandram Hall, Bangalore, Inde*
*31 décembre 1967*

Pourquoi devrions-nous chercher Dieu ? Qu'est-ce que Dieu ? Comment pouvons-nous Le trouver ?

La réponse à la première question est très simple : nous devrions chercher Dieu parce que nous sommes faits à Son image[1] et seules Sa perfection et Sa Nature peuvent nous apporter un bonheur durable.

L'homme a été doté d'un esprit et d'un corps possédant cinq sens grâce auxquels il perçoit ce monde limité et s'identifie à lui. Cependant, l'homme n'est ni le corps ni l'esprit ; sa nature est Esprit, l'âme immortelle. Chaque fois qu'il essaie de trouver le bonheur permanent à travers ses perceptions sensorielles, ses espoirs, son enthousiasme et ses désirs viennent immanquablement à se briser sur les rochers d'une frustration et d'une déception profondes. Tout dans l'univers matériel est essentiellement éphémère et en perpétuel changement. Ce qui est sujet au changement porte en soi les graines de la déception ; c'est ainsi que, tôt ou tard, la barque de nos aspirations terrestres finit par s'échouer sur les récifs de la désillusion. C'est pourquoi, nous devons chercher Dieu, parce qu'Il est la source première de toute sagesse, de tout amour, de toute béatitude et de toute satisfaction. Dieu est

---

[1] Genèse 1, 27 : « Alors, Dieu créa l'homme à Son image... »

*Rien que l'Amour*

la source de notre être, la source de toute vie. Nous sommes faits à Son image. Lorsque nous Le trouverons, nous réaliserons cette vérité.

Si Dieu est le but de l'homme, alors qu'*est*-Il ? Toutes les Écritures et toutes les grandes âmes qui ont parlé de leur expérience de Dieu ont déclaré qu'il existe certaines qualités inhérentes à la nature de l'Esprit. Malgré cela, nous ne pouvons dire ce qu'est Dieu. Aucun homme n'a jamais été en mesure de Le décrire complètement. Il existe une légende à propos d'une statue de sel qui s'approcha du rivage afin de mesurer la profondeur de l'océan. Elle se désagrégea dès l'instant où elle toucha l'eau. La statue ne put mesurer la profondeur car elle était devenue une avec l'océan. Il en est de même pour l'homme. Sa nature essentielle possède les mêmes qualités que celles de l'Esprit. Dès l'instant où son âme s'identifie avec l'Être Infini, il devient un avec Lui et il ne lui est plus possible de décrire ce qu'est Dieu. Cependant, de nombreux saints ont décrit leur expérience lorsqu'ils ont communié avec l'Esprit.

Toutes les Écritures déclarent que Dieu est paix, amour, sagesse et béatitude. Toutes s'accordent à dire que Dieu est l'intelligence cosmique, omnisciente et omniprésente. Il est l'Absolu. Il est le grand son cosmique *Aum*[1], l'Amen des Chrétiens. Il est la lumière

---

[1] *Aum* : l'origine de tous les sons ; le mot symbole universel pour représenter Dieu. L'*Aum* des Vedas devint le mot sacré *Hum* des Tibétains, l'*Amin* des Musulmans et l'*Amen* des Égyptiens, des Grecs, des Romains, des Juifs et des Chrétiens. *Aum* est le son omniprésent qui émane du Saint-Esprit (La Vibration cosmique invisible ; Dieu, sous Son aspect de Créateur) ; la « Parole » de la Bible ; la voix de la création témoignant de la Présence divine dans chaque atome. On peut entendre le son *Aum* grâce à la pratique des méthodes de méditation enseignées par la Self-Realization Fellowship.

cosmique. Ce sont tous des attributs ou des qualités de l'Infini. Et lorsque le fidèle Le cherche profondément, il perçoit peu à peu ces diverses manifestations du Divin.

On dit que la première preuve de la présence de Dieu en l'homme est la paix éprouvée – une paix qu'aucun facteur extérieur ne peut affecter. Quand l'homme place ses rêves, ses idéaux, ses espoirs et ses ambitions dans des objectifs terrestres, la paix qui découle de leur réalisation n'est que temporaire. Ce monde est fait de dualités : l'existence est faite de plaisir et de souffrance, de santé et de maladie, de chaleur et de froid, d'amour et de haine, de vie et de mort. Le dessein de l'homme consiste à élever sa conscience au-dessus de cette loi de dualité, ce voile de *maya*[1] et à trouver Celui qui est présent dans toute la création et au-delà de la création.

## « Comment pouvons-nous trouver Dieu ? »

Ensuite, la question qui se pose est la suivante : « Comment pouvons-nous trouver Dieu ? » On ne peut Le connaître à travers les sens ni Le mesurer avec la règle graduée limitée de l'intellect. Chaque fois que nous essayons de découvrir Sa béatitude, Son amour, Sa sagesse et Sa joie par le biais des expériences sensorielles, nous sommes déçus. Mais quand nous apprenons à calmer notre corps et à faire taire nos cinq sens par la méditation profonde, un sixième sens surgit, l'intuition, qui commence à s'exprimer. Dieu ne peut être connu qu'à travers le sens de l'intuition. Il *veut* que nous Le connaissions. C'est pourquoi tout homme

---

[1] « L'illusion cosmique qui signifie, littéralement, « le mesureur ». *Maya* est le pouvoir magique de la création par lequel les limites et les divisions existent en apparence dans l'Incommensurable et l'Inséparable. » (Paramahansa Yogananda dans *Autobiographie d'un Yogi*.)

est doté de l'intuition.

L'objectif premier est donc de calmer le corps et l'esprit afin de pouvoir entendre les murmures de l'intuition. Notre guru, Paramahansa Yogananda, nous a enseigné des techniques de concentration et de méditation qui nous permettent de calmer le corps et l'esprit et de communier ainsi directement avec l'Infini. Cependant, combien de personnes m'ont dit lors de mes voyages autour du monde : « Vous avez de la chance de pouvoir communiquer avec Dieu ! Moi, je suis malchanceux. Dieu ne me répond pas. » Si Dieu ne répond pas, c'est parce que le fidèle ne ressent pas suffisamment le désir de Le connaître et n'a pas appris à méditer en profondeur. Le Maître[1] nous a dit : « Lorsque vous vous asseyez pour méditer, vous devez vous efforcer de libérer l'esprit de tout fardeau physique ou mental et de toute agitation. Vous devez oublier le corps et abandonner toute velléité contraire. Ce sont là les étapes essentielles que les adeptes de toutes les voies spirituelles doivent pratiquer s'ils veulent communier avec Dieu. Comment y parvenir ? Par la pratique des techniques de concentration du yoga. »

Guruji nous a appris à aménager dans notre chambre un petit coin exclusivement réservé à la méditation pour penser à Dieu. Il nous a aussi enseigné à faire le vide dans notre esprit dès l'instant où nous nous asseyons en silence dans ce « temple ». N'est-ce pas ainsi que nous devrons procéder au moment de la mort ? Les

---

[1] Mot français qui se rapproche le plus de « Guru ». « Maître », « Guruji » et « Gurudeva » sont des titres que le disciple utilise pour démontrer son respect affectueux lorsqu'il s'adresse ou se réfère à son guru ou à son maître spirituel. En ce sens, le terme « Maître » décrit celui qui a acquis la maîtrise de lui-même et est donc capable de guider les autres vers la maîtrise de soi.

*Pourquoi devrions-nous chercher Dieu ?*

responsabilités que nous estimons si importantes dans ce monde, l'entretien de notre corps qui nous prend tellement de temps, nous devrons tout oublier d'un instant à l'autre lorsque la mort nous appellera. C'est pourquoi, nul devoir en ce monde n'est plus important que notre devoir envers Dieu, parce qu'aucun devoir ici-bas ne peut être accompli sans le pouvoir accordé par Dieu. Alors, lorsque vous vous asseyez pour méditer, chassez toutes les pensées gênantes de votre esprit. Il est possible d'y parvenir si vous apprenez à vous concentrer.

L'étape suivante pour le fidèle consiste à développer l'humilité. Nous ne pourrons jamais emplir notre conscience de la pensée de Dieu si nous n'apprenons pas d'abord à nous oublier nous-mêmes. La conscience du « je » et du « moi » doit disparaître. Nous devons apprendre à mettre en pratique cette humilité dont il est question dans la Bhagavad Gita[1] :

> Droiture, vigilance à ne rien blesser qui vive,
> Véracité, lenteur à la colère ; en pensée,
> Écartant sans effort ce qu'ailleurs on prise.
> De l'équanimité et puis, cette charité
> Qui n'est pas à l'affût des défauts d'autrui.
> Ensuite, cette tendre sollicitude
> Envers tout ce qui souffre ; un cœur satisfait
> Que nul désir ne saurait troubler ;
> Une attitude pleine de mansuétude,
> À la fois de modestie et de gravité,
> Mêlant toute la noblesse humaine
> Et la patience, le courage et la pureté.
> Un esprit jamais vengeur, jamais porté
> À la présomption – tels sont les signes,
> Ô Prince indien, de celui qui a posé ses pieds
> Sur ce droit chemin menant à la naissance divine !

[1] Chapitre XVI : 2-3, d'après la traduction anglaise de Sir Edwin Arnold, *The Song Celestial*.

*Rien que l'Amour*

L'humilité est l'abandon du soi, du cœur, de l'esprit et de l'âme. C'est l'abandon de l'homme tout entier aux pieds du Divin. Comment pouvons-nous pratiquer cela ? Soyez comme le disciple qui suit le sentier du *Karma Yoga*[1] ; offrez les fruits de toutes vos actions aux pieds de Dieu. Retenez toujours cette pensée : « Seigneur, c'est Toi l'Auteur ; je ne suis rien. Tu es la Lumière qui brille dans l'ampoule ; je ne suis que l'ampoule. »

L'étape suivante consiste à pratiquer la patience. Lorsque nous nous asseyons pour méditer, nous devons perdre toute conscience du temps. Même si nous ne méditons que cinq minutes, ces quelques minutes doivent être centrées à cent pour cent sur Dieu. L'esprit ne devrait pas se tourner vers l'extérieur mais s'enfoncer de plus en plus profondément vers l'intérieur, jusqu'à ce que les vagues de paix, de béatitude et d'amour divin commencent lentement à affluer dans notre conscience.

Nous devons également nous contenter de petits progrès. Ne vous attendez pas à des expériences fulgurantes au début de votre pratique de la méditation. Contentez-vous des moindres lueurs de Divinité en vous – d'une sensation de paix tranquille qui se manifeste au plus profond de votre conscience.

Une des raisons pour lesquelles certaines personnes ne peuvent méditer profondément est qu'elles recherchent fébrilement une expérience heureuse et se découragent si elles ne perçoivent pas de réponse immédiate de Dieu. Le Seigneur nous met ainsi à l'épreuve. Il n'apparaît pas à Ses fidèles tant qu'Il n'est pas convaincu sans l'ombre d'un doute que leur amour

---

[1] Union avec Dieu grâce à l'action juste.

et leur ardent désir pour Lui sont inconditionnels. Mais lorsqu'Il est certain que nous Le cherchons véritablement, que nous ne nous satisferons pas des présents qu'Il pourrait nous offrir, alors Il se donne à nous. Guruji disait souvent: «Nous devons agir comme un enfant capricieux. Quand le bébé pleure, la mère lui donne des jouets, espérant l'apaiser afin qu'elle puisse vaquer à ses tâches ménagères. Mais chaque fois que la mère donne des jouets au petit coquin, il les attrape et les lance par terre en continuant à pleurer de plus belle pour obtenir l'attention de sa mère. La mère est alors obligée de s'occuper de son enfant.» Il en est ainsi du Divin: tant que la Mère cosmique verra que nous nous satisfaisons d'un présent quelconque, Elle continuera à nous distribuer des jouets tout en Se tenant à distance. Mais si nous parvenons à La convaincre de notre sincérité grâce à la constance de notre dévotion, par notre amour inconditionnel, notre humilité et notre abandon, en suppliant et en pleurant: «Mère, nous ne pouvons plus nous contenter de Tes jouets; nous ne voulons que Toi!», alors la Mère divine nous répondra.

Lorsque vous méditez de façon précipitée ou dans un état d'anxiété, l'objet même de votre méditation, l'Être divin en qui vous cherchez une réponse, échappe au filet de votre concentration. Le secret pour chercher Dieu dans la méditation consiste à abandonner toute agitation, impatience et anxiété.

## Les bienfaits de la méditation

Quels sont les fruits d'une méditation profonde? En premier lieu, l'homme devient un être serein. Peu importe ce que lui réserve la vie, sa conscience demeure toujours centrée à l'intérieur du Soi. Krishna avait enseigné à Arjuna comment s'enraciner dans Ce qui est immuable. Le seul principe immuable de la création, c'est Dieu. Tout le reste est sujet au changement, car ce n'est rien d'autre qu'une de Ses pensées oniriques. Vous et moi semblons si réels, ces corps nous apparaissent si concrets; le monde entier nous semble être absolument permanent. Cependant, cette apparente réalité n'est faite que des pensées condensées du Rêveur cosmique. Tout comme Lui, dès l'instant où notre esprit fait abstraction de ce monde, celui-ci n'existe plus pour nous. Dès que nous concentrons notre esprit sur l'Infini, nous commençons à percevoir la condition naturelle de notre âme en tant qu'expression individualisée du Soi cosmique.

Si Dieu est amour, paix, sagesse et joie, alors nous, qui avons été créés à Son image, sommes dotés de cette même nature. Mais qui d'entre nous se reconnaît comme tel? Chaque nuit, pendant notre sommeil, le Bien-Aimé infini nous permet, dans Sa compassion, d'oublier ce corps avec tous ses problèmes et toutes ses difficultés pendant quelques brèves heures. Mais dès que nous nous réveillons le matin, nous assumons à nouveau la conscience d'un être fini, affligé d'un grand nombre de limitations, d'habitudes, d'humeurs et de désirs. Aussi longtemps que nous demeurons ainsi esclaves de toutes ces limitations, nous ne pouvons nous percevoir comme étant une âme.

La méditation est le seul moyen de rompre nos chaînes, ces liens cachés qui nous lient à cette forme physique. Et la première preuve de l'existence de Dieu en nous est la profonde sensation de paix intérieure que nous commençons peu à peu à ressentir.

Plus notre méditation devient profonde, plus notre conscience se développe: un profond désir d'oublier cette petite enveloppe de chair et de contempler le Soi présent en tout être humain commence à s'éveiller. Nous voulons aider notre prochain; un désir désintéressé de se mettre au service de l'humanité se fait peu à peu sentir.

En méditant avec régularité tout au long de notre vie, nous percevons petit à petit cet immense océan d'amour qui repose en nous. Notre dévotion pour Dieu nous conduit vers cet état dans lequel nous Le connaissons comme l'Amour cosmique S'exprimant à travers les différentes manifestations de l'amour humain. Nous ne pourrions aimer personne sans cet amour qui vient de Lui. Sans le pouvoir qui émane de Lui, nous ne pourrions même pas penser ou respirer. Pourtant, nous excluons de notre vie l'Être même de qui nous dépendons à chaque minute de notre existence et nous nous accrochons à ce monde comme s'il nous appartenait.

**Dieu est le dénominateur commun de toute vie**

Vous pouvez vous demander: «Dois-je alors abandonner le monde et me retirer dans une grotte isolée afin de chercher Dieu?» Non, pas du tout. Quel que soit l'endroit où le Seigneur nous a placés en ce monde, c'est là que nous devons L'attirer: par le désintéressement, la méditation et nos efforts constants pour pratiquer la présence divine dans notre vie. En résumé, nous devrions soumettre notre vie et toutes ses activités à un dénominateur commun: Dieu. Au lieu de L'exclure de toutes nos activités, nous devrions L'inclure dans tout ce que nous faisons – manger, dormir, travailler, aimer tous ceux qui nous sont chers – en pensant constamment à Lui comme le Bien-Aimé cosmique de nos âmes.

Il est très simple d'aimer Dieu lorsque nous apprenons à Le chercher dans les profondeurs de la véritable dévotion. Sans la dévotion et la méditation, nous ne pouvons Le connaître. Cependant, rien n'est plus facile que de Le connaître lorsque nous L'appelons silencieusement depuis les profondeurs de notre conscience avec la confiance d'un enfant. Tout être humain devrait consacrer quotidiennement quelques instants à méditer en profondeur, en oubliant le monde, en cherchant Dieu et en Lui parlant dans le langage de son cœur. Notre Guru nous disait souvent : « Dans cet univers, tout appartient à mon Bien-Aimé. Cependant, même Lui qui possède tout est à la recherche de quelque chose et réclame quelque chose. Ce « quelque chose », c'est votre amour. Tant que vous ne vous tournerez pas vers Lui, vous souffrirez ; et le Seigneur qui désire votre amour souffrira Lui aussi. »

Donc, le but de l'humanité est de trouver Dieu et, L'ayant trouvé, de se libérer de toutes les préoccupations et souffrances de ce monde. Dans cette liberté réside l'expérience d'un amour immense, d'une union bienheureuse avec le Bien-Aimé cosmique. C'est là le but de la vie. On peut y parvenir grâce à la pratique de la méditation profonde et désintéressée.

Lorsque vous vous asseyez pour méditer, oubliez tout. En Inde, de nombreux chercheurs de Dieu se rendent sur les lieux de crémation afin de méditer longuement et profondément, car ces sites leur rappellent la dure réalité de la vie terrestre ; elle ne signifie rien si on considère que tout homme – indépendamment de sa réussite dans le monde matériel – devra un jour se dépouiller de son corps comme d'une simple masse d'argile. Alors, lorsque vous vous asseyez pour méditer, pensez en votre for intérieur : « Je suis mort pour

*Pourquoi devrions-nous chercher Dieu ?*

le monde. Je suis mort pour ma famille. Je suis mort pour toutes mes responsabilités. Je suis mort pour tous ces sens. Je suis mort pour tout ce qui est fini. Seul mon Bien-Aimé existe pour moi. » Dans cet état de conscience, méditez profondément et appelez-Le.

L'homme étant la création suprême de Dieu, accorder toute votre attention aux choses de ce monde est une insulte envers vous-mêmes et envers Lui. Aussi longtemps que vous ne vous sentirez pas capables de trouver du temps à consacrer à Dieu, vous pouvez être certains qu'Il n'en aura pas pour vous. Il attend toujours votre invitation, mais comme notre Guru le disait : « Dieu est très timide. Il n'apparaîtra pas, à moins d'être sûr que vous Le désirez. » C'est pourquoi vous ressentez un grand vide dans votre vie ; un profond sentiment d'inutilité et de futilité. Vous continuerez à sentir ce manque, vous continuerez à souffrir tant que vous ne vous réveillerez pas de votre rêve chimérique et réaliserez que vous ne pouvez exister sans Lui. Quand vous commencerez à comprendre que Lui seul peut satisfaire les désirs de votre cœur, vous commencerez aussi à ressentir peu à peu Sa douce réponse ; pas avant.

Le Seigneur Krishna affirme dans la Gita[1] que même un peu de pratique de méditation épargnera à l'homme de grandes souffrances dans ce monde. C'est pourquoi, méditer devrait être aussi vital dans notre emploi quotidien que manger. L'homme n'hésite pas à s'occuper de son corps : il veille à le nourrir, à le vêtir et à le reposer régulièrement. Mais, ô combien il néglige le Soi ! L'homme n'est pas le corps et il consacre pourtant la plus grande partie de son temps, de ses

---

[1] II : 40.

*Rien que l'Amour*

efforts, de son argent et de son intérêt à s'occuper de cette petite demeure charnelle dans laquelle il n'habite que quelques années. Quelle insulte pour l'âme !

Il ne faut pas s'étonner si l'homme souffre dans ce monde. Il mérite de souffrir et il continuera de souffrir aussi longtemps qu'il ne se débarrassera pas de ce rêve trompeur. L'homme n'a pas été mis sur terre seulement pour naître, grandir, se reproduire et mourir. C'est le lot des animaux. L'homme a été doté d'une intelligence supérieure, d'un pouvoir de discernement et du libre arbitre. Aucune autre créature de Dieu ne possède ces qualités. Il est insensé de les ignorer ou de les utiliser à mauvais escient. Nous ne sommes pas des animaux ; nous sommes des êtres divins, créés à l'image de Dieu et nous souffrirons tant que nous ne manifesterons pas ces qualités spirituelles dont Il nous a dotés.

Le Seigneur Krishna dit à Arjuna, son disciple bien-aimé : « Éloigne-toi de Mon océan de souffrance[1]. » L'homme s'efforce encore de se prouver que ce monde n'est pas un océan de souffrance, mais il n'y parviendra jamais. Parfois, nous avons la certitude d'avoir capturé l'oiseau du bonheur, mais l'instant d'après, il s'est envolé. Pourquoi ne nous concentrons-nous pas sur l'oiseau du paradis de l'âme qui réside dans la cage corporelle ? Nourrissez-la un peu chaque jour avec la seule nourriture grâce à laquelle elle peut subsister : la méditation fervente. Nous devrions dire : « Pour mon propre intérêt, je consacrerai au moins une heure par jour à te nourrir, ô mon âme. J'oublierai le monde

---

[1] « Pour ceux dont la conscience est ancrée en Moi, je me transforme rapidement en leur Rédempteur pour les écarter de la mer des naissances mortelles. » (D'après la traduction anglaise de Paramahansa Yogananda dans *God Talks with Arjuna: The Bhagavad Gita*).

*Pourquoi devrions-nous chercher Dieu ?*

entier pendant une petite heure. »

Swami Sri Yukteswar, le guru de Paramahansaji, aimait beaucoup ce chant dans lequel Dieu parle à Son fidèle, endormi dans le rêve des illusions du monde :

> « Ô Mon saint, éveille-toi, éveille-toi !
> Tu n'as pas médité, tu ne t'es pas concentré.
> Tu as passé ton temps en paroles vaines.
> Ô Mon saint, éveille-toi, éveille-toi !
> La mort sera bientôt à ta porte
> Et tu n'auras plus le temps
> De sauver ton âme.
> Ô Mon saint, éveille-toi, éveille-toi[1] ! »

Donc, priez sans cesse : « Ô, mon âme, éveille-toi de ton rêve. Éveille-toi, ne dors plus ! Éveille-toi, ne dors plus ! »

On dit qu'il n'existe qu'une différence entre un saint et un pécheur : ils ont tous deux affronté les mêmes épreuves, mais le saint a refusé d'abandonner. Répétez sans cesse mentalement le nom de Dieu, non pas d'une façon distraite, mais comme Guruji nous l'a enseigné : « Au moment où vous prononcez intérieurement Son nom, laissez toutes vos pensées et toute votre dévotion se tourner dans cette direction. » Murmurez continuellement au Bien-Aimé cosmique : « Le jour viendra-t-il où je n'aurai qu'à prononcer Ton Nom pour que tout mon être s'embrase d'amour ? »

Lorsque ce moment viendra, le fidèle découvrira un nouveau sens à la vie et celle-ci se transformera en une expérience joyeuse. Partout où il posera son regard, il verra le reflet de son Bien-Aimé ; et au milieu de l'adversité il apprendra, comme Gurudeva l'a dit, à « demeurer inébranlable au milieu du fracas des

---

[1] Tiré de *Cosmic Chants*, un livre de chants dévotionnels dédiés à Dieu, écrit par Paramahansa Yogananda.

mondes qui s'effondrent. » Il réalisera alors : « Je suis l'âme. Le feu ne peut me brûler, les épées ne peuvent me transpercer, l'eau ne peut me noyer. Je suis Cela. »

Vivre de cette manière, c'est trouver une liberté où rien ne peut nous asservir. Au milieu de toutes les expériences de la vie, vous découvrirez que vous êtes entre les bras aimants et protecteurs et du Bien-Aimé de votre âme.

# L'expansion des horizons de l'homme

*Ashram de la Self-Realization Fellowship*
*Encinitas, Californie, 18 mai 1963*

L'homme s'efforce continuellement d'élargir son rayon d'action dans la vie. Il explore l'inconnu, s'avançant de plus en plus dans l'Infini, sur le plan matériel, par ses déplacements dans le monde et dans l'espace ainsi que ses explorations des profondeurs océaniques. Il développe son esprit par l'étude des sciences appliquées et l'invention de machines aussi extraordinaires que l'ordinateur. De nouvelles perspectives s'ouvrent chaque jour et l'homme est obligé d'élargir son horizon mental pour être à la hauteur de ses propres réalisations. De nos jours, on exige beaucoup plus de performances du cerveau humain qu'à l'époque de nos ancêtres !

La nature spirituelle de l'homme subit également une transformation dans le sens d'une expansion. Il sonde de plus en plus profondément le Mystère que certains nomment Dieu, Brahman, Allah ou désignent par d'autres expressions pleines de révérence – l'Être divin, cosmique, intelligent, tout amour et toute joie, Celui qui est notre Créateur et notre Pourvoyeur. Aujourd'hui, les chercheurs de vérité exigent une expérience religieuse authentique plutôt que de simples croyances.

Cette tendance actuelle m'a convaincue du rôle particulièrement important que la Self-Realization

Fellowship, l'œuvre fondée par Paramahansa Yogananda, doit jouer, non seulement en Occident, mais dans le monde entier. J'en ai eu la confirmation en constatant l'immense intérêt que suscitent à travers le monde le livre de Paramahansaji *Autobiographie d'un Yogi* et les *Leçons de la Self-Realization Fellowship*[1].

Les adeptes de la Self-Realization ont un rôle important à jouer dans cette œuvre et dans le monde. Leur responsabilité suprême est de devenir des exemples vivants de la vérité, pour leur propre salut et pour éclairer autrui. Ne vous découragez pas si vous avez parfois le sentiment de stagner plutôt que de progresser dans votre évolution spirituelle. Faites davantage d'efforts ! Vous n'avez qu'une seule obligation, celle que Paramahansaji nous répétait constamment lorsqu'il était parmi nous : améliorez-vous en découvrant votre véritable Soi. Même si des millions de personnes emplissaient nos temples, cela ne toucherait le cœur de notre Guru que si une croissance spirituelle de qualité animait ces disciples. Il n'avait aucun intérêt pour les larges audiences, à moins qu'elles n'aient compté d'authentiques âmes à la recherche de Dieu. Son plus grand intérêt, son seul intérêt dans chaque être humain qui l'approchait, était d'aider ce disciple à prendre pleinement conscience du lien divin qui existe entre son âme et Dieu. Le lien est déjà là ; le rôle d'un véritable guru est d'aider le disciple à devenir conscient de son unité avec Dieu, le créateur de son âme et de cet univers.

---

[1] Les enseignements de Paramahansa Yogananda sont envoyés dans le monde entier aux étudiants ; ils sont disponibles à toutes les personnes qui recherchent sérieusement la vérité. Ces leçons contiennent les techniques de méditation du yoga enseigné par Paramahansa Yogananda. Elles expliquent également les lois universelles qui gouvernent la vie et la manière dont l'homme peut les utiliser afin d'en tirer le plus grand bien-être.

*L'expansion des horizons de l'homme*

Lorsque je pense à ces principes sublimes, je suis ivre d'enthousiasme pour l'œuvre de mon Guru et encore plus exaltée par la conscience divine de Dieu qui m'habite nuit et jour. Il est l'unique réalité, la seule chose immuable et permanente dans ce monde.

Si vous plaisez au monde entier et que chacun se prosterne à vos pieds, que se passe-t-il ensuite ? Vous possédez toutes les richesses que le monde peut offrir, et alors ? Toutes les choses que nous recherchons sur le plan matériel conduisent inévitablement à la satiété et ensuite à l'ennui. La seule expérience apportant un sentiment total de plénitude et de satisfaction, qui ne pourra jamais nous rassasier ou nous ennuyer, est la communion avec le Seigneur toujours nouveau, toujours joyeux.

Tout le monde ressent le besoin de Dieu et tous se tourneront vers Lui. Plus le monde est tourmenté, plus nous comprenons que nous ne pouvons vivre sans Lui. Je me souviens de la période qui débuta en 1939, alors que le monde commençait de plus en plus à retentir de cris de haine et de guerre. En ce temps-là, mon tourment intérieur était grand. Je ne peux rien imaginer de plus absurde et de plus douloureux que la guerre. Je souffrais comme si toutes ses blessures se trouvaient en moi. Toute personne sensible éprouvant quelque sympathie ou compassion envers autrui la ressent de la même façon. Chaque fois que nous faisions le trajet entre notre ashram d'Encinitas et le Mont Washington[1] en compagnie de Guruji et que j'apercevais ces jeunes militaires alignés le long de la route, nous demandant de les prendre en voiture, je n'avais que cette pensée

---

[1] Le lieu et, par extension, le nom fréquemment employé pour désigner le siège international de la Self-Realization Fellowship à Los Angeles.

en tête : « Chacun de vous est l'enfant de quelqu'un. » Un jour, Paramahansaji se tourna vers moi et vit la souffrance sur mon visage. Il lut dans mes pensées. Comme il y avait de la place dans la voiture, il dit : « Arrêtez-vous un instant. » Deux garçons se trouvaient là, deux très jeunes hommes, debout sur le côté de la route. Il leur dit : « Voulez-vous monter avec nous ? » Je n'oublierai jamais la gentillesse de Guruji à leur égard. C'était peu de chose, mais cela diminua mon angoisse.

Durant cette période de guerre, Paramahansaji déclara : « On dirait que le monde régresse, comme s'il allait se détruire par la haine. Mais soyez assurés d'une chose : le monde se trouve dans un courant ascendant, en évolution constante, en progrès constant. »

Le blanc se découpe mieux sur un fond noir. De même, la bonté ressort plus clairement sur un arrière-plan dominé par le mal ; la lumière de Dieu resplendit plus brillamment sur un fond de grande obscurité. N'en était-il pas également ainsi à l'époque du Christ ? La Bhagavad Gita[1] affirme que lorsque le monde est obscurci par l'ignorance, Dieu envoie sur terre l'un de Ses saints pour montrer à l'être humain la façon d'élever sa conscience afin de rétablir la vertu.

## L'expérience personnelle de Dieu conduira à l'unité du monde

La Self-Realization Fellowship enseigne à respecter et à aimer toutes les religions, toutes les races, tous les peuples, parce que Dieu est Un et que l'unité devrait régner parmi Ses enfants conscients de Sa présence. Ce n'est pas tant ce que nous croyons au sujet de Dieu qui

[1] IV : 7-8.

Daya Mata avec Paramahansa Yogananda
Ermitage de la SRF, Encinitas, Californie, 1939

« *Dès que mes yeux se posèrent sur mon Guru, Paramahansa Yogananda, il y a presque quarante ans de cela, ce fut une grande joie de déposer mon cœur, mon esprit, mon âme et ma forme mortelle aux pieds de Dieu, dans l'espoir qu'Il puisse d'une façon ou d'une autre utiliser cette vie que je Lui ai donnée. Tant de satisfactions ont rempli mon âme pendant ces années; c'est comme si je buvais constamment à la fontaine de l'Amour divin. Aucun mérite ne me revient; c'est la bénédiction du Guru, une bénédiction qu'il nous accorde à tous de la même manière si nous sommes simplement prêts à la recevoir.* »

*Satsanga* (rassemblement spirituel) au siège international de la SRF à Los Angeles, à la veille de son départ pour la visite des centres de la SRF en Europe, août 1969

*« Comme pratiquement toute personne active dans ce monde, je n'ai jamais eu l'occasion d'être libre de toute activité. Mais dès le début, j'ai pris la décision que le moindre instant de liberté serait rempli par Dieu. »*

nous conduira à la réalisation individuelle du Soi et, finalement, à l'unité mondiale, mais plutôt notre expérience personnelle de Dieu. Que nous soyons revêtus d'un corps noir, brun, jaune, rouge ou blanc n'a absolument aucun intérêt pour Dieu. Il veut seulement voir comment nous, qu'Il a créés à Son image, nous Lui répondrons dans Ses corps de couleurs variées. Ne voyez-vous pas qu'il n'existe aucune différence ? Et que la couleur de la peau, la race ou la religion ne modifient pas l'âme divine créée à l'image de Dieu qui est en chaque être humain ?

Nous devons lutter pour nous débarrasser des préjugés qui limitent l'esprit et la conscience, et qui font pleurer la Divinité en nous. Malgré cela, nous pouvons reprocher à Dieu d'être responsable d'une bonne partie de notre myopie. Nous pouvons Lui dire : « Seigneur, c'est Toi qui as instillé cette pensée de division dans l'esprit des hommes, car ils n'auraient pas pu concevoir cette idée si Tu ne l'avais pas d'abord pensée. L'homme n'est rien d'autre qu'une partie de Ton rêve de création. » Tout provient de Dieu ; en dernier ressort, même la force du mal est Son outil. Le mal, ou *maya*, est l'illusion cosmique dont les ombres, comme dans un film, transforment la lumière créative de Dieu en d'innombrables formes individualisées. La création n'existerait pas sans *maya*. En ce sens métaphysique, le mal représente toute forme d'obscurité qui cache ou déforme la lumière toujours parfaite de l'omniprésence de Dieu dans la création.

Quelle est la raison d'être de la création ? Comme l'a enseigné Paramahansaji, c'est la *lila* ou jeu divin du Seigneur. N'y attachez pas tant d'importance. Ne vous laissez pas absorber par Sa *lila* au point d'oublier que c'est Lui qui a créé le jeu et qui en est l'Essence même.

## La proximité du monde aveugle l'homme

Si vous fermez un œil et tenez une pièce de monnaie très près de l'autre œil, vous ne pouvez voir le monde qui vous entoure car ce petit objet vous aveugle. Si vous écartez la pièce de monnaie de l'œil ouvert, il vous sera possible de voir comme le monde est grand. Il en est de même avec Dieu. Si vous vous identifiez trop au monde, vous serez aveuglés et il vous sera impossible de Le voir. Accablés par l'anxiété, les soucis, la peur, l'insécurité et l'incertitude, vous ne pouvez même pas imaginer que Dieu existe.

Ce n'est qu'après avoir éloigné la «pièce de monnaie» de ce monde que vous pouvez voir l'immensité de Dieu en vous et au-delà de la création. Ce n'est qu'à ce moment-là que vous pouvez contempler le monde dans sa véritable perspective. Vous devez toujours garder votre regard fixé sur ce qui est le plus important, – Dieu –, votre point de mire. Lorsqu'Il vient en premier, tout le reste se perçoit avec clarté.

C'est pour cette raison que le Christ a dit : « Cherchez plutôt le royaume de Dieu ; et toutes ces choses vous seront données par dessus[1]. » Paramahansaji a répété maintes fois ce message à tous. Chaque être humain sent dans son cœur qu'il lui manque quelque chose. Nous avons besoin de Dieu ; nous avons besoin de nous accrocher à quelque chose de permanent qui nous donnera la force d'affronter les problèmes, les épreuves et les expériences que nous attirons dans notre vie. Ne condamnez jamais personne d'autre pour ce qui vous arrive. Condamnez-vous plutôt vous-mêmes ; mais ne vous punissez pas, ce serait une erreur. Ne vous apitoyez

---

[1] Luc 12, 31.

pas sur vous-mêmes, car cette attitude est également erronée. Souvenez-vous toujours de cette vérité : Vous êtes l'enfant de Dieu et la méditation est le moyen par lequel vous pouvez réaliser que vous êtes à Lui.

La méditation est une affirmation constante de ce que nous sommes. Lorsque nous nous asseyons pour méditer, nous affirmons : « Je suis l'âme, une avec Dieu. » Lorsque vous pratiquez les techniques de méditation de la Self-Realization Fellowship, vous vous efforcez de vous souvenir de votre véritable nature. Comme dans tout, plus vous pratiquerez la méditation, plus vous deviendrez expert en la matière et plus vous en retirerez de bienfaits ; plus vous vous souviendrez de votre héritage divin et l'exprimerez. L'importance et la valeur de la méditation résident en la promesse inaliénable que vous obtiendrez la connaissance ultime de la nature de votre âme.

Il ne suffit pas d'aller à l'église ; il ne suffit pas d'écouter les merveilleux sermons donnés dans les temples de la Self-Realization Fellowship. Les sermons sont bons et il est important de les écouter. Si vous en avez la possibilité, vous devriez assister régulièrement aux services. Mais en plus de cela, il doit y avoir une pratique quotidienne de la présence de Dieu, une communion quotidienne avec Lui en méditation profonde, un entretien quotidien avec Lui pour Lui confier vos problèmes.

## N'attendez pas que la vie vous oblige à chercher Dieu

J'ignore comment le monde peut vivre sans cette communion avec Dieu. Il peut très bien arriver que le monde doive affronter tant d'adversités que l'humanité se voie obligée de penser à Dieu. Mais même cela sera un bienfait, parce que finalement, la raison pour laquelle nous nous jetons aux pieds du Seigneur ne compte pas, du moment que nous nous prosternons devant Lui.

Alors, ne vous plaignez jamais de ce qui vous arrive. Ne vous laissez jamais abattre par les circonstances de votre vie. Efforcez-vous toujours de penser : « Seigneur, je crois sincèrement qu'aucune épreuve et qu'aucune expérience ne peuvent m'arriver sans Ta permission. Je sais que je possède en moi, grâce à Ta bénédiction, la force d'affronter tout ce qui se présentera dans ma vie. » Même lorsque votre tâche vous semble surhumaine, rappelez-vous que le Divin ne fait qu'étirer le ruban élastique de votre conscience, élargissant ainsi son potentiel à l'infini.

Avec une telle attitude de foi et d'abandon, nous apprenons à traverser ce monde avec une pensée unique : « Toi, Seigneur, – Toi, Toi, Toi. » Le fidèle sent tellement qu'il fait partie de Dieu, qu'il rattache chacune de ses expériences à Dieu. Qu'il soit engagé dans le monde des affaires, occupé à travailler à son bureau ou à manifester son amour à son mari, sa femme ou ses enfants, il réalise que tout est Dieu, – que tout provient de Dieu et que tout est pour Dieu.

Lorsque le fidèle acquiert cette attitude sacrée dans laquelle il s'efforce de voir Dieu dans ses relations avec son époux ou son épouse, ses enfants, ses frères et sœurs et qu'il sait que dans chacune de ces relations il est possible de contempler une autre facette de la nature divine, il prend peu à peu conscience qu'il vit, qu'il évolue et que tout son être est contenu dans le Bien-Aimé divin.

Tel est l'objectif de la vie, le but de chaque être

humain. En nous accrochant à la conscience de Dieu lorsque nous traversons les épreuves que la vie nous apporte, nous nous considérons, ainsi que tous ceux qui nous entourent, comme faisant à nouveau partie du Tout infini. Alors la liberté nous appartient.

# Notre destinée divine

*Inde, date et lieu exacts inconnus*

Les hommes ont une destinée divine à accomplir, mais peu d'entre eux connaissent le but de leur existence et ceux qui cherchent à atteindre ce but avec ardeur sont encore plus rares. Ils consacrent la plus grande partie de leur vie à subvenir aux besoins de leur corps et à assumer toutes leurs tâches quotidiennes. En ce sens, l'homme moyen vit et meurt sans savoir d'où il vient, pourquoi il est sur terre et où il va.

Les saintes Écritures du monde entier affirment que l'être humain est la création la plus avancée de Dieu et qu'il a été créé à l'image de son Créateur. L'image de Dieu est-elle ce corps de chair prédisposé aux maladies et impuissant face à la mort, cette intelligence obscurcie par *maya* sujette aux humeurs changeantes et aux émotions ? Cette image ne peut en aucun cas être celle de cette Grande Puissance qui a conçu les rouages cosmiques de l'Univers dans toute leur complexité et qui les maintient ! Alors, où est cette image divine à partir de laquelle l'homme est censé avoir été créé ?

L'homme est un être de nature triple. Il a un corps, mais il n'est pas ce corps qui a des exigences, qui souffre et qui meurt. Il a un esprit, mais il n'est pas cet esprit faussé par les ruses de l'illusion cosmique. Sa véritable nature est l'*atman* immortel, l'âme, qui demeure invisible dans un temple de chair mortelle. Cet *atman* est l'image de Dieu en l'homme – l'image absolument parfaite dont les qualités divines sont l'amour, la sagesse, l'omnipotence et la joie éternelle.

Aveugle est l'enfant de Dieu qui permet la profanation de cette image divine qui vit en lui, l'assombrissant tellement avec les imperfections de la conscience matérielle qu'elle devient méconnaissable. En agissant ainsi, l'homme vit à l'encontre de sa véritable nature. C'est pourquoi il n'est jamais entièrement satisfait et ressent toujours au plus profond de lui-même une nostalgie qui le pousse à suivre une voie, puis une autre, toujours à la recherche de ce quelque chose d'inconnu qui lui échappe continuellement.

Dieu est ce « quelque chose d'autre » que l'homme recherche : la Divinité qui palpite juste derrière les battements de son cœur ; l'Amour qui filtre à travers les différentes formes d'amour, pour la famille, les amis et les êtres chers ; la Joie qui allume toutes les flammes du bonheur ; la Sagesse omnisciente qui repose juste derrière les pensées de l'esprit humain limité. Le Pouvoir divin qui a donné la vie à l'homme est le plus proche parmi les proches ; il peut donner un sens à son existence et le satisfaire complètement.

## Le destin de l'homme est de connaître Dieu

La destinée divine de l'homme est donc de trouver Dieu et de réaliser que Son image vit dans le temple du corps et de l'esprit mortels. En découvrant, grâce à la réalisation du Soi ou *atman*, qu'Il demeure en nous, nous trouvons le Bien-Aimé cosmique dans toutes les manifestations de la nature et dans Son Soi sans forme, en tant que *Sat-Chit-Ananda* : la Béatitude toujours présente, toujours consciente et toujours renouvelée. Que pouvons-nous désirer de plus, une fois que l'image de Dieu s'éveille en nous à la réalisation glorieuse qu'elle est la réflexion du Seigneur omnipotent, omniscient et omniprésent ? Quel amour pourra alors faire rêver son cœur, quel accomplissement se trouvera au-delà de sa portée, quelle joie pourra lui échapper ? L'homme doit réaliser qu'il est lui-même un reflet de la Source de toute plénitude, d'amour et de joie.

Le *Raja Yoga*[1] est la science ancienne qui enseigne le chemin de la connaissance du Soi afin de réunir cette image individualisée de Dieu avec l'Esprit cosmique. Par la méditation, nous nous réapproprions notre héritage oublié d'enfants du Créateur cosmique. Tout ce que le Père possède, nous, Ses enfants, nous pourrons aussi l'obtenir quand nous aurons rétabli notre véritable relation avec Lui. Le bonheur est le trésor que nous recherchons, caché derrière toutes nos ambitions et tous nos désirs. Celui qui suit fidèlement la voie de la méditation prend peu à peu conscience de cette vérité : « Je suis venu de la Joie, je vis, je m'anime et je demeure dans la Joie, et dans cette Joie sacrée, je me fondrai à nouveau un jour. »

Celui qui voudrait connaître cette Joie doit s'efforcer d'accomplir le destin divin de sa vie sur cette terre. Il doit se consacrer à redécouvrir sa véritable nature et la relation de ce Soi avec l'Esprit. Il n'a pas besoin de fuir ses responsabilités terrestres, mais il peut certainement consacrer l'une des vingt-quatre heures de la journée à chercher Dieu. Selon la profondeur et la constance de nos efforts, même quelques minutes quotidiennes de cette pratique dévotionnelle des techniques de méditation yoguique enseignées par nos

---

[1] Le *Raja Yoga* est la voie « royale » ou la voie la plus élevée de l'union divine. Elle intègre l'essentiel de toutes les autres formes de yoga. Cette voie insiste sur les techniques scientifiques de méditation comme étant le moyen ultime d'atteindre la réalisation divine.

*Notre destinée divine*

illustres Gurus[1] permettront au fidèle sincère d'atteindre les bénédictions suprêmes. À mesure que nous nous approchons davantage de Dieu et que notre véritable nature se manifeste, notre perspective même de la vie change d'aspect. Même les épreuves sont perçues comme si elles étaient simplement l'ombre de la main divine, déployée pour nous bénir. Une plus grande fermeté dans nos intentions et une ligne supérieure de conduite motivent nos actions. Et, par-dessus tout, la paix et la joie deviennent le centre de notre existence, – un noyau de béatitude intérieure autour duquel gravitent toutes nos pensées et toutes nos expériences.

Nous devons retourner un jour à la Source de notre être. Pourquoi prolonger notre exil dans le monde de l'illusion ? Krishna a dit à Arjuna, son disciple bien-aimé : « Écarte-toi de Mon océan de souffrance et de malheur. » Éloignons-nous en, nous aussi, en suivant la voie des Grands Maîtres. À partir d'aujourd'hui, efforçons-nous de nous diriger vers le but que notre existence nous destine. Cherchons la réalisation du Soi, cherchons Dieu et trouvons-Le !

---

[1] La lignée des Gurus de la Self-Realization Fellowship/Yogoda Satsanga Society of India ayant réalisé Dieu se compose de Mahavatar Babaji, Lahiri Mahasaya, Swami Sri Yukteswar et Paramahansa Yogananda.

# Les qualités d'un disciple

*Siège international de la Self-Realization Fellowship,
Los Angeles, Californie, 19 février 1965*

La première condition requise sur la voie spirituelle est le désir sincère de trouver Dieu. Sans cet ardent désir, il est impossible de Le connaître. Toute quête nécessite une énergie soutenue pour assurer son succès. De même, si vous voulez connaître le Divin, un désir ardent et persistant de connaître Dieu est nécessaire.

Mais même un désir ardent n'est pas suffisant en soi; nous devons aller plus loin. Lorsque l'aspiration de connaître Dieu se manifeste, elle doit être alimentée par la loyauté et le dévouement; d'abord envers Dieu, ensuite pour la voie et le guide que Dieu vous envoie. Lorsque le disciple commence à chercher Dieu avec ferveur, il trouve une voie et un guru qui devient son inspiration tout au long de cette voie. Donc, la deuxième qualité nécessaire est faite de loyauté et de dévouement envers Dieu ainsi qu'envers le guru dont on a choisi de suivre la voie.

La troisième condition requise est fondamentale; au fur et à mesure que nous progressons sur la voie spirituelle, nous devons nous efforcer de nous comporter de manière à être une source d'inspiration pour ceux qui peuvent être faibles, et non pas contribuer à accentuer leur attitude négative ou leur découragement. Cela ne signifie pas que nous devrions essayer d'attirer l'attention d'autrui sur nous. Mais nous devrions manifester consciencieusement dans nos vies les qualités

*Les qualités d'un disciple*

spirituelles que nous ressentons peu à peu dans notre cœur ; en agissant ainsi, nous serons en mesure d'encourager les autres à s'engager sur la voie spirituelle.

Le quatrième point consiste à s'efforcer de cultiver constamment l'humilité, car l'humilité est comme une vallée dans laquelle les eaux de la grâce divine peuvent confluer. L'égotisme, la conscience incessante du je, je, je, sont comme le sommet aride d'une montagne désertique ; nulle eau ne peut s'accumuler sur une telle cime. Seules les vallées profondes peuvent l'accueillir. De même, les eaux de la miséricorde, de la grâce et de la bénédiction ne s'amoncellent que dans la vallée de l'humilité, là où le fidèle accorde la première place à Dieu et s'attribue la dernière. Ainsi, comme l'affirme le proverbe hindou : « Lorsque ce "je" mourra, je saurai alors qui je suis. »

La cinquième condition requise est que le disciple consacre chaque jour un moment à la méditation. Vous vous trompez – et vous pouvez croire que vous trompez Dieu, mais il n'en est rien – si vous prétendez d'une manière ou d'une autre que votre travail est plus urgent que vos efforts quotidiens pour méditer. Ce concept erroné est l'une des épreuves les plus importantes qu'affronte le disciple. Au début, il se peut que nous ne percevions aucun résultat tangible dans notre méditation et nous sommes alors enclins à considérer les exigences de notre travail ou du monde comme prioritaires. Ce n'est que lorsque nous sommes confrontés à des expériences pénibles, des échecs, des souffrances physiques, mentales ou spirituelles, que nous réalisons soudain quelle erreur nous avons commise de n'avoir pas accordé la première place à Dieu dans notre vie.

*Rien que l'Amour*

## Garder l'esprit fixé sur Dieu aide à résoudre vos problèmes

Chaque fois que nous venions voir Paramahansaji avec un problème ou une plainte d'ordre personnel – si nous avions des critiques à formuler ou des conflits avec d'autres personnes ou dans le cadre de notre travail – il ne s'attardait pas sur ce problème particulier. En fait, à une seule exception près, je ne peux me rappeler l'avoir vu s'asseoir avec moi pour parler de mes problèmes. Nous, ses disciples, nous n'allions jamais le voir en consultation privée parce que nous savions à l'avance quelle serait sa réponse : « Maintenez simplement votre attention à cet endroit » avait-il l'habitude de dire, en indiquant le centre christique situé entre les sourcils, le siège de la conscience spirituelle et de l'œil divin[1]. « Fixez votre attention sur ce point et gardez Dieu dans votre conscience. » Certains pensaient peut-être qu'il ne nous donnait pas ce que nous venions chercher ; après tout, on peut s'attendre à ce qu'un guru fasse à ses disciples de longs discours sur la spiritualité, la nature de Dieu et la valeur de la vertu. Mais il ne nous répétait d'habitude que ces quelques paroles, brèves, apaisantes et efficaces. Cela suffisait à ceux qui étaient réceptifs. Il nous a ainsi enseigné que lorsque nous apaisons et recentrons notre conscience, nous trouvons immanquablement la solution de nos problèmes.

Le Maître était d'une simplicité sublime, comme le sont tous les grands amoureux de Dieu. Il n'avait qu'une exigence et qu'une leçon qu'il voulait que nous apprenions : Dieu doit prendre la première place dans

---

[1] L'œil spirituel ; le centre de la perception spirituelle et de la sagesse intuitive de l'homme.

*Les qualités d'un disciple*

notre vie. Nous devions garder présentes en nous les paroles du Christ: «Cherchez premièrement le royaume et la justice de Dieu; et toutes ces choses vous seront données par-dessus[1].» Ce conseil n'était pas seulement destiné à ceux qui vivent dans les monastères, mais à tous les êtres humains. Si nous nous concentrons sur cette vérité – *cherchez Dieu en premier* – nous en saisissons progressivement la signification. Quand nous avons mal à l'estomac, des problèmes dans notre famille ou des difficultés dans notre travail, la solution est très simple: Fixer son esprit sur Dieu. Commencez par vous ancrer en Lui. Puis, à partir de ce niveau de conscience, essayez de résoudre vos problèmes. Vous serez étonnés de la rapidité et de l'efficacité de cette technique. Je le sais, car c'est ainsi que j'ai vécu et que j'ai assumé mes nombreuses responsabilités durant toutes ces années.

### Efforcez-vous de vous améliorer

Parfois les disciples s'enthousiasment tellement de leur conversion spirituelle qu'ils veulent en parler à tous et convertir tout le monde! Ils sont tellement certains de leurs propres progrès et de leur propre amélioration, qu'ils veulent transformer le monde entier. Un tel enthousiasme est surtout extérieur. On devrait avant tout porter ses efforts à se transformer soi-même. Il est difficile de changer le moi, car il est profondément enfoui sous une carapace d'habitudes dont nous ne sommes même pas conscients. Nous sommes prisonniers, enchaînés par nos propres pensées, humeurs et émotions.

[1] Matthieu 6, 33.

Il n'est pas facile de changer des habitudes que vous avez prises au cours de toute une vie ou peut-être pendant trente ou quarante ans. Essayez d'en changer même une petite et vous verrez comme c'est difficile ! Essayez de ne pas trop parler, de ne pas faire de commérages, de ne pas critiquer les autres, de ne pas être jaloux. Après quelques tentatives, vous direz peut-être : « Il me semble impossible de changer. N'y a-t-il donc aucun espoir pour moi ? » Bien sûr qu'il y a de l'espoir. Mais cet espoir ne pourra se concrétiser tant que vous vous évertuerez à changer uniquement les gens et les situations autour de vous, au lieu de vous concentrer sur vos propres défauts. C'est ce que je vous prie instamment d'apprendre. Nous qui sommes présents ici, bien après que nos voix se seront tues, la vérité éternelle contenue dans ces conseils sera toujours valide.

Vous *pouvez* changer, et le moyen d'y parvenir consiste à chercher Dieu avec sincérité, par la méditation et par l'autodiscipline. Il n'existe pas d'autre méthode. La combinaison de tout cela est nécessaire pour développer la force de vaincre les mauvaises habitudes et de briser ces chaînes obscures, cachées dans notre subconscient, qui nous ont rendus prisonniers de ces corps et de ces esprits limités.

C'est la raison pour laquelle certaines règles sont indispensables aux fidèles qui s'engagent sur la voie spirituelle. Une solide discipline est requise. Pensez-vous donc qu'il soit facile de connaître Celui qui est le Maître de cet univers ? Pensez-vous qu'il soit simple de communier avec Lui lorsque l'esprit est rempli de mesquineries et de commérages, de négativité, de haine ou de doute – toutes choses inférieures à Dieu ? Certes pas ! Sans l'appui de la méditation et de l'autodiscipline pour éliminer ces obstacles, vous ne pouvez Le connaître.

*Les qualités d'un disciple*

Dieu ne peut Se connaître que si on s'abandonne entièrement à Lui. Ne vous contentez pas d'être un disciple médiocre. Ne fixez pas vos normes sur celles du reste du monde. Je me souviens que Guruji avait dit à un groupe d'entre nous : « Je ne veux pas de fidèles médiocres sur cette voie. C'est pourquoi je suis strict envers vous tous. Je veux voir qui a la force morale nécessaire pour aller jusqu'au bout, pour aller jusqu'à Dieu. »

Les derniers mots que le Maître m'adressa personnellement – ô combien je les chéris ! – furent prononcés trois jours avant son *mahasamadhi*. Nous descendions tous les deux par l'ascenseur, ici aux quartiers généraux. Il me dit : « Ma pauvre enfant, j'ai été très sévère avec toi dans cette vie[1]. Je t'ai soumise à la même discipline rigoureuse que celle à laquelle mon Guru m'avait soumis. Je savais que tu pouvais l'endurer. Mais n'oublie pas qu'il me réprimandait parce qu'il m'aimait. » Ensuite, il me dit quelque chose de très émouvant : « Mais je ne serai plus très longtemps ici pour t'infliger cette discipline. » Je lui répondis : « Maître, soumettez-moi à votre discipline chaque fois que vous sentirez que votre disciple en a besoin, et cela pour l'éternité. Je sais que vous pourrez me guider, même quand votre forme physique aura disparu. Je vous supplie de continuer à le faire ! »

Je n'ai aucun désir de m'occuper des besoins de mon être physique ou mental. Je cherche la liberté et c'est ce que je souhaite à chacun d'entre vous.

---

[1] Référence aux incarnations précédentes lors desquelles le guru et la *chela* se sont déjà rencontrés. Paramahansaji savait que Daya Mata avait un rôle éminent à jouer dans cette incarnation et c'est pour cette raison qu'il l'avait fortifiée, élevant son niveau spirituel afin de la préparer à cette responsabilité. Voir la note explicative sur la loi de la réincarnation au bas de la page 58. (*Note de l'éditeur.*)

*Rien que l'Amour*

## Quand une attitude est juste, elle s'apparente au Christ

« Quand ce "je" mourra, je saurai qui je suis. » Lorsque l'attitude du fidèle est juste, elle devient pareille à celle du Christ. Personne ne pouvait insulter Jésus, personne ne pouvait détruire son esprit d'amour ou provoquer sa colère, car sa conscience n'était pas ancrée dans le soi limité, mais dans le Soi Supérieur, Dieu. C'est pourquoi rien ni personne ne pouvait l'offenser.

Supposons un instant que le monde entier nous accuse injustement. Lorsque l'esprit est fermement établi dans la conscience de Dieu, ce que le monde pense a peu d'importance. Cela ne veut pas dire que vous devez dédaigner le monde, mais que vous devez être immergés dans la Conscience de l'Un à un tel point (et peut-être avez-vous déjà tous eu un petit aperçu de cette expérience) que vous éprouvez de la compassion pour les autres et que vous essayez de les comprendre. Vous ne savez qu'une chose par-dessus tout : « Si le monde me couvre d'éloges, mais que je ne ressente pas la bénédiction de mon Dieu, je suis privé de tout réconfort. Mais si le monde entier m'insulte et que je ressens pourtant la force de mon Dieu au fond de moi, je reste en Lui dans un bonheur sublime. »

Toute la vie spirituelle se résume à cette réalisation. Et tant que je vivrai, j'essaierai de diriger ma conscience et celle de chacun d'entre vous vers ce But unique. Je veux voir le message de Gurudeva Paramahansa Yogananda apporter la consolation à tous ; les ruches du travail organisationnel devraient être remplies du miel des âmes qui aiment Dieu.

Chaque être humain veut être libre. Une fois que

vous prendrez conscience d'être vraiment un prisonnier dans cette vie, vous brûlerez de connaître la liberté. Je suis née avec ce désir ardent et n'aurais laissé personne se mettre en travers de ma route dans ma quête de la liberté. Si je ne l'avais pas obtenue, je savais que je ne pourrais en faire porter la responsabilité à personne. Maintenant, plus rien ne peut affecter ma relation avec Dieu. Les gens peuvent tenter de m'en dissuader ou penser qu'ils peuvent m'influencer à abandonner cette voie, mais ils n'y parviendront jamais. Pourquoi ? Parce que je sais ce que je veux. J'essaie de ne jamais me faire d'illusions et je ne me leurre pas en désirant quoi que ce soit de ce monde. Dieu passe avant toute chose.

Lorsque le fidèle atteint ce niveau de conscience, sa vie devient beaucoup plus facile. Il devient fixe et stable. Il connaît et sent sa véritable relation avec les autres, et toute sa vie s'oriente dans une juste perspective.

Chercher Dieu avant toute chose n'implique pas le renoncement au monde. Ceux qui peuvent néanmoins le faire sont bénis. Mais peu importe où se trouve le fidèle, il peut toujours placer le Seigneur en premier ; ensuite, toutes ses responsabilités et ses relations s'ajusteront à la place qui leur correspond. Il n'existe après tout qu'une seule source d'amour, non pas une demi-douzaine. Il n'y a qu'une seule Dynamo, pas trois ou quatre, d'où émanent la sagesse, l'amour et la joie. Cette source unique est Dieu.

Lorsque le fidèle devient plus profondément uni avec le Seigneur, il réalise qu'il n'est qu'un instrument, qu'une partie de cette Source immense. Il perçoit chaque chose et chaque autre être humain comme faisant partie de cette Source commune. Ses relations avec les autres deviennent ainsi plus appropriées. Il ne ressent plus le besoin d'exiger quoi que ce soit d'eux. Il ne désire pas non plus s'accrocher, retenir ou implorer l'amour, la gentillesse ou la compréhension. Il préfère plutôt donner. Il connaît la loi divine qui fait que lorsque l'on donne quelque chose en ce monde, on le reçoit en retour. C'est une loi scientifique et inéluctable.

Lorsque vous semez de la bonté, vous récolterez de la bonté. Mais si vous avez été bienveillants envers quelqu'un durant des années et qu'en retour il ne vous a causé que des souffrances, souvenez-vous que lors d'existences antérieures, vous avez semé des graines de malveillance qui produisent maintenant leurs justes fruits. Vous devez être patients; attendez que les graines semées maintenant parviennent à maturité en temps voulu. Vous ne pouvez semer une graine aujourd'hui et obtenir demain un arbre portant des fruits. La graine produira un arbre selon son propre rythme. Semez de bonnes habitudes dès aujourd'hui, répandez aujourd'hui même des graines de bonté dans ce monde; elles produiront des résultats favorables lorsqu'elles seront arrivées à maturité. Si le fruit que vous récoltez aujourd'hui est amer, ne vous plaignez pas, ne vous apitoyez pas sur vous-même. Vous seul avez semé les graines qui produisent ce fruit amer. Acceptez la situation comme un homme, pour ainsi dire. Relevez-vous et faites face à cette situation désagréable avec courage et patience. Affrontez-la avec foi en Dieu.

## Tout le monde a un grain de folie

Comme Paramahansaji avait coutume de le dire: le problème est que nous sommes tous un peu fous, mais ne le savons pas; car ceux qui se ressemblent s'assemblent. Aucun être humain n'est réellement

*Les qualités d'un disciple*

équilibré jusqu'à ce qu'il connaisse Dieu. Les seules personnes parfaitement sensées dans ce monde sont celles qui ont atteint la réalisation du Soi – et c'est ce à quoi nous nous efforçons tous de parvenir.

Beaucoup de gens ont un petit grain, mais beaucoup plus nombreux encore sont ceux qui sont malades sur le plan émotionnel – voire handicapés ou invalides, psychologiquement immatures. Vous ne pouvez le nier. Il me semble que ces troubles psychologiques sont, de nos jours, le principal problème de l'humanité. L'un des symptômes apparaît dans la façon dont les gens donnent constamment la faute aux circonstances extérieures ou aux autres pour les différents problèmes auxquels ils sont confrontés. « Eh bien, s'il n'avait pas fait ceci ou si elle n'avait pas dit cela, je ne souffrirais pas aujourd'hui. » Quelle absurdité ! Le Maître tenait beaucoup à ce que nous comprenions bien le piège de ce faux raisonnement.

Ne tenez pas les autres pour responsables de ce que vous êtes. La situation dans laquelle vous vous trouvez est exactement celle que vous avez vous-mêmes créée. La maxime : « Vous êtes maître de votre destin » est absolument vraie. Vous êtes le créateur de votre propre destinée. Le problème vient du fait que, par ignorance, nous n'avons pas appris à contrôler nos faiblesses humaines et, par conséquent, nous avons adopté des modes de comportements causant les effets nocifs que nous subissons aujourd'hui. La compréhension de cette vérité est un signe de maturité intellectuelle. Elle favorise notre croissance émotionnelle. J'insiste sur ce point, car adopter la bonne attitude face à nos problèmes est une nécessité fondamentale pour chacun.

Nous devons tous grandir. Or, grandir signifie reconnaître notre véritable Soi et se comporter comme tel : « Je ne suis pas cet individu émotionnel. Je ne suis pas cette personne peureuse et geignarde. Je ne suis pas cet être faible qui manque d'assurance. Je suis une partie de Dieu. » Guruji nous a assuré que grâce à la pratique régulière de la méditation et en suivant les règles spirituelles qu'il nous a indiquées, nous réaliserons qui nous sommes vraiment. Lorsque nous parviendrons à être totalement conscients de Dieu, lorsque notre conscience deviendra une avec la Sienne, alors seulement nous saurons qui nous sommes vraiment.

## Captez la vérité avec l'intellect et assimilez-la avec l'âme

Si vous voulez vous changer, vous devez d'abord comprendre intellectuellement certains points importants et ensuite, commencer à les assimiler profondément dans votre âme. Supposons que vous vouliez développer votre dévotion. Écrivez ce mot sur un morceau de papier ou recopiez quelques pensées qui éveillent la dévotion en vous ; affichez-le sur votre porte ou à tout autre endroit bien en vue où vous le verrez souvent. Chaque fois que vous regarderez cet aide-mémoire, essayez non seulement de capter le concept de dévotion de manière intellectuelle, mais de ressentir également ce qu'il signifie. Réfléchissez-y et laissez-le vous influencer avec une force immédiate. Le Maître disait souvent : « Vous devez remuer l'éther avec votre amour pour Dieu, avec votre désir ardent pour Lui. » Dialoguez avec Dieu tout en ressentant que vous remuez l'éther avec vos prières.

Par exemple, nous venons juste de chanter un des chants de Guruji, « Door of My Heart ». Lorsque j'ai fini de le chanter à haute voix, ce n'est pas terminé

*Les qualités d'un disciple*

pour moi. On doit d'abord chanter à haute voix, puis continuer progressivement en un murmure et ensuite chanter mentalement. Mon attention ne s'arrête pas brusquement lorsque je termine un chant. Je me concentre toujours plus profondément sur la pensée de ce que je viens de chanter: «Viendras-Tu, ô Seigneur! Viendras-Tu à moi ne serait-ce qu'une seule fois?» Mon cœur l'implore. Mon esprit se recueille intérieurement et, comme Guruji l'a conseillé, «je remue l'éther» avec cette pensée. En d'autres termes, un chant doit être répété inlassablement, avec un sentiment toujours croissant, afin que le sens des mots que vous répétez s'incruste dans votre conscience. Vous ne pouvez y arriver que si votre attention est concentrée à cent pour cent sur ce que vous faites. Si votre attention est centrée sur Dieu à quatre-vingt-dix-neuf pour cent, mais que vous pensez un peu aux gens qui vous entourent ou que vous vous laissez distraire par une pensée sur votre travail, vous ne pourrez pas réussir à capter la réponse divine.

Guruji nous disait souvent: «Dieu ne viendra pas à vous si vous ne Lui accordez pas cent pour cent de votre attention.» Si vous pensez que vous pouvez progresser juste en vous asseyant et en pratiquant le *Kriya*[1] pendant que votre esprit vagabonde ici et là, vous vous trompez. Il y en a qui pensent: «Aujourd'hui, j'ai pratiqué cent *Kriyas*; je dois avoir fait de rapides progrès... Cette semaine, j'en ai pratiqué mille; je dois avoir

---

[1] Technique spéciale de méditation yoguique que pratiquent les membres de la Self-Realization Fellowship. Le *Kriya Yoga* est une science spirituelle sacrée qui a vu le jour en Inde, il y a des millénaires. Elle comprend certaines techniques de méditation dont la pratique fervente conduit à la réalisation divine. Mahavatar Babaji la fit revivre à notre époque (voir note de la page 218). Le *Kriya Yoga* est la *diksha* (initiation spirituelle) conférée par les Gurus de la Self-Realization Fellowship.

achevé presque complètement mon développement spirituel. » Quel non-sens ! Un tel disciple n'a pas la bonne attitude. Il est comme cette tante de Guruji qui, pendant quarante ans, a égrainé son chapelet en récitant ses prières alors que son esprit était toujours ailleurs. Il n'est pas surprenant qu'à la fin elle se plaignit de ne pas obtenir de réponse ! Vous devez vous acharner pour pouvoir trouver Dieu dans cette vie. Vous *pouvez* atteindre ce but, mais au prix d'efforts d'une intensité adéquate.

### Dieu timidement Se dérobe

Le Seigneur est très difficile à connaître. Il ne gouverne pas seulement cet univers, mais des millions d'autres. Comment pouvez-vous croire qu'Il pourra trouver du temps pour vous si vous ne Le sollicitiez pas sérieusement ? Le Maître avait l'habitude de dire que vous devez apprendre à « traire » le silence par la méditation profonde, afin d'attirer la Conscience cachée, l'Intelligence secrète et aimante qui réside dans toute cette création.

Ce n'est pas facile à faire. Dieu timidement Se dérobe, Se cachant toujours ; et vous êtes constamment distraits. Il arrive trop fréquemment que votre esprit soit absorbé par des pensées oiseuses : « Ceci est plus important ; cela ne l'est pas » ou « Ce visage me plaît ; celui-là me déplaît. Cette personne est si gentille avec moi ; celle-là est si méchante. Regarde ce que cette personne fait, remarque ce que celle-ci vient juste de faire. » Où est la concentration de l'esprit ? Comment trouverez-vous le Seigneur au milieu de ce chaos mental ? Lorsque vous fermerez les yeux et pousserez votre dernier soupir dans cette vie, vous serez la même personne que vous êtes maintenant, vous n'aurez accompli aucun progrès. Alors, vous direz: «Dieu bien-aimé, j'ai perdu mon temps. Je ne voulais pas agir ainsi. J'étais si près des portes de l'accomplissement infini, mais j'ai gâché cette occasion en or.»

Ce qui est tragique, c'est que nous faisons passer d'autres considérations avant Dieu parce que nous craignons de manquer quelque chose dans ce monde. C'est la grande illusion. Nous craignons que si nous nous abandonnons à Dieu, nous pourrions perdre quelque chose d'autre. L'esprit raisonne ainsi: «Bien, voyons maintenant. Je pourrais perdre tout ce qu'offre la vie. Il y a tant de choses que j'aimerais avoir: je veux l'amour, je veux le pouvoir, je veux être connu, je veux accomplir de grandes choses dans ce monde.» Ce sont là les choses que nous croyons désirer. Nous ne pouvons le nier, l'humanité entière poursuit ces buts. Mais de quelle manière insensée! Nous les poursuivons de la mauvaise manière.

### Nos désirs fondamentaux proviennent de l'âme

Pourquoi voulons-nous la célébrité? Pourquoi voulons-nous le pouvoir? Pourquoi voulons-nous l'amour? Pourquoi voulons-nous la joie? Nous convoitons toutes ces choses parce qu'elles font partie de notre véritable nature, la nature de l'âme. Je saisis la pleine conscience de cette vérité lors d'une expérience que je vécus en Inde alors que je méditais dans la grotte de Babaji[1]. L'âme est immortelle. Mais que représente la célébrité sinon l'accomplissement d'un désir inné de vivre continuellement dans la mémoire du reste du

---

[1] Voir page 218.

monde. Et pourquoi l'âme ne voudrait-elle pas laisser sur terre le nom et les réussites d'une de ses incarnations afin qu'autrui puisse s'en inspirer mille ans plus tard ? L'âme est toute puissante et elle est une avec l'omnipotence de Dieu. Pourquoi ne voudrait-elle pas exprimer son potentiel ? L'âme est amour et joie. Il est donc naturel de rechercher l'amour et la joie comme essentiels à la vie.

Vous pouvez voir par cet exemple que nous poursuivons des buts inhérents à l'être humain. L'illusion réside dans l'espoir que le monde – qui n'est qu'un rêve fugace – nous apportera la satisfaction totale. Le monde est une supercherie ; je le vois si clairement ! Pourquoi se laisser ballotter par les vagues du souvenir et de l'oubli, de la vie et de la mort ? Pourquoi vous détruire ainsi ? Et pour quelle raison ? Tout ce que l'homme cherche, il le trouvera en Dieu. Le problème est que nous n'avons pas suffisamment foi en la promesse divine qui dit que si nous cherchons Dieu en premier, toutes les autres choses nous seront accordées en plus. Mais j'y ai cru toute ma vie ; je sais qu'il en est ainsi. *Je le sais*. Chaque fois qu'un doute surgit, accrochez-vous à cette pensée. Demandez à Dieu de vous le prouver. Vous verrez que si vous jouez votre rôle, Il vous apportera cette preuve. Cette preuve est quelque chose de merveilleux !

Chaque fois qu'une illusion quelconque se présente dans votre vie, une tentation ou une épreuve, rappelez-vous juste ces paroles : « Je Te cherche en premier, ô mon Dieu et je sais que toutes les autres choses me seront accordées en plus. » Croyez-y fermement. Vous devez commencer tout d'abord par le croire. Puis, si vous persistez dans votre quête de Dieu, vous vous écrierez finalement : « Oh, mon Dieu ! Je sens que j'ai

*Les qualités d'un disciple*

obtenu tout ce que j'ai désiré. En plus, je n'ai manqué de rien. »

La plupart des gens ne veulent pas chercher Dieu parce qu'ils ont peur d'avoir à se priver de ceci ou de cela. Mais qu'abandonnez-vous ? Vous ne renoncez à rien. Toutes les satisfactions se trouvent à l'intérieur de votre âme. Vous ressentez l'amour divin dans votre cœur. Vous réalisez toute la sagesse en vous. Vous sentez la force céleste. Vous ne recherchez plus rien, car tous vos désirs sont comblés.

Les grands Maîtres qui ont communié avec Dieu – de Krishna, Bouddha, Jésus jusqu'à nos Maîtres[1] – n'ont-ils pas démontré dans leur vie que tout accomplissement se trouve en Dieu ? À tel point qu'ils auraient préféré mourir plutôt que de L'abandonner ? Par contre, la plupart des gens voudraient plutôt mourir que d'abandonner le monde ; ils s'accrochent si désespérément à ce monde et à tout ce qu'il contient ! Mais une fois que vous avez trouvé Dieu, vous préféreriez mourir plutôt que de renoncer à Lui. Voilà toute la différence. Car ceux qui Le connaissent sont convaincus que « toutes les autres choses » leur ont été accordées en plus. Ils savent et ils sentent que toute chose se trouve en Dieu. Le monde ne pourra jamais donner la satisfaction que Dieu apporte. Et aucun amour humain ne pourra jamais apporter la joie infinie qui se trouve dans l'amour divin.

La vie comportera toujours des déceptions, des désillusions et des chagrins, car tout ce qui se trouve sur terre est grossier et limité, alors que la nature de l'âme est la perfection même. Vous êtes confrontés ici-bas à l'impossibilité de communiquer convenablement vos

---

[1] La lignée des Gurus de la Self-Realization Fellowship.

sentiments aux autres, à l'incapacité d'autrui à recevoir ce que vous désirez lui offrir et à l'impuissance à exprimer en mots (les mots sont bien trop rudimentaires!) ce que l'âme désire révéler.

Tout ce que nous cherchons se trouve en Dieu. Concentrez-vous sur cette pensée pendant quelques temps, – pendant les six prochains mois, par exemple. Dites-vous en votre for intérieur : « Réfléchis ! En recherchant Dieu en premier, toutes les autres choses te seront données en plus. » Méditez sur cette pensée. Chaque fois que vous sentirez la tentation, le découragement ou la distraction vous envahir, dites-Lui : « Mon Dieu, je T'offre ma vie. C'est à Toi maintenant de tenir Ta promesse. » Et vous verrez qu'Il la tiendra. Ce qu'il faut en retenir, c'est que vous devez avoir une relation constructive avec Dieu ; travaillez jusqu'à ce que vous y réussissiez. Vous pouvez développer cette relation en suivant les règles que je vous ai indiquées et qui proviennent des enseignements du Maître.

Il existera toujours un désir ardent inexplicable et un vide au cœur de l'homme jusqu'à ce qu'il retourne vers Dieu. Vous pouvez voyager autour du monde, chercher dans tout l'univers, accumuler toutes les expériences que la création peut vous offrir, mais vous continuerez à vous sentir « perdu » jusqu'à ce que vous retourniez vers Lui.

Aucune tentative pour combler notre cœur avec l'amour humain ne réussira jamais à nous satisfaire ; il y aura toujours un manque. Il est logique qu'il en soit ainsi. Le Christ a dit : « Mon royaume n'est pas de ce monde[1]. » Votre royaume non plus n'est pas de ce monde. Alors, tant que vous vous leurrez en pensant

---

[1] Jean 18, 36.

*Les qualités d'un disciple*

que vous pouvez édifier vos espérances et votre bonheur sur cette terre, ils se briseront sur les rochers des désillusions. Je vous dis la vérité et vous le savez au fond de votre âme.

Afin de créer une relation constructive entre vous et l'Infini, vous devez faire un effort, un effort délibéré grâce auquel l'esprit plonge toujours plus profondément à l'intérieur. Le moment viendra où vous remuerez l'éther avec une seule pensée : « Toi, Toi, mon Dieu, mon Amour, Toi seul, Toi seul, Toi seul. » L'esprit devient totalement absorbé dans cet état de conscience. L'âme commence à s'ouvrir ; vous ressentez un torrent de joie et de dévotion ainsi qu'une immense vague de compréhension qui vous révèle que seul le Seigneur est réel. Dès l'instant où vous vous trouvez en présence de Dieu, vous savez que vous êtes face à la Vérité. Seul Dieu est la Réalité.

Ce dont je vous ai entretenu ce soir pourrait se résumer par ces mots tirés de la Bhagavad Gita[1] : « Celui qui Me perçoit partout et contemple tout à travers Moi, ne Me perd jamais de vue, pas plus que Je ne le perds de vue. »

---

[1] VI : 30. (Traduit du sanskrit en anglais par Paramahansa Yogananda dans son œuvre *God Talks With Arjuna: The Bhagavad Gita.*)

# Comment se comprendre les uns les autres

*Siège international de la Self-Realization Fellowship,
Los Angeles, Californie, 14 décembre 1965*

En tant qu'enfants de Dieu, nous devrions toujours nous comporter selon notre vraie nature. Peu importe ce que les autres font pour nous blesser, nous devrions répondre par le pardon et la compassion. En agissant ainsi, nous avons le pouvoir de changer leurs sentiments à notre égard. Nous devons tendre la main de l'amour et de l'amitié à tous avec une profonde sincérité. Si cette main est refusée, qu'importe le nombre de fois, elle doit continuer à se tendre. Si cette personne persiste à vous rejeter, éloignez-vous pendant un certain temps, mais continuez à lui envoyer silencieusement des pensées d'amour. Soyez toujours prêts à tendre de nouveau la main de l'amitié lorsque l'occasion se présentera.

Recevez les louanges ou les blâmes sans vous laisser émouvoir par les uns ou par les autres. Bien qu'il soit parfois difficile de supporter ceux qui nous critiquent, nous ne devrions pas ignorer leurs jugements s'ils sont constructifs. Il est quelquefois bon d'essayer de nous expliquer, de faire tous les efforts nécessaires pour arriver à nous comprendre. Mais s'engager dans de longues explications qui sonnent comme des justifications est souvent une perte de temps. En pareilles circonstances, il est plus sage d'accepter les critiques en silence.

*Comment se comprendre les uns les autres*

La meilleure attitude consiste à adopter cette divine humilité à laquelle se réfère saint François d'Assise dans ces paroles : « Acceptez le blâme, la critique et les accusations en silence sans chercher à vous venger, même s'ils sont inexacts et injustifiés. » Même si ce qu'on dit de nous est faux, même si nous sentons que c'est injustifié, nous nous élevons spirituellement lorsque nous l'acceptons sans discuter et sans nous venger. Laissez le jugement entre les mains de Dieu. Celui qui désire connaître Dieu doit s'efforcer de Lui plaire avant de plaire aux hommes.

Savoir quand donner des explications et quand garder le silence dépend des circonstances. Mais la revanche n'est acceptable dans aucun cas. Laissez toujours Dieu être le juge. Ses lois sont justes ; donc, si l'on poursuit ce raisonnement jusqu'au bout, nous n'avons jamais besoin de nous défendre.

Il y aura toujours ceux qui vanteront nos mérites et qui nous comprendront, et ceux qui nous blâmeront et qui nous comprendront mal. Nous devons accepter ces deux attitudes sans nous laisser troubler, tout en nous efforçant de faire de notre mieux pour vivre en accord avec la vérité. Lorsque nous prenons conscience d'avoir commis une erreur, nous devrions immédiatement demander pardon à Dieu et ensuite nous corriger.

Il est inutile d'essayer de cacher nos erreurs à Dieu ; Il les connaît de toute façon. Nous pouvons Lui parler de nos erreurs en toute confiance et implorer Son aide pour les corriger. L'immanence de Dieu fait de Lui un Compagnon divin fidèle avec Lequel nous pouvons librement partager nos sentiments. Il nous voit tels que nous sommes. Comment pouvons-nous penser que notre ego soit si important, sachant que sans Lui nous ne serions rien ? Une fois que nous avons réalisé cela, une lutte acharnée pour atteindre la perfection à Ses yeux commence à s'installer en nous. Celui qui est satisfait de lui-même cesse de croître spirituellement. L'autosatisfaction égoïste est un grave péché contre le Soi supérieur. Quiconque cesse de faire des efforts pour s'améliorer réduit son envergure spirituelle.

Chaque fois que nous avons tort, admettons-le. Cessons de penser que nous devons toujours avoir raison: c'est un manque d'honnêteté envers nous-mêmes. Le fait de penser d'une certaine façon ne veut pas nécessairement dire que nous avons raison. Si quelqu'un nous démontre que nous avons tort, nous devons être prêts à nous amender. C'est ainsi que nous grandissons et que nous développons notre compréhension. Il n'est pas nécessaire de fournir de longues explications pour nous justifier de nos erreurs. Nous n'avons qu'à dire simplement: «Je suis vraiment désolé. Je ne l'avais pas compris de cette façon.»

## Sans communication, l'incompréhension grandit

Lorsque nous avons un malentendu avec quelqu'un et que cela provoque sa colère, rien de ce que nous pouvons dire n'éclaircira la situation tant qu'il sera sous le coup de l'émotion. Il est préférable d'attendre que notre soi-disant adversaire se calme et d'essayer de communiquer ensuite. Quand les gens cessent de communiquer entre eux, l'incompréhension s'accroît. Mais tant que la communication existe – non pas la dispute, mais la discussion sincère et ouverte – l'espoir de développer la compréhension et l'harmonie demeurera.

Il est important de ne jamais avoir l'esprit fermé. Notre Gurudeva Paramahansa Yogananda ne l'aurait pas toléré chez ceux qui suivaient ses enseignements.

*Comment se comprendre les uns les autres*

Quiconque désirait faire partie de son entourage devait être large d'esprit pour être un être humain raisonnable.

En essayant de communiquer avec les autres, nous devrions toujours surveiller nos motivations. Si, sous prétexte de chercher la compréhension, notre véritable but est de faire accepter nos propres idées aux autres, notre intention est impure et, par conséquent, mauvaise. Nous devrions toujours tenter sincèrement de comprendre les autres, mettant temporairement de côté notre point de vue personnel afin de nous identifier avec leur mode de pensée. C'est ce que nous devons faire si nous voulons communiquer avec succès avec autrui. Si ce que nous cherchons est la vérité – et non une simple justification de nos propres convictions – nous devons être capables de faire momentanément abstraction de ce que nous croyons juste et d'envisager la situation du point de vue de l'autre. Laissez-le s'exprimer. Puis, après avoir écouté son point de vue et l'avoir analysé de façon impartiale, nous pouvons exposer le nôtre. En d'autres termes, un échange d'idées honnête devrait avoir lieu. Alors les deux parties pourront découvrir les erreurs dans leurs façons de penser et voir que la vérité se situe quelque part au milieu, entre leurs deux positions divergentes.

Pour la plupart d'entre nous, le problème est que nous sommes tellement occupés à mettre notre point de vue en avant et à essayer de convaincre l'autre, que nous ne lui laissons pas exposer ses idées. Lorsque vous êtes en désaccord avec quelqu'un, faites-lui la courtoisie de le laisser vous dire « ce qu'il a sur le cœur ». Qu'importe si son attitude est agressive ou émotionnelle, ne l'interrompez-pas. Laissez-le dire ce qu'il a à dire. Ensuite, répondez-lui calmement et aimablement. Même si votre interlocuteur profère les paroles

les plus désagréables à votre égard, écoutez-le avec respect tout en disant à Dieu silencieusement: « Est-ce vraiment ainsi ? Je veux connaître la vérité. Si je suis réellement la personne qu'il décrit, Tu dois m'aider, Seigneur, à corriger mes fautes et à m'améliorer. » Mais si la personne dépasse les limites au point de se laisser aller à offenser des principes spirituels et non pas seulement votre fierté personnelle ou votre ego, il est de votre devoir de résister avec une détermination inébranlable. Offenser les principes divins, c'est offenser Dieu; nous ne devons jamais nous rendre complices de cela. Jésus ne s'est jamais défendu, mais il était ferme dans ses paroles et dans ses actes lorsque la rectitude était bafouée.

Notre mission d'enfants de Dieu vivant sur cette planète est donc de rechercher la compréhension: se comprendre soi-même, comprendre les autres, la vie et, par-dessus tout, Dieu. Cette terre ne peut devenir plus belle à vivre que si la compréhension règne dans le cœur et dans l'esprit des hommes. Les individus doivent d'abord apprendre à s'entendre les uns les autres avant que les nations ne puissent jamais espérer le faire.

# Comment changer les autres

*Ashram de la Self-Realization Fellowship,
Hollywood, Californie, 19 mai 1965*

Le comportement des autres ne devrait pas compromettre notre paix intérieure. Il est difficile de rester calme mentalement et de retenir sa langue lorsqu'on est exaspéré, mais aucun être humain ne peut progresser avec succès dans la vie en imposant à tous ceux qui l'irritent la façon de se comporter. Les conseils que nous n'avons pas demandés suscitent en nous énormément d'animosité. On ne devrait pas essayer d'imposer sa volonté ou ses idées à son entourage à moins d'en être prié.

L'erreur que commettent souvent les novices engagés sur la voie spirituelle consiste, dès qu'ils sentent monter en eux l'enthousiasme de la quête divine, à vouloir transformer le monde entier. Ils entreprennent une révolution spirituelle au sein de leur famille et emploient toute leur énergie à essayer de convertir leur conjoint ou leurs enfants. Il est merveilleux d'avoir ce genre de ferveur, mais elle provoque la plupart du temps de l'hostilité. Paramahansaji avait l'habitude de dire à ces enthousiastes: « Commencez d'abord par vous changer vous-mêmes; améliorez-vous et vous contribuerez à améliorer des milliers d'autres personnes. » Sauf lorsqu'on demande conseil à quelqu'un, personne n'aime se faire dire ce qu'il doit faire. Personne n'aime se faire imposer une opinion. Lorsque quelqu'un est prêt à recevoir un conseil, il le demande et cherche à l'obtenir de quelqu'un avec qui il vit, qu'il aime ou qu'il admire, s'il constate qu'une transformation bénéfique s'est produite dans la vie de cette personne. Mais tant que ce changement ne sera que mineur ou extérieur, le sceptique résistera.

Soyez l'exemple de ce que vous voulez que les autres soient. Si vous avez tendance à vous laisser emporter, à contre-attaquer ou à parler âprement ; si vous grondez excessivement vos enfants ; si vous êtes nerveux et facilement irritables ; si vous criez et parlez durement : changez ! C'est la meilleure manière de transformer votre entourage. C'est difficile, mais pas impossible. Nous devrions cibler nos efforts de façon à nous transformer en des personnes dignes de respect et d'admiration, des personnes dont les paroles ont du poids. Nous devons nous exprimer avec une sagesse et une compréhension véritables, jamais sous l'effet de la colère, de la nervosité, de la jalousie ou du désir de vengeance, une fois blessés.

En Inde, un industriel très prospère vint me voir un jour et me dit : « Je suis découragé et irrité ; j'ai des problèmes avec mon épouse et mes employés. Je leur parle toujours durement. Que dois-je faire ? »

« Voulez-vous savoir la vérité ou préférez-vous m'entendre dire ce que vous espérez entendre ? »

« Je veux savoir la vérité. »

« Très bien. Alors vous devez commencer par vous-même. Vous avez une réputation de tyran aussi bien dans votre foyer qu'avec vos employés. Les personnes vous obéissent parce que vous les menez à la cravache et non pas parce qu'elles vous aiment ou vous respectent. À cause de cela, vous n'obtenez d'elles ni les efforts ni la coopération dont vous pourriez autrement bénéficier. Vous devez apprendre à vous détacher des

*Comment changer les autres*

situations ; cessez d'être si tendu. Chaque jour, accordez-vous un moment pour vous détendre ; prenez un peu de temps pour penser à Dieu. Faites comme si votre vie allait vous être enlevée en un instant ou comme si vous étiez déjà mort. » (C'est une expérience très intéressante. Vous découvrez soudain que toutes vos responsabilités cessent d'être de votre ressort. Vous comprenez alors à quel point votre relation avec Dieu est importante.)

Je lui dis ensuite : « Si vous le souhaitez, pendant que je suis ici, venez chaque après-midi au *satsanga*[1] et méditez avec nous. » Il vint chaque jour. Nous méditâmes ensemble et nous parlâmes de Dieu.

Deux ans plus tard, alors que je me trouvais à nouveau en Inde, l'un de ses employés vint me voir et me confia : « C'est un autre homme ; il est beaucoup plus calme et beaucoup plus patient avec nous. Grâce à cela, la paix et l'harmonie règnent davantage entre nous ; notre rendement s'est amélioré parce que nous ne sommes plus continuellement tendus et nerveux. » C'est un merveilleux exemple de ce que notre Guru nous enseigne sur cette voie qui est celle de la Self-Realization Fellowship.

Aussi longtemps que vous ferez preuve de nervosité et de tension envers votre époux, votre épouse ou vos enfants, ils réagiront et se comporteront exactement de la même manière. Il ne peut en être autrement. Alors, si vous voulez que règne une autre ambiance dans votre foyer, vous devez prendre l'initiative. Ne vous attendez pas à ce que votre famille change du jour au lendemain. Cela se produit rarement ; le changement

---

[1] Littéralement « communion avec la vérité ». Un *satsanga* est habituellement une réunion informelle de chercheurs de vérité où l'animateur parle librement de Dieu et d'autres sujets d'ordre spirituel.

est un processus lent et naturel. Et même si cela ne se produit pas, ne vous découragez pas et ne vous en préoccupez pas outre mesure. Guruji avait coutume de nous dire : « Dieu a fait à chaque être humain un don béni : l'intimité de ses propres pensées. Dans cette intimité bénie, il peut vivre et établir silencieusement une amitié et une harmonie avec Dieu qui se reflétera petit à petit dans sa vie toute entière, y compris dans ses relations familiales, dans son entourage, en un mot, dans le monde qui est le sien. » Même si ceux qui vivent près de vous ne modifient pas leur comportement de manière perceptible, le changement qui se forge en vous vous rend moins vulnérable aux mauvais comportements des autres.

## Qui est responsable du comportement des adolescents ?

Des parents me demandent souvent conseil, car ils sont déconcertés en voyant le fossé des générations se creuser toujours davantage entre eux et leurs enfants. Il existe de nombreuses raisons aux problèmes de la jeunesse actuelle. Dans l'ensemble, ces problèmes constituent un sujet vaste et complexe. D'un point de vue métaphysique, le karma, les expériences de vies antérieures[1] de ces jeunes réincarnés peuvent avoir leurs

[1] Selon le principe de la réincarnation exposé dans les Écritures hindoues, les êtres humains, leurrés par de faux espoirs de bonheur et de perfection sur cette terre, s'empêtrent dans le filet illimité des désirs humains. Afin de les satisfaire, ils doivent renaître encore et encore sur terre jusqu'à ce qu'ils apprennent la leçon la plus importante de la vie : seul Dieu peut satisfaire leur désir de bonheur.
La renaissance est également nécessaire afin que la loi divine de cause à effet, appelée karma, s'accomplisse. Les graines des bonnes et des mauvaises actions des hommes doivent inévitablement produire leurs fruits, que ce soit dans cette vie ou dans une autre, comme l'a dit saint Paul

racines dans la tragédie des guerres, des révoltes et des abus raciaux des trente dernières années. Il faut aussi tenir compte de l'impact des médias. Chaque couche de la société découvre les autres dans son propre salon en regardant la télévision et, comme l'a dit notre *param-guru*[1] Swami Sri Yukteswar, « l'influence de l'environnement est plus forte que la force de la volonté. »

Nous devons également prendre en considération la permissivité générale de notre société ainsi que le déclin des principes moraux et religieux, comme on le voit dans la presse et les divertissements actuels. Ce qui alimente les instincts les plus bas de l'être humain éveille inévitablement ses caractéristiques animales les plus grossières. Mais laissons de côté ces réflexions générales et approfondissons certaines vérités fondamentales au sujet de la relation parents et enfants.

Les adolescents ne sont pas entièrement à blâmer s'ils ont les problèmes que la majorité d'entre eux ont actuellement. Nous devrions également prendre en considération leurs parents et leurs grands-parents. D'abord et avant tout, les parents sont souvent eux-mêmes indisciplinés et donc incapables de donner le bon exemple. Je ne veux pas dire se donner de grands airs, mais donner le bon exemple, c'est-à-dire faire preuve de compréhension mais également de fermeté lorsque cela s'avère nécessaire et ne jamais recourir à des mesures disciplinaires lorsque leurs propres émotions sont hors de contrôle. Lorsqu'un adulte essaie de comprendre son enfant, il ne peut pas se réfugier dans l'attitude qui revient à dire : « Tu dois m'obéir parce que je suis ton père (ou ta mère). » Cela ne marche pas

---

(Galatiens 6,7) : « Ne vous trompez pas. On ne se moque pas de Dieu : car tout ce que l'homme sème, il devra le récolter. »
[1] Le guru de son propre guru.

Mataji s'adressant aux membres de la Self-Realization Fellowship lors de la Convocation de 1975 à Los Angeles

« C'est dans la conscience de l'amour divin que Gurudeva, Paramahansa Yogananda, nous a tous réunis. Avec le fil à la fois solide et délicat de l'amour, il nous a reliés comme en une guirlande de fleurs, parfumée de dévotion et d'amour, prête à être déposée aux pieds de Celui qui est l'Amour même, le Bien-Aimé suprême de nos âmes. »

Réception en l'honneur de Daya Mata au siège de la YSS, Ranchi, Inde, 1967

« En restant ancrés dans la conscience de Dieu lorsque nous traversons toutes les expériences de la vie, nous nous contemplons à nouveau, ainsi que tous ceux qui nous entourent, comme faisant partie du Tout infini. »

avec les enfants.

Les parents devraient non seulement prodiguer de l'amour à leurs enfants, mais également apprendre à devenir leurs amis et cette relation devrait commencer dès leur plus jeune âge. Si les parents n'instaurent pas cette relation avec leurs enfants lorsqu'ils sont encore petits, aucun dialogue ne sera possible au fur et à mesure qu'ils grandiront.

On ne devrait pas trop gâter les enfants en leur donnant des cadeaux pour satisfaire tous leurs désirs. Ils devraient travailler pour obtenir certaines des choses dont ils ont envie ; c'est ainsi qu'ils apprendront à en connaître la valeur et à les apprécier. S'ils ne l'apprennent pas au sein de leur famille, la vie se chargera tôt ou tard de le leur enseigner et peut-être de manière plus douloureuse. On devrait leur enseigner à se sentir responsables de gagner et de mériter ce qu'ils reçoivent.

Dans certains foyers, la mère fait toute la cuisine, toute la vaisselle ainsi que tous les travaux ménagers, sans qu'aucune tâche ou responsabilité ne soit assignée aux enfants. Ce n'est pas juste. Les enfants devraient effectuer quelques menus travaux, en fonction de leur âge et de leurs capacités. On devrait enseigner à chacun d'entre eux le sens des responsabilités et du respect de soi-même en tant que membre de la famille à part entière.

Il est très important que les parents comprennent le point de vue de l'enfant, qu'ils essaient toujours de voir les choses de la manière dont l'enfant les perçoit. De cette façon, ils seront davantage en mesure de l'aider à considérer les choses en les plaçant dans la bonne perspective. De plus, les parents ne devraient jamais, au grand jamais, punir un enfant lorsqu'ils sont eux-mêmes sous l'effet de la colère ou de l'émotion.

*Comment changer les autres*

L'enfant ne respectera pas et n'obéira pas à ce genre de discipline. Il respectera l'adulte qui se conduit envers lui avec sagesse, amour et compréhension.

Il est indispensable que les parents réfléchissent bien avant d'établir les principes qu'ils imposeront à leurs enfants; lorsqu'ils diront « non », cela devra être un non sans appel. L'enfant ne doit jamais avoir l'impression que tôt ou tard ses parents oublieront ce qu'ils ont dit et qu'il finira par obtenir ce qu'il veut. Les enfants sont plus futés que vous ne pouvez l'imaginer. Vous ne devez pas leur donner l'impression que s'ils attendent le moment propice, l'un de vous faiblira sur ses principes d'obéissance. L'enfant est assez astucieux pour détecter quand il peut s'en sortir sans conséquences; la nature humaine est ainsi faite.

Le parent qui réussit est celui qui pense toujours en premier lieu: « Ce que je m'apprête à dire à mon enfant, est-ce une simple affirmation de ma propre autorité et de mon opinion ou est-ce vraiment bon parce que raisonnable et juste en soi? » Puis, après avoir raisonné ainsi, il doit exiger que son enfant lui obéisse. Un enfant respectera cette forme de discipline s'il voit en même temps qu'on la lui impose avec loyauté et compréhension. L'amour et le respect l'amèneront à essayer de plaire à des parents dignes de ce nom.

Il existe de nos jours une grande défiance de la part des enfants. Cela vient du fait que l'on ne leur a jamais enseigné qu'une partie de la vie consiste à apprendre à respecter l'autorité et les droits d'autrui. Il y a quelques années, combien de parents croyaient à l'idée qu'un enfant est un jeune adulte à qui on devrait accorder une complète liberté d'expression? Juste ciel! Pourquoi pensez-vous que Dieu ait mis les parents sur terre? S'Il n'avait pas voulu que les enfants soient éduqués par un père et une mère, Il aurait fait pondre aux parents des œufs et une fois les enfants sortis de leur coquille, les parents auraient pu se désintéresser d'eux et les laisser se débrouiller par leurs propres moyens, comme c'est le cas pour les tortues. Dieu S'attend à ce que les parents assument la responsabilité de modeler leur progéniture. Les couples qui mettent un enfant au monde n'ont pas le droit de faillir à leur engagement.

Je pense qu'on devrait encourager les enfants à aller à l'école du dimanche, mais sans jamais les forcer. Essayer d'obliger un enfant à se fondre dans une croyance religieuse, quelle qu'elle soit, est une erreur. Il doit d'abord en éprouver le désir et manifester un intérêt pour les choses spirituelles. Cette disposition se révélera dès son plus jeune âge si on l'encourage à cultiver des attitudes spirituelles: l'amour de Dieu, la foi en Dieu et un sentiment de proximité avec Lui. Paramahansaji enseignait qu'il est important que parents et enfants se réunissent régulièrement pour prier et méditer. L'enfant commence ainsi à entrer en relation avec Dieu grâce à leur exemple. Mais les moments consacrés à la prière et à la méditation au sein de la famille ne doivent pas être trop longs, parce que les enfants sont turbulents et que leur esprit manque de contrôle. Il leur est difficile de rester longtemps assis. Une excellente approche consiste à leur lire ou à leur raconter des histoires qui leur permettront d'acquérir le sens de la moralité, de la foi, du bon comportement et de l'amour de Dieu. C'est l'idéal de l'Inde. Là-bas, les premiers enseignements qui parviennent aux oreilles sensibles et réceptives des enfants sont les récits nobles et édifiants des Écritures.

On ne devrait jamais donner l'impression aux enfants que s'ils agissent mal, Dieu les punira. Ils doivent apprendre à aimer Dieu, non pas à Le craindre ; à faire le bien parce qu'ils aiment le Seigneur. On doit leur enseigner les rudiments de la loi karmique : « Mes chers enfants, ce que vous avez semé dans ce monde, vous le récolterez. Si vous mentez, les autres vous mentiront et n'auront pas confiance en vous. Si vous volez ou vous vous emparez par la force de ce qui ne vous appartient pas, on agira de la même façon avec vous. Mais, si vous êtes charitables, les autres seront généreux avec vous. Si vous êtes affectueux, les autres vous aimeront. »

C'est le devoir des parents d'ouvrir l'esprit et le cœur de leurs enfants et de les guider pour qu'ils développent une bonne attitude dans la vie, dans leurs problèmes émotionnels et au sujet de la sexualité, lorsqu'ils en auront l'âge. Durant leur éducation, ils doivent toujours sentir que, quoi qu'ils fassent, leurs parents seront toujours prêts à les aimer et à les comprendre. Un enfant ne devrait jamais être obligé de s'adresser à quelqu'un d'autre pour obtenir la compréhension qu'il n'a pas reçue de la part de ses parents.

Un parent avisé ne se montrera jamais surpris, accablé, consterné ou scandalisé par ce que son enfant lui confie. Il faut toujours que celui-ci puisse se dire : « Je peux consulter mon père et ma mère en toute confiance quand j'ai des problèmes, parce que je sais qu'ils me comprendront toujours. »

Un jour, un adolescent est venu me voir et m'a dit : « Je ne peux parler ni à mon père ni à ma mère. Dès que j'essaie de discuter avec eux de mes problèmes – qui sont sérieux pour moi – ils ne semblent pas disposés à m'écouter ; ou alors ils me grondent ou me posent des ultimatums. Ils ne me laissent pas m'exprimer ; j'ai donc appris à me taire. Je ne parle pas avec eux. Ils ne connaissent ni mes pensées ni mes problèmes. Ils sont trop occupés, ils ne veulent pas les entendre ou ils manquent de patience à mon égard. »

C'est là une des graves erreurs que commettent les parents ; ils ne prennent pas le temps de s'identifier aux problèmes ni aux intérêts de leurs enfants. Au lieu de cela, ils pensent : « Cela ne te suffit-il pas que je te procure un toit et de bons vêtements, que je te prête ma voiture le samedi pour que tu puisses sortir avec qui tu veux et que je te donne tout ce que tu désires, y compris des vacances chaque année ? » Non, cela ne suffit pas. Tout cela ne remplacera jamais la compréhension et l'affection.

Tous les parents souhaitent qu'un jour leurs enfants disent : « Je suis très reconnaissant à l'égard de mes parents ; ils ont été sévères avec moi, mais j'ai toujours su qu'ils m'aimaient et que je pouvais leur parler de n'importe quoi, sachant parfaitement que je pouvais compter sur leur compréhension, leurs conseils et leur patience. » Mais pour pouvoir être ce genre de mère ou de père, il faut être prêt à se discipliner. Il faut donner le bon exemple sur le plan physique, moral, intellectuel et spirituel. Il faut développer sagesse, patience et compréhension et faire preuve d'une parfaite maîtrise de soi chaque fois qu'on est en contact avec son enfant. On sera ainsi en mesure de s'acquitter de la responsabilité divine que l'on a prise lorsqu'on a mis au monde un enfant.

## L'intention divine derrière les relations humaines

Dieu nous a donné différentes formes de relations humaines pour une bonne raison : apprendre les uns des autres. Chaque personne est dans un certain sens

*Comment changer les autres*

notre « guru » ou notre professeur. Les enfants nous enseignent, ils nous disciplinent. Nous devons apprendre à avoir une patience infinie, à nous surpasser, à transcender tout égoïsme et intérêt personnel afin de pouvoir les aider à façonner leurs vies correctement. Nous devenons à notre tour leurs « gurus », car il est de notre devoir de les guider et de les former pour leur assurer le meilleur départ possible dans la vie.

Grâce à toutes ces relations, notre amour connaît une expansion et une purification ; et je crois, en fin de compte, que seul l'amour peut changer les autres. Si vous abordez un enfant, votre conjoint ou toute autre personne avec cette attitude d'amour et de compréhension illimitée – peu importe ce qu'ils disent ou font, peu importe la manière dont ils vous blessent –, vous ne pouvez qu'en sortir gagnant. Mais vous devez aussi avoir la patience de persévérer dans votre démarche.

Donnez l'exemple dans votre vie des qualités que vous désirez voir chez les autres. Le véritable art de vivre est une grande science. Paramahansaji nous a dit : « Lorsque j'ai rencontré Swami Sri Yukteswar, mon guru, il m'a dit : "Apprends à bien te conduire". » Vous devez, vous aussi, apprendre à bien vous conduire dans ce monde : c'est la science de la religion. Lorsque vous aurez appris à vous comporter comme il faut, vous saurez ce qu'est Dieu, parce que vous vous conduirez de telle sorte que vous saurez à tout instant que vous êtes l'âme et non pas le corps mortel ou le mental. L'âme s'abreuve continuellement et profondément du divin nectar de la présence de Dieu. Vous n'êtes pas un être mortel, vous êtes un être divin ; apprenez donc à vous comporter comme tel.

Vous ne pourrez réaliser tout cela que si vous mettez chaque jour votre religion en pratique, comme nous l'enseigne la Self-Realization Fellowship. La religion n'est pas un sujet sur lequel on disserte brillamment les dimanches et qu'on oublie le reste de la semaine. Notre Guru nous a dit : « Les fidèles qui fréquentent habituellement les églises ne m'intéressent pas. S'ils m'avaient intéressé, j'aurais pu avoir des milliers et des milliers d'adeptes à travers le monde. Je suis venu pour choisir dans la foule des chercheurs ces âmes qui ont un désir profond, sincère et ardent de connaître Dieu. » Il ne voulait pas dire qu'il souhaitait convertir tout le monde à la vie monastique. Il avait coutume de dire : « Faites de votre cœur un ermitage où vous pouvez vous recueillir en silence pour adorer Dieu. » Dans cet ermitage intérieur, accordez à Dieu la première place. Quelle joie lorsqu'Il devient le Bien-Aimé de votre âme, l'Ami de votre âme, le Père, la Mère, le Compagnon, le Guru de votre âme ! La vie devient gratifiante, vos relations avec les autres se transforment en de joyeuses expériences. Vous aimez vos enfants, votre époux, votre épouse avec l'amour supérieur de Dieu, avec Sa compréhension et Sa compassion. Cet amour renforce les liens entre les êtres et les cœurs des hommes et il libère leurs relations terrestres de l'entrave des attachements égoïstes qui tendent à comprimer et à asphyxier l'amour. Rien n'étouffe davantage l'amour que la possessivité : « Tu dois faire ceci parce que tu m'appartiens ; j'ai le droit de te traiter de la sorte. » Cette attitude sonne souvent le glas d'une relation humaine.

Je pense qu'une loi devrait exiger que les personnes qui désirent se marier et avoir des enfants fréquentent préalablement une école où ils apprendraient l'art de la bonne conduite. Lorsque quelqu'un est éduqué spirituellement et psychologiquement à connaître les rudiments de la nature humaine et l'art de se comporter correctement avec les autres, il est alors possible d'avoir une vie familiale heureuse et harmonieuse qui se développera progressivement sur le plan spirituel. L'âme peut alors s'épanouir dans une telle relation éclairée.

Les êtres humains échouent dans leurs relations personnelles lorsqu'ils cessent de se respecter les uns les autres : le mari envers sa femme, la femme envers son mari, les enfants envers leurs parents et les parents envers leurs enfants. Les relations humaines se dégradent lorsque l'amitié en est absente. Sans amitié, l'amour se détruit rapidement entre mari et femme, enfants et parents. L'amitié donne à l'autre personne la liberté de s'exprimer et de manifester sa propre identité.

Lorsque la compréhension et la communication sont totales entre deux âmes, il existe une amitié et un amour véritables. Quand les gens apprennent à conserver l'amitié, le respect et la considération dans leurs relations maritales, parentales et autres, ils ne profitent jamais des autres ni ne se font de tort mutuellement.

Vous pouvez dire : « Oui, ce serait idéal, si seulement mon mari (ou ma femme, ou mes enfants) agissait ainsi ! » Pourquoi ne serait-ce pas à *vous* d'initier le changement ? Jouez votre rôle et laissez le reste entre les mains de Dieu.

On en revient toujours à cette même vérité : nous devons commencer par nous-mêmes.

# Les enseignements que nous pouvons tirer des autres

*Siège international de la Self-Realization Fellowship
Los Angeles, Californie, 4 décembre 1964*

L'aide spirituelle la plus importante que nous pouvons offrir aux autres est de devenir nous-mêmes des personnes véritablement compréhensives, aimables et affectueuses. Le meilleur moyen de changer les autres est de se changer d'abord soi-même. À mesure que nous devenons plus paisibles, plus calmes et plus aimants, nous ne pouvons faire autrement qu'influencer positivement notre entourage.

Il existe de nombreuses méthodes pour qu'un changement spirituel s'opère en nous. La plus importante est la méditation. Il faut s'efforcer d'établir une relation personnelle avec Dieu, de manière à ce que le Seigneur ne soit plus seulement dans notre conscience un nom ou un Être lointain, mais une réalité aimante et tangible. Le fidèle éprouve dans cette relation tant de sécurité, de paix, de joie et d'amour que tous ses comportements sont influencés par cet état de plénitude intérieure.

Nous réagissons par rapport aux autres, positivement ou négativement, en fonction de leurs vibrations. Mais nous ne devrions pas nous contenter de cette réaction humaine ; nous sommes sur terre pour réaliser que nous sommes des âmes faites à l'image de Dieu.

Il est très facile d'exprimer le meilleur de nous-mêmes lorsque nous rencontrons quelqu'un vers qui

*Les enseignements que nous pouvons tirer des autres*

nous nous sentons spontanément attirés. Mais il est tout aussi vrai qu'une trop grande familiarité engendre un manque de respect. Lorsque nous sommes en compagnie de ceux que nous aimons et qui nous aiment, nous ne devrions jamais profiter d'eux. Si nous aspirons à un amour parfait et durable, il doit toujours être accompagné de respect. Sans respect, l'amour véritable est, peu à peu, étouffé et détruit. Le respect signifie que l'on doit toujours se souvenir que l'autre est une âme faite à l'image du Divin.

Comment devons-nous nous comporter en présence de personnes qui ne nous inspirent rien de positif? Supposez que quelqu'un soit en colère ou plein de ressentiment à votre égard. Si vous faites preuve d'autodiscipline, d'équanimité et de discernement, vous ne jetterez pas d'huile sur le feu. Vous ne perdrez pas votre sang-froid et votre paix intérieure simplement parce que quelqu'un d'autre les a perdus. Je me souviens d'une de mes premières expériences, ici au Mont Washington, alors que j'étais en formation avec mon Guru, Paramahansa Yogananda.

Au début, l'ameublement de nos chambres était des plus rudimentaires, – des cageots d'oranges pour ranger nos vêtements, un lit en bois dur, comme ceux que nous utilisons encore, une chaise, aucun tapis sur le sol et c'est tout. Une femme qui effectuait un court séjour au Mont Washington entreprit de remeubler les chambres des fidèles, à l'exception de la mienne. Cela ne me dérangea pas, parce que je n'étais pas venue ici pour rechercher le confort matériel que j'avais déjà connu auparavant. Mais Guruji s'aperçut que j'avais été exclue; il remarquait toujours très vite les injustices. Il ne disait jamais du mal de personne. Mais il me dit, pour que je comprenne: « Elle est jalouse de toi. »

*Rien que l'Amour*

Chaque fois que j'en avais l'opportunité, je mettais en pratique ce que Paramahansaji nous avait enseigné sur la façon de nous comporter envers ceux qui ne nous appréciaient pas : « Peu importe la manière dont ils vous traitent, continuez à leur manifester de l'amour. » Mon attitude était de ne rien attendre des autres, à l'exception de Dieu et de mon Guru. Cette femme ne pouvait donc pas me blesser. Parce que je n'attendais rien d'elle, sa façon de me traiter ne pouvait me contrarier. J'obtenais ce que je cherchais de mon Dieu bien-aimé et de mon Guru. Chaque fois que je méditais, je la visualisais entourée de l'amour et de la lumière spirituelle de Dieu.

Quelque temps plus tard, elle traversa une période de solitude et de malheur. Ceux à qui elle avait accordé de l'importance avaient trouvé difficile de s'entendre avec elle et s'étaient écartés d'elle. Nous nous rencontrâmes par hasard dans l'entrée de l'édifice. Elle me parla et je lui répondis quelque chose qui dût la rassurer. Plus tard, elle demanda à me voir et nous discutâmes à nouveau. Elle m'ouvrit son cœur et, à la fin, elle me confia : « Quand tu es arrivée ici, je t'en voulais parce que tu étais si pleine de cet enthousiasme spirituel qui me manquait. Mais malgré la façon dont je t'ai traitée, tu m'as offert compréhension et amitié véritable. » C'est alors que j'ai compris que les gens changent si vous gardez continuellement une attitude aimante envers eux. J'ai eu l'occasion de le constater maintes fois au cours de ma vie.

## Conservez votre équanimité

N'accordez aucune importance à la façon dont les gens vous traitent ; préoccupez-vous uniquement de la

*Les enseignements que nous pouvons tirer des autres*

façon dont vous vous conduisez. Jésus, Paramahansa Yogananda et tous les grands maîtres ont enseigné cet idéal. Il existe une manière appropriée de réagir à chaque situation de la vie, envers ceux qui nous aiment et envers ceux qui ne nous aiment pas; c'est ce que le Seigneur Krishna voulait dire lorsqu'il parlait de l'équanimité comme d'une vertu essentielle. «Ô Arjuna! L'homme qui ne se laisse pas perturber par le contact de ses sens avec leurs objets, qui reste calme et équanime dans le plaisir ou la souffrance, celui-là seul est prêt à atteindre l'éternité[1]!» Il n'a pas dit: «Faites preuve d'équanimité lorsque les gens sont aimables et affectueux avec vous», ce qui est facile. Il nous a enseigné que nous devons conserver notre équanimité en toutes circonstances. Si vous la conservez, vous vous rendrez compte des résultats positifs que ce comportement entraîne.

Gurudeva était comme un miroir parfait, sans défaut. Tous ceux qui se regardaient dans ce miroir pouvaient se voir exactement tels qu'ils étaient, sans aucune distorsion ni justification rationnelle; ils voyaient leurs petits egos dans leurs plus impitoyables détails. Paramahansaji connaissait les faiblesses de chacun de nous et ne manquait pas à son devoir de nous discipliner! Non pas que cette responsabilité lui ait plu – je me souviens qu'il me dit un jour: «Je n'aime pas discipliner. Dans ma prochaine vie, je ne disciplinerai personne. Mais le devoir d'un guru est de trouver les défauts dans la nature de ceux qui sont en quête de son aide spirituelle et il doit percer ces abcès psychologiques avec le scalpel de sa sagesse intuitive pour qu'ils puissent guérir.»

---

[1] Bhagavad Gita II: 15 (Traduction de Paramahansa Yogananda dans *God Talks With Arjuna: The Bhagavad Gita*).

C'est également ainsi que l'autodiscipline fonctionne. Elle nous enseigne à user du discernement, qui est tout simplement la capacité de faire ce que nous devons faire, au moment où nous devons le faire. Mais tant que nous ne connaîtrons pas nos faiblesses, nous ne pourrons les changer. Même lorsque nous les connaissons, il nous manque souvent le degré de volonté nécessaire pour les surmonter. Cependant, lorsque nous sommes sincères dans notre désir de nous améliorer, nous sommes guidés vers quelqu'un – un ami divin tel que notre Guru – qui nous montre nos défauts et nous aide à les corriger. Les résultats de nos relations quotidiennes avec les autres peuvent également être une aide précieuse pour découvrir nos points faibles. Vous découvrirez nombre de vos traits de caractère indésirables si vous analysez vos réactions et les comportements des autres à votre égard.

Chaque être humain a attiré à lui tous les aspects de son environnement, y compris les gens qui gravitent autour de lui. Les expériences qui en découlent sont essentielles pour sa croissance spirituelle. Le fidèle peut réagir soit positivement et bénéficier de son entourage, soit négativement et souffrir de ses conséquences. Nous pouvons toujours choisir l'une ou l'autre option parce que nous sommes dotés du libre arbitre. Mais en dernier ressort, Dieu nous a tous placés là où nous sommes par l'intermédiaire de Ses lois cosmiques et en fonction de nos actions passées.

### Découvrez ce que Dieu attend de vous

Pour tirer le meilleur parti des événements, efforcez-vous de comprendre ce que Dieu attend de vous en toutes circonstances. Si vous êtes constamment irrités

*Les enseignements que nous pouvons tirer des autres*

par votre entourage et réagissez avec un désir de vengeance, de contre-attaque ou pour faire du mal et que vous perdez votre sang froid, vous n'avez pas tiré de leçons de cette situation. Au moyen de l'autodiscipline, vous devez développer une maîtrise telle que vous ne perdez jamais votre équanimité. Ce n'est pas difficile si vous vous en remettez davantage à Dieu. Lorsque vous vous renforcez sur le plan spirituel de manière à ne jamais être ébranlés par les gens ou les événements, c'est à ce moment-là seulement que vous serez réellement capables d'offrir amour et compréhension aux autres, pas avant.

Guruji avait coutume de dire : « Si vous avez un tempérament impétueux, mordez-vous la langue et éloignez-vous de la personne ou de la situation qui vous fait perdre contrôle jusqu'à ce que vous ayez retrouvé votre calme. » Il n'y a rien à gagner à perdre le contrôle de soi. J'ai toujours constaté que, grâce à la raison, à l'amabilité et à la compréhension, je pouvais gagner la confiance de n'importe qui. Cependant, j'avais l'habitude de reculer devant le mauvais caractère et le langage agressif de certaines personnes. Guruji s'aperçut de mon hypersensibilité et commença à me faire des remarques mordantes et acérées de façon délibérée. Je me sentais profondément blessée, car j'avais un profond respect pour lui et pour ses paroles. Je me souviens lui avoir demandé : « Maître, pourquoi faites-vous cela ? » Il m'expliqua : « Parce que tu es trop sensible aux autres. Je ne veux pas dire que tu dois être dure, mais tu dois être forte. Dès l'instant que quelqu'un te dit quelque chose de cinglant, tu recules, tu te replies et c'est une faiblesse. » Ce fut ainsi qu'il me disciplina, de la même manière que son guru l'avait fait avec lui. Gurudeva avait toujours raison. Il vit que je n'avais pas besoin de douceur, parce que mon tempérament était déjà doux. Il essayait de me forger une fermeté spirituelle, une force intérieure invincible.

Quelques années plus tard, le Maître me réprimanda avec une grande sévérité devant un groupe de disciples. Sans me sentir offensée, je quittai la pièce pour aller faire une course pour lui. Durant mon absence, il s'adressa aux autres disciples et leur dit: « Vous voyez comment elle se comporte? Elle agit ainsi depuis de nombreuses années. Peu importe ce que je lui dis ou comment je le lui dis, elle conserve toujours son égalité d'humeur. Vous pouvez tous prendre exemple sur elle. » Lorsque les disciples présents à cette occasion me racontèrent cette anecdote des années plus tard, mon âme s'emplit de joie et de gratitude. Guruji n'aurait rien pu dire de plus important pour moi, parce que c'était précisément ce que je m'efforçais d'acquérir, une équanimité en toutes circonstances. Que notre Guru est grand! Tout mon être s'exalte quand je pense à tout ce qu'il a fait pour moi. Comme je lui suis reconnaissante!

J'ai pu découvrir que grâce à sa discipline stricte, il était plus facile de demeurer intérieurement imperturbable. Vous recevez chaque jour, vous aussi, un enseignement semblable. Les êtres humains et les événements de la vie se chargent de vous donner cette discipline, bien que vous n'en soyez pas conscients. Chaque expérience est une occasion de vous améliorer. Mais au lieu d'en tirer profit, vous réagissez souvent de la mauvaise manière.

Ceux qui veulent réussir dans la voie spirituelle doivent se surpasser de manière à s'élever au-dessus du comportement ordinaire. Si nous ne faisons pas cet effort, nous ne progresserons pas. Quand nous sommes en colère, quand nous nous sentons offensés, pleins de rancœur ou de critiques envers les autres, quand nous les blâmons en nous justifiant, nous stagnons sur le plan spirituel. Il est donc de notre devoir de nous corriger.

## Ancrez-vous en Celui qui est immuable

Ce que les gens disent de nous ou ce qu'ils nous font n'a pas d'importance si nous tirons la leçon de cette expérience. Nous sommes tous venus au monde pour apprendre à nous connaître en tant qu'âmes. Comment allons-nous pouvoir connaître notre véritable Soi si nous ne parvenons pas à conquérir ce petit ego, ce corps et cet esprit émotif, capricieux et constamment changeant ? Cela est possible grâce à l'autodiscipline et à la pratique de la méditation profonde, par la dévotion à Dieu, en faisant de Lui l'Étoile polaire de nos vies et en fixant notre esprit sur ce But unique. La conscience de l'homme est toujours centrée sur quelque chose. Ce peut être le sexe, l'argent ou les possessions matérielles. On doit se centrer sur quelque chose, que ce soit sur un objet, une émotion ou sur l'âme. Notre choix est aussi simple que cela. Que choisirons-nous ? Tout être humain devrait apprendre à s'ancrer en Celui qui est immuable. C'est la sagesse que nous a enseignée le Seigneur Krishna dans la Bhagavad Gita. Soyez ancrés en Dieu et vous verrez comme il est facile de faire face à la vie.

# L'importance d'aimer Dieu

*Réunion spéciale annuelle de la Yogoda Satsanga Society of India, Calcutta, 25 septembre 1961*

Bien chers amis, j'aimerais vous parler brièvement d'un élément essentiel qui a eu une si grande importance dans ma vie durant toutes ces années : l'amour, – l'amour divin –, l'amour pour Dieu. L'amour est l'unique chose que tout être humain recherche dans ce monde, que chaque cœur désire ardemment. Toutes les formes d'amour – entre les membres d'une famille, entre amis, entre mari et femme, entre l'amant et sa bien-aimée – proviennent de la même source : Dieu. L'amour que nous recevons à travers ces différentes relations humaines n'est rien d'autre que l'expression de cet Amour qu'est Dieu.

C'est la raison pour laquelle nous devons chercher Dieu. Nous désirons tous l'amour et la joie et ce n'est qu'en Lui que nous pouvons les trouver sous leur forme la plus pure. Mais nous commençons notre quête ailleurs. Ce n'est qu'après avoir traversé les épreuves de la vie, enduré beaucoup de souffrances et de chagrins, après avoir vu nos rêves éclater comme des bulles de savon, que nous commençons à manifester un peu de dévotion à Dieu. Alors, nous nous mettons à Le chercher.

J'aime à penser à l'Être divin sous son aspect de Mère[1] dans ma relation avec Dieu. L'amour d'un père

---

[1] Les Écritures hindoues enseignent que Dieu est à la fois immanent et transcendant, personnel et impersonnel. On peut Le chercher comme étant l'Absolu ou comme l'une de Ses qualités manifestes : l'amour, la

## L'importance d'aimer Dieu

est souvent dicté par la raison et lié aux mérites de l'enfant. Mais l'amour d'une mère est inconditionnel; lorsqu'il s'agit de son enfant, elle est tout amour, compassion et pardon. Sous son aspect de Père, nous concevons Dieu comme tout-puissant, comme un Législateur et un Juge. Nous pouvons néanmoins faire appel à Son aspect maternel, car nous sommes Ses enfants, et exiger Son amour comme un droit, indépendamment de nos mérites.

Les principales questions que tant de gens me posent sont: comment obtenir une réponse de Dieu et comment trouver la paix. L'homme ordinaire est tellement préoccupé par les soucis et les responsabilités de sa vie qu'il ne connaît pas de paix intérieure. Son esprit est toujours tellement surchargé par son travail et par la recherche de plaisirs matériels qu'il n'a pas le temps de se consacrer à Dieu. Celui qui n'a pas encore appris à tourner son esprit vers Dieu grâce à la méditation profonde ne pourra trouver ni Dieu, ni la paix.

Les techniques de méditation scientifiques telles que le *Kriya Yoga* de Lahiri Mahasaya[1] aident le mental à se concentrer et à s'apaiser afin qu'il puisse devenir

---

sagesse, la félicité, la lumière; sous la forme d'un ishta (déité) ou sous celle d'un être idéal: Père, Mère ou Ami.

[1] Lahiri Mahasaya fut celui à qui le Mahavatar Babaji révéla l'enseignement sacré du *Kriya Yoga* et à qui il donna comme mission d'enseigner cette science divine. Alors que Paramahansa Yogananda était encore un jeune enfant, Lahiri Mahasaya le prit sur ses genoux et le baptisa spirituellement en disant à sa mère: « Petite mère, ton fils sera un yogi. Tel un moteur spirituel, il conduira de nombreuses âmes au royaume de Dieu. » Cette prophétie se confirma plus tard lorsque le Mahavatar Babaji choisit Paramahansa Yogananda pour répandre le *Kriya Yoga* en Occident et partout dans le monde, ordonnant à Swami Sri Yukteswar, un disciple de Lahiri Mahasaya qui avait atteint la communion divine, de préparer spirituellement Yogananda pour cette mission. Ces quatre grands avatars constituent la lignée des Gurus de la Self-Realization Fellowship/Yogoda Satsanga Society of India.

semblable à un lac transparent et calme dans lequel on peut contempler le reflet de Dieu, comme celui de la lune à la surface de l'eau. Dans cet état de paix absolue, le fidèle oublie son identification illusoire avec le corps et réalise : « Je suis le Soi immortel, fait à l'image de Dieu. » Plus il fait l'expérience de cet état de paix et d'extase profondes, plus il souhaite y demeurer éternellement. À mesure qu'il se plonge de plus en plus profondément dans la méditation, il découvre en lui-même un océan illimité de paix, d'amour divin et de félicité.

## Consacrez du temps rien qu'à Dieu

Dieu nous a donné vingt-quatre heures chaque jour. Nous gaspillons la plus grande partie de ce temps. Ne pouvons-nous pas réserver une partie de notre journée à Dieu seul ? Nous nous justifions en prétextant que nos nombreux soucis et responsabilités ne nous laissent pas de temps pour méditer. Mais qu'arriverait-il si Dieu disait qu'Il n'avait pas de temps pour nous ? Tous nos engagements, que nous considérons si importants, seraient annulés en un clin d'œil.

Il est facile de trouver Dieu si nous Le cherchons à travers *bhakti*, la dévotion. Quoi que nous fassions, notre esprit ne devrait jamais se détourner de Dieu. Parlez-Lui constamment intérieurement dans le langage de votre cœur. Souvenez-vous que c'est uniquement l'amour de Dieu qui se manifeste à travers toutes les relations humaines. Ainsi, tout comme l'amant pense à sa bien-aimée tout au fond de son esprit – peu importe ce qu'il est en train de faire –, soyons nous aussi attentifs à Dieu.

Gardez votre esprit centré sur la lumière de l'Étoile

## L'importance d'aimer Dieu

polaire divine qui nous guide. Lorsque les difficultés surviennent, courez aux pieds du Bien-Aimé divin. Priez ainsi le Seigneur: «Accorde-moi la sagesse de voir que ce monde n'est qu'un seul drame cosmique dans lequel je joue un rôle temporaire. Ô mon Bien-Aimé, alors que je tiens mon rôle, enseigne-moi à demeurer ancré dans Ta conscience inaltérable pendant que je contemple toutes les tristesses et les joies de la vie.»

Guruji a écrit: «Quoi que je fasse, marcher, manger, travailler, rêver, dormir, servir mon prochain, méditer, chanter ou aimer divinement, mon âme murmure constamment en silence: «Dieu! Dieu! Dieu[1]!» Telle est la voie que doivent suivre ceux qui aiment véritablement Dieu. Vous devez toujours être absorbés dans la pensée du Seigneur: «Mon Bien-Aimé! Mon Bien-Aimé!» Dans cet état de conscience, vaquez à vos obligations et à vos activités.

---

[1] Le poème complet, intitulé «Dieu! Dieu! Dieu!», se trouve à la page 265.

# Comment spiritualiser sa vie

*Siège international de la Self-Realization Fellowship,
Los Angeles, Californie, 2 mai 1963*

En adhérant simplement à quatre principes, le fidèle peut affronter toutes les difficultés qui pourraient se présenter à lui, que ce soit dans sa *sadhana*[1] ou dans n'importe quelle situation de la vie quotidienne.

Le premier principe est la foi en Dieu. Efforcez-vous d'avoir la foi en toutes circonstances; vous y parviendrez en voyant Dieu comme l'étoile polaire de votre vie. Durant la méditation et chaque fois qu'un problème surgit dans votre esprit, priez ainsi: « Mon Dieu, Tu *es*. Je sais que Tu m'aideras à traverser cette grande épreuve. » Dieu connaît vos besoins et rien ne Lui est impossible. La foi établit un lien entre vos besoins et Sa toute-puissance.

Le second principe consiste à méditer profondément et à prier Dieu pour implorer Ses conseils et Son aide, en vous efforçant de vous libérer de ce qui vous perturbe. Le Seigneur désire vous aider et, lorsque vous serez réceptifs, Il vous guidera.

Le troisième point consiste à s'abandonner intérieurement. « Seigneur, que Ta volonté soit faite. » S'abandonner à la volonté divine est essentiel sur la voie spirituelle. Quoi qu'il arrive, que cela concerne le corps, le travail ou autre chose, priez pour que la volonté de Dieu s'accomplisse, car Sa volonté est guidée

---

[1] Voie de la discipline spirituelle.

par la sagesse. Nous pouvons penser que l'accomplissement d'un désir particulier est essentiel à notre bonheur, mais si nous ne demandons à Dieu que ce qui nous aide à réaliser nos désirs personnels, nous ne faisons pas encore preuve de sagesse. Nous devrions Le laisser faire ce qu'Il lui plaît avec nous ; ce sera toujours pour notre plus grand bien. Après avoir prié Dieu de nous guider et nous être efforcés de trouver la meilleure solution, nous devrions Lui montrer que nous acceptons Sa volonté en toutes choses.

La dernière règle consiste à se détendre et à prendre du recul face au problème. Laissez-le entre les mains de Dieu. Une fois que vous avez fait votre possible, refusez de vous inquiétez à son sujet. Nous sommes parfois tellement accablés par le travail et nos soucis que nous n'arrivons même plus à dormir. Mais lorsque nous avons déposé notre fardeau sur les épaules de Dieu, notre esprit se détend et devient paisible.

Ce sont là quatre moyens pour vous aider à préserver votre paix intérieure et à parvenir à une relation plus profonde avec Dieu. Ces principes vous permettront également de chasser de votre esprit tout ce qui le perturbe et vous empêche de méditer en profondeur.

## Plongez votre esprit dans la méditation

Quand vous vous asseyez pour méditer, oubliez tout le reste. Donc, entraînez-vous pour que rien ne puisse vous distraire lorsque vient le moment de méditer. Une capacité de concentration aussi profonde se développe grâce à la pratique régulière de la méditation. Dans nos communautés religieuses, personne ne peut avancer de prétexte pour ne pas participer aux méditations quotidiennes ; la participation régulière est une règle essentielle. Car si le fidèle ne peut pas suivre cette simple exigence, il n'aura pas l'autodiscipline nécessaire pour atteindre son but divin.

Pendant toutes les activités de la journée, faites attention de ne pas vous perdre dans l'agitation mentale du monde matériel. Répétez intérieurement le nom de Dieu. Efforcez-vous de maintenir votre esprit centré sur Lui. Paramahansaji appelait cette pratique « spiritualiser » les pensées. Il est possible d'y parvenir en exerçant un contrôle sur vos pensées. Par exemple, lorsque vous disposez d'un moment de libre, ne le gaspillez pas en restant inactifs ou en ayant des pensées négatives ; pourquoi ne pas penser à Dieu ou communiquer intérieurement avec Lui ? Sa présence est si apaisante, si merveilleuse ! Une fois que vous aurez acquis cette habitude, vous voudrez toujours être dans cet état de conscience.

En spiritualisant nos pensées, nous spiritualisons peu à peu nos actions de telle sorte que chacune d'entre elles devient une forme de méditation. Notre vie entière devrait être une expérience spirituelle continue.

## Apprenez à vous inspirer d'un Pouvoir supérieur

L'homme qui a une mentalité matérialiste pense toujours en termes d'argent, de maison, de famille ou d'autres responsabilités et d'intérêts ; avec les soucis qui en découlent ! L'homme spirituel peut avoir les mêmes responsabilités, mais il les affronte l'esprit fixé sur un plan plus élevé. En spiritualisant ses pensées, il apprend à s'inspirer d'un Pouvoir supérieur. Petit à petit, il pourra se trouver n'importe où, fréquenter qui il voudra et accomplir toutes ses responsabilités sans que son esprit ne perde jamais la perception de

*Comment spiritualiser sa vie*

Dieu. Le Christ a souvent fréquenté «les publicains et les pécheurs» dans le but de les aider, mais ni leur mentalité ni leurs actions n'ont abaissé son niveau de conscience. Tel un cygne divin, il glissait sur les eaux du matérialisme sans en être affecté. C'est de cette façon que Gurudeva nous a appris à nous conduire. Où que vous soyez, restez toujours centrés en votre for intérieur, l'esprit fixé sur votre étoile polaire : Dieu.

Les problèmes qui surgissent quotidiennement nous donnent l'occasion de pratiquer l'équanimité. Nous devrions les accueillir chaleureusement plutôt que de leur résister, de nous laisser perturber et de nous irriter en pensant que nous ne progressons pas. Souvenez-vous de ceci : le fidèle réalise souvent les plus grands progrès sur la voie spirituelle quand il affronte les plus grands obstacles, lorsqu'il est obligé d'exercer au maximum ses muscles spirituels de force intérieure, de courage et de pensée positive pour pouvoir résister aux assauts de la négativité, du mal ou de la méchanceté. Ce n'est pas toujours quand tout va bien que nous faisons le plus de progrès. Nous préférons tous, bien sûr, ces jours bénis où tout va bien ; mais j'ai prié tant de fois la Mère divine[1] de me mettre à l'épreuve, car je veux que mon amour pour Elle soit inconditionnel. Je ne peux être satisfaite que si je Lui voue un amour parfait. Le fidèle de Dieu ne désire aucune échappatoire. Il peut avoir beaucoup d'imperfections. Il ne prétend pas à la perfection, sauf une : perfectionner son amour pour Dieu.

Ne faites pas attention aux difficultés qui se présentent sur la voie spirituelle ; elles perdent toute leur

---

[1] L'aspect personnel de Dieu qui incarne les qualités d'amour et de compassion d'une mère. (Voir note de la page 78.)

*Rien que l'Amour*

importance une fois que vous avez découvert la paix intérieure, lorsque durant la méditation, vous oubliez ce corps et ce monde. Quelle satisfaction! Quel sentiment de joie et d'amour divin parfait! C'est ce que Dieu souhaite que vous ressentiez tous. Chacun peut réaliser la perfection de l'amour divin s'il fait des efforts pour y parvenir. Ceux qui ont fait l'expérience de cet amour ne sont pas des exceptions, car ils ont dû, comme vous, faire un effort pour aimer Dieu et Le connaître.

Cet effort consiste à maintenir l'esprit rivé sur Dieu. Tout en affrontant les problèmes quotidiens, priez intérieurement: «Seigneur, même si l'obscurité règne parfois sur l'océan de ma conscience et qu'aucune étoile n'y brille, je perçois quand même mon chemin grâce à Ta miséricorde[1]. Fais de moi et de ma vie ce qu'Il te plaira. Tout ce que je sais, c'est que je T'aime. Aide-moi à approfondir mon amour pour Toi et à le perfectionner de toutes les manières possibles.» Quelle liberté, quelle joie cela procure à prier ainsi! Nous pouvons tous avoir une relation semblable avec Dieu.

Ne vous contentez de rien de moins que l'amour de votre Bien-Aimé. Son amour englobe tout et nous comble entièrement. La liberté spirituelle se manifeste quand vous commencez à vous reconnaître en tant qu'âme unie au Bien-Aimé, l'Amant divin cosmique, – Dieu.

## L'importance d'une vie équilibrée

Lorsque vous spiritualisez vos pensées, votre esprit est toujours absorbé dans des pensées élevées. Cela ne

---

[1] Tiré de «Polestar of My Life» du livre *Cosmic Chants* de Paramahansa Yogananda.

veut pas dire que vous n'avez pas les pieds sur terre ou que vous négligez vos responsabilités. Gurudeva s'est chargé de nous l'enseigner! Je lui suis si profondément reconnaissante de nous avoir donné cette *sadhana* que nous pouvons pratiquer dans le monde, dans nos ashrams et lors de nos retraites. Si nous nous étions tous enfuis au sommet des montagnes dans l'espoir d'y trouver Dieu, quelle décevante destinée aurait été la nôtre! La majorité des chercheurs ne possède pas la force spirituelle pour suivre cette voie. Un guru qui n'est qu'un avec Dieu sait de quel type d'enseignement a besoin chaque disciple et il le place là où son développement spirituel sera le plus favorisé.

Voyez l'exemple de grands saints comme Thérèse d'Avila, qui avait un sens pratique remarquable et qui fonda de nombreux couvents malgré d'énormes obstacles, tout en étant constamment remplie d'amour pour Dieu, totalement immergée dans Son amour. Pensez aussi aux luttes et aux incompréhensions que dût affronter sainte Bernadette. La description de ses derniers instants me fascine. Malgré toutes les souffrances physiques et mentales qu'elle endurait, à l'instant où elle perçut la Présence divine, elle se redressa dans son lit en murmurant: «Je T'aime, je T'aime, je T'aime.» À mes yeux, cela représente la perfection. C'est la relation avec Dieu que je souhaite à tous. Et vous y arriverez si vous spiritualisez vos pensées grâce aux méthodes que je vous ai expliquées: ayez foi en Dieu, priez chaque jour profondément et méditez sur Dieu, abandonnez-vous totalement à la volonté divine et laissez-Lui tous vos problèmes. N'est-ce pas là une merveilleuse philosophie? C'est la forme de vie la plus élevée.

Après avoir médité, efforcez-vous de demeurer dans l'état de paix et de calme que vous avez ressenti lors de la méditation. La paix intérieure est le premier indice de la présence de Dieu. Et pour penser à Dieu au cours de vos activités quotidiennes, il est essentiel que votre esprit demeure dans cet état de calme. Après la méditation, continuez à vous remémorer la perception intérieure de Dieu aussi longtemps que vous le pourrez, tout en effectuant votre travail, en faisant de l'exercice ou en vous reposant. Plus vous agirez ainsi, plus cet état de conscience vous deviendra naturel. En vérité, c'est là votre état de conscience naturel pour vivre, vous mouvoir et exister en Dieu. Mais, pour *réaliser* cela, vous devez vous efforcer de conserver le sentiment de joie et de paix que vous ressentez durant la méditation.

Gurudeva avait coutume de nous dire : « Ne lâchez pas cette expérience, ne la perdez pas. Dormez avec cette pensée, travaillez avec cette pensée, aidez les autres avec cette pensée, vivez toutes les expériences de la vie en pensant sereinement à Dieu. Alors vous vivrez véritablement. » Rappelez-vous que la vie est un rêve. Elle n'a aucune réalité, sauf si nous rattachons toutes nos expériences à Dieu. Lorsque nous méditons profondément, nous passons derrière l'écran, comme Guruji le disait souvent, et nous prenons conscience du Metteur en scène divin qui contrôle et dirige ce film de la création, de même qu'Il nous guide.

## La Vérité est simple

Chaque fois que nous faisions appel à Paramahansaji pour régler nos problèmes, il ne se lançait jamais dans de longues discussions, mais nous donnait une réponse toute simple : « Maintenez votre esprit sur Dieu. » Comme je lui suis reconnaissante pour ces paroles de sagesse et pour la simplicité avec laquelle il nous a enseigné à suivre la voie spirituelle! Car Dieu est simple. La vie paraît compliquée parce qu'elle est irréelle; seule la Vérité est simple.

Lorsqu'une personne construit sa vie sur le mensonge, elle passe tout son temps à tenter de le cacher. Elle tisse autour d'elle une toile dont elle ne peut plus s'échapper. Alors que si elle est honnête et directe, il n'y a aucune contradiction dans sa façon de penser ou dans sa vie. Il en est de même avec Dieu. Quand quelqu'un cherche sincèrement Dieu, il trouve une voie simple et directe qui le conduit à Lui. Ce n'est que lorsque vous regardez le monde extérieur que vous voyez surgir les complications. Lorsqu'intérieurement vous regardez Dieu, vous découvrez la simplicité la plus absolue, une simplicité divine et joyeuse. C'est ce que Dieu est. Et c'est ainsi que vous devez être dans votre vie. Alors vous Le connaîtrez.

# Les expériences de la vie vues par les sages

*Siège international de la Self-Realization Fellowship,*
*Los Angeles, Californie, 25 mars 1971*

Je désire partager avec vous un peu de la sagesse de Gyanamata[1], à partir des notes précieuses qu'elle m'a écrites durant mes premières années à l'ashram. Elle vivait en accord avec les quatre principes qu'elle a résumés à mon intention, et elle nous conseillait et nous encourageait à faire de même :

> Ne vois ni ne contemple rien d'autre que ton but qui resplendit toujours devant toi.
> Les choses qui nous arrivent n'ont aucune importance ; c'est ce qu'elles nous font devenir qui compte.
> Chaque jour, accepte tout ce qui t'arrive comme provenant de Dieu.
> Le soir, remets tout entre Ses mains.

*Ne vois ni ne contemple rien d'autre que ton but qui resplendit toujours devant toi.* C'est là un principe fondamental de la voie spirituelle, car la quête de Dieu est un style de vie. Il ne suffit pas d'aller avec dévotion

---

[1] Gyanamata (Mère de Sagesse) fut l'une des premières sannyasinis de l'ordre monastique de la Self-Realization Fellowship. Paramahansa Yogananda fit souvent l'éloge de sa sainteté et de sa grandeur spirituelle. Elle entra à l'ashram en 1932, alors qu'elle avait plus de soixante ans. Sri Daya Mata était entrée à l'ashram un an plus tôt, à l'âge de dix-sept ans ; comme elle était l'une des plus jeunes disciples, Paramahansa Yogananda la plaçait sous la responsabilité de Gyanamata lorsqu'il s'absentait du Mont Washington. La vie exemplaire de Gyanamata aida et inspira grandement Daya Mata. (*Note de l'éditeur.*)

*Les expériences de la vie vues par les sages*

à l'église chaque dimanche pour rentrer ensuite chez soi et continuer à vivre d'une manière mondaine, en oubliant Dieu. Nous devons comprendre que tout ce que nous voyons, ce que nous pensons et ce que nous faisons détermine ce que nous sommes. Celui qui cherche Dieu intensément ne devrait pas consacrer son temps et son attention à des distractions qui éloignent son esprit de Dieu. Il ne devrait pas s'arrêter au côté négatif de la vie, ni s'y laisser entraîner. Gurudeva Paramahansa Yogananda nous a appris à éviter ce genre de pensées, d'activités et de distractions incompatibles avec le désir sincère de connaître Dieu. Nous devrions toujours nous en tenir à cet idéal.

Ceux d'entre vous qui vivent dans le monde ne devraient pas perdre leur temps à aller à des cocktails ou à voir des films qui n'élèvent ni n'inspirent l'esprit, voire qui sont carrément indignes dans les réactions qu'ils provoquent. Ne faites jamais rien qui puisse détourner votre conscience de son but ultime, c'est-à-dire Dieu. Certains pourraient penser : « Et bien, aujourd'hui, je vais faire ce qui me plaît. Puis, ce soir, quand je rentrerai chez moi, je méditerai profondément. » Vous pouvez être certains que celui qui raisonne ainsi ne connaîtra jamais Dieu dans cette vie.

Nous devrions essayer de nous comporter chaque jour de manière à nous souvenir sans cesse de notre identité avec Dieu, parce que nous sommes Ses enfants divins. Guruji a souvent cité cette maxime bien connue : « Ne voyez pas le mal, n'entendez pas le mal, ne parlez pas du mal. » Les figurines des trois singes qui symbolisent cette sagesse sont courantes en Inde et également ici, aux États-Unis. Le premier singe se voile les yeux avec les mains, le second se couvre les oreilles et le troisième, la bouche. Ne laissez pas un

Absorbée en méditation profonde tandis que les résidents de l'ashram observent le Ram Dhun qui consiste à chanter le nom du Seigneur durant vingt-quatre heures sans interruption, Ranchi, Inde, février 1968

*« Comme les grands maîtres nous l'ont enseigné, nous ne pouvons percevoir la présence de Dieu en notre for intérieur qu'en apprenant à apaiser notre conscience. Il est en nous depuis le début des temps ; Il est avec nous en ce moment ; et Il sera avec nous pour l'éternité. Accrochez-vous fermement à Ce qui est immuable. »*

Nourrissant les enfants du voisinage dont la plupart proviennent de familles pauvres, Yogoda Math (siège de la YSS), Dakshineswar, Inde, 1961

« *Grâce à la méditation, nous parvenons à nous oublier et à penser davantage à notre relation avec Dieu, ainsi qu'à la manière de Le servir à travers les autres.* »

*Satsanga* au Yogoda Math, au bord du Gange à Dakshineswar, Inde, 1973

*« Le fidèle sent tellement qu'il fait partie de Dieu, qu'il relie toutes ses expériences à Dieu. Qu'il se consacre à ses affaires dans le monde, occupé à son bureau ou qu'il manifeste son amour à son épouse ou à ses enfants, il se rend compte que tout est Dieu, tout venant de Dieu et tout étant pour Dieu. »*

Ananda Mata (voir note page 168), Sri Daya Mata et Sri Mrinalini Mata (à l'époque vice-présidente de la SRF ; voir note page 210), Malabar Hill, Bombay, 1973

« L'une des plus grandes joies en ce monde consiste à ne jamais s'habituer à quoi que ce soit, de manière à toujours découvrir quelque chose de nouveau, de palpitant qui puisse nous inspirer dans la vie… Pratiquez cet idéal de ne considérer rien ni personne comme acquis. »

usage inapproprié de vos sens profaner votre conscience qui aspire à connaître Dieu.

*Les choses qui nous arrivent n'ont aucune importance; c'est ce qu'elles nous font devenir qui compte.* Nous ne devrions jamais nous laisser abattre ou décourager par nos erreurs ou par les malheurs qui nous frappent à la suite de l'inconduite des autres. En certaines occasions, il nous est arrivé à tous de faire des choses dont nous avons eu honte plus tard, quand nous avons réalisé que notre conduite était répréhensible. Mais il est également erroné de laisser le souvenir de ces fautes empoisonner le reste de notre vie. Nous ne devons pas nous complaire dans l'amertume, ni perdre notre foi en nous-mêmes ou en notre prochain, ni avoir de complexes de culpabilité. La réaction spirituelle appropriée à toutes les expériences que nous vivons consiste à décider quelles sont les leçons que nous pouvons en tirer et à nous perfectionner.

Récemment, j'ai retrouvé une lettre que j'avais envoyée au Maître alors que j'étais une très jeune disciple. Il m'avait de toute évidence réprimandée et je lui avais écrit : « Maître, je vous promets que je ferai mon possible pour être chaque jour positive et que je ne résisterai pas à vos conseils, ni en pensée, ni en paroles, ni en actions ». Quand quelqu'un est doté d'une forte volonté et d'un esprit positif, il a tendance à vouloir faire les choses à sa façon. Il est sûr d'avoir toujours raison. La tâche divine du guru est d'aider le disciple à apprendre à développer une volonté guidée par la sagesse. Grâce à sa discipline, le Maître m'aidait à tirer les leçons de mes erreurs.

Il avait coutume de mettre en garde les disciples qui ne voulaient pas renoncer à leur volonté égoïste, en disant : « Si vous continuez ainsi, la Mère divine vous

*Les expériences de la vie vues par les sages*

éloignera d'Elle. » Au début, ces paroles m'effrayaient, mais je compris rapidement qu'il essayait seulement de nous indiquer le fonctionnement de la loi divine. Et maintenant, je dis la même chose à tous ceux qui recherchent Dieu sur cette voie. Ne persistez pas dans les erreurs de votre ego, mais essayez de suivre les conseils du Guru; sinon, la loi du karma vous écartera de la voie spirituelle.

Lorsque j'avais tendance à me juger moi-même trop durement – et par conséquent à souffrir énormément – parce que je sentais que je ne vivais pas à cent pour cent selon les attentes de Gurudeva, il me montrait à nouveau la bonne attitude à adopter: « Le passé est le passé. Corrige-toi et oublie le passé. N'y pense plus. » Gyanamata disait exactement la même chose. Ne vous préoccupez pas des erreurs que vous commettez involontairement ou des choses désagréables qui vous arrivent. Ce qui est important, c'est ce que vous devenez à la suite de ces expériences. Vous seul décidez comment réagir dans toutes les circonstances que la vie vous présente. Allez-vous devenir un être aigri, déprimé, s'apitoyant sur lui-même ou quelqu'un de divinement compréhensif, plein de compassion, doté d'un esprit fort, consacré entièrement à Dieu ? Personne ne peut vous empêcher de réussir dans votre quête de Dieu, excepté vous-même.

*Chaque jour, accepte tout ce qui t'arrive comme provenant de Dieu.* C'est là un point essentiel. Ne pensez jamais que les autres vous font du bien ou du mal. Considérez chacun comme un instrument de Dieu. Soyez une âme divine, un fidèle qui cherche honnêtement Dieu, qui voit la main de Dieu derrière tout ce qui lui arrive, à lui comme aux autres. Sachez pleinement que c'est Dieu et Dieu seul qui veille silencieusement et amoureusement sur nos vies. Acceptez que tout ce qui vous arrive chaque jour comme venant de Sa main et vous commencerez à percevoir Sa proximité et Ses bénédictions constantes.

*Le soir, remets tout entre Ses mains.* Ne prétextez jamais que votre esprit est si préoccupé par votre travail et vos obligations qu'il est incapable de penser à Dieu. C'est l'un des problèmes fondamentaux que doit affronter et résoudre toute personne sur la voie spirituelle, qu'elle vive dans un monastère ou dans le monde. Nous avons tendance à nous laisser absorber par nos responsabilités à un point tel qu'il devient difficile de les laisser de côté à l'heure de la méditation. Mais nous devons réaliser combien il est important de le faire.

Le soir, et à chaque fois que l'heure est venue pour vous de méditer, remettez mentalement tout entre les mains de Dieu. Vous pouvez vous être absorbés dans vos tâches ménagères, votre travail au bureau, à l'usine ou à l'école ou dans des problèmes financiers, mais quelles que soient vos responsabilités personnelles, ce sont vos obligations de la journée; et le soir, au moment de méditer, remettez mentalement ces responsabilités aux bons soins de Dieu. Si vous effectuez cet acte mental chaque soir, vous découvrirez peu à peu qu'il vous sera beaucoup plus facile d'éliminer de votre conscience tout ce qui n'est pas Dieu quand vous méditez. Vous serez alors libres de communier avec Lui.

Je vous encourage fortement à vous souvenir de ces quatre principes, car si vous le faites, vous verrez qu'ils sont extrêmement utiles à vos progrès spirituels. Nous avons tous l'opportunité de connaître Dieu dans cette vie; notre succès dépend de la façon dont nous réagissons devant toutes les expériences qui se présentent à nous.

# Réflexions sur l'attitude juste

*Ashram de la Self-Realization Fellowship,
Encinitas, Californie, 11 décembre 1962*

Le Seigneur Bouddha dit un jour : « Ô moines ! Les avantages d'une vie de sainteté ne résident pas dans l'acquisition de profits, de faveurs et d'honneurs, ni dans l'accomplissement de règles morales, ni dans l'acquisition de la concentration, de la connaissance et de la clairvoyance, mais seulement dans cette vérité, ô moines : l'infaillible et inébranlable libération de l'esprit. Voilà ce qui est au cœur de cette vie de sainteté. C'est là son essence et son but. »

Que signifie « l'inébranlable libération de l'esprit » ? Cela signifie que l'esprit est totalement libéré de l'esclavage des habitudes, des émotions et des liens ; qu'il est régi uniquement par la sagesse, l'amour et le détachement. Cela signifie aussi que l'ego ne vous domine plus ; que vous – l'âme qui agit à travers l'esprit –, êtes le maître de votre destinée. Savoir adopter l'attitude juste en toutes circonstances et dans toutes les situations prouve que vous avez atteint cette maîtrise de vous-même.

L'attitude juste est le chemin qui mène à Dieu. Sans elle, personne ne peut Le connaître, car elle constitue la base même de la vie spirituelle. Nous devons faire des efforts constants pour l'acquérir. Sinon, tous les discours sur Dieu, toute les lectures des Écritures et toutes les années aux pieds d'un guru ne serviront à rien.

L'humilité est implicite dans l'attitude juste. Vous

ne pouvez connaître Dieu sans d'abord reconnaître que vous êtes le dernier à Ses yeux. Cela ne veut pas dire que vous devez vous plaindre et proclamer aux quatre vents à quel point vous êtes insignifiant. Si vous êtes humble, vous resterez toujours égal à vous-même, peu importe ce qu'on vous dira ou ce qu'on vous fera subir. La rose qu'on écrase continue d'exhaler son parfum. Lorsque quelqu'un nous écrase avec des critiques ou des paroles cruelles, l'attitude juste consiste à lui prodiguer en retour de la douceur avec des paroles, des actions et, par-dessus tout, des pensées aimables. Sans pensées aimables, nous ne pouvons pas sincèrement exprimer la gentillesse en paroles ou en actions.

Le problème pour la majorité des gens, c'est que lorsqu'ils sont bouleversés ou en colère, ils ne veulent pas entendre raison, ils ne veulent pas comprendre. Quand une personne s'obstine à penser qu'elle a raison, elle rejette toute explication ou tout raisonnement. La seule chose dont elle a conscience est que son désir a été frustré et c'est tout ce qui compte pour elle. On dit alors qu'elle « voit rouge ». C'est à ce moment-là, qu'on devrait recourir à l'attitude juste.

## Que Ta volonté soit faite

S'il existe quelque chose dans ce monde qui peut nous mettre en colère ou nous faire perdre le contrôle de nous-mêmes, cela signifie tout simplement que nous n'avons pas l'attitude juste. Vous découvrirez en analysant votre colère qu'elle provient d'un désir frustré. Il peut s'agir d'un désir noble, mais les faits sont bien là : la colère survient lorsque nous allons dans une certaine direction et que nous nous heurtons à un obstacle, car notre désir d'avancer est entravé. Notre attitude détermine notre réaction dans cette situation. Si nous avons l'attitude juste, nous pourrons dire dans ces moments critiques: « Seigneur, que Ta volonté soit faite, non la mienne. » Si nous adoptons cette attitude avec sincérité, elle nous libérera de toute émotion engendrée par la colère. L'attitude juste s'acquiert quand on la met régulièrement en pratique et elle nous apporte toujours la paix de l'esprit.

Dieu œuvre à travers l'être humain pour accomplir Sa volonté dans ce monde. Nous devrions toujours nous efforcer de Lui être réceptifs et c'est là que l'attitude juste intervient, car nous sommes de bons ou de mauvais instruments dans Ses mains selon notre degré de réceptivité et la mesure dans laquelle nous adoptons l'attitude juste. Ces différents « degrés » sont à la base des différences qui existent entre les êtres humains.

## Soyez un instrument de Dieu

Sri Yukteswarji a dit à notre Guru, Paramahansa Yogananda: « Apprends à bien te conduire. » Et Gurudeva nous a conseillé: « Efforcez-vous de toujours adopter l'attitude juste. » Ces directives veulent essentiellement dire la même chose. C'est en adoptant l'attitude juste que nous développons notre réceptivité. Et, en retour, cette réceptivité nous permet d'être un canal de la volonté de Dieu. Lorsque des câbles électriques sont installés correctement, ils conduisent bien l'électricité, mais à quoi sert le conducteur s'il n'y a pas d'électricité? De même, notre véritable valeur réside dans notre capacité d'agir comme conducteur à travers lequel Dieu peut exprimer Sa volonté sur terre. Il est du devoir de chacun de s'efforcer de toujours adopter l'attitude juste, de façon à pouvoir être à la fois réceptif et humble et, par conséquent, un parfait instrument de Dieu.

Alors que nous approchons de Noël, il se peut que vous ressentiez tous, comme moi, davantage de ferveur spirituelle et de joie, ainsi qu'un désir plus intense de connaître Dieu. Je ne veux pas perdre mon temps dans cette vie. Pensez à tout ce qui nous retient et qui tente constamment de nous retarder dans notre cheminement spirituel ! Nous devons résister, inlassablement, sans pour autant nous crisper ou nous inquiéter. Nous devons sans cesse résister, mais sans nervosité ni tension. Nous devrions calmement faire preuve de discernement pour nous libérer de toutes les distractions mondaines qui nous éloignent de Dieu et de l'attitude juste qui nous permettrait de Le recevoir. Le secret de la voie spirituelle réside dans l'attitude juste. Une fois que vous avez appris cela, la recherche de Dieu devient la chose la plus simple et la plus naturelle au monde.

Quand vous méditez, demandez à Dieu de vous accorder l'attitude juste. J'adresse toujours la prière suivante à Dieu et au Guru : « Qu'importe la façon dont Tu me disciplines ou ce que Tu fais de moi ! Pourvu que, dans chaque expérience, Tu me permettes d'apprendre l'attitude juste. Ne me laisse jamais éprouver de l'amertume envers Ta discipline ni lui résister. Peu importe ce qui se présente, ne me permets jamais de m'apitoyer sur moi-même, de céder à la colère ou au découragement. » De tels sentiments sont le lot commun des êtres humains ordinaires et égoïstes. Nous ne sommes *pas* des êtres humains ordinaires. Nous sommes des âmes. Nous sommes tous des enfants de Dieu et nous devons nous comporter comme tels. Adoptez l'attitude qui est juste dans vos relations avec Dieu et elle le sera également avec le monde.

# Une occasion spirituelle pour la nouvelle année

*Les disciples résidant dans les ashrams de la Self-Realization Fellowship méditent ensemble la veille du Nouvel An, de vingt-trois heures trente à minuit et demi, selon la tradition instaurée par leur Guru, Paramahansa Yogananda. Sri Daya Mata conduisit la méditation de 1961 au siège international de l'organisation à Los Angeles. Vous trouverez dans ce chapitre les paroles édifiantes qu'elle a adressées aux fidèles de l'ashram à cette occasion: une exhortation pleine d'amour à l'intention de tous ceux qui sont en quête de Dieu.*

Guruji nous a enseigné que la naissance d'une nouvelle année est un moment propice pour modifier le cours des événements. C'est pourquoi nous profitons de la veille du jour de l'An pour faire notre introspection, notre analyse de soi et notre inventaire spirituel. Nous devrions examiner les aspects de notre chemin spirituel où nous avons fait des progrès et ceux où nous avons régressé, avant de méditer sur les qualités que nous espérons intégrer dans notre vie pendant l'année qui est sur le point de débuter.

Sommes-nous enclins à la colère, à la convoitise ou à l'envie? Sommes-nous distraits par des désirs qui éloignent notre attention de Dieu, pourtant l'unique Réalité? Nous ne devrions pas nous laisser décourager par nos défauts, même s'ils sont nombreux. Dieu nous aime quand même. Il nous aide et nous encourage, quelles que soient nos faiblesses, pour autant que nous fassions des efforts pour nous améliorer. Lorsqu'un fidèle tend la main à Dieu pour obtenir Son aide, le Bien-Aimé divin lui donne Ses deux mains pour le relever. Alors, gardons toujours au moins une main tendue vers le Seigneur, Le priant de nous guider. En cette nouvelle année, prenons la résolution de redoubler d'efforts pour écarter tout ce qui pourrait nous éloigner de Dieu.

Qu'est-ce que le mal et qu'est-ce que le bien ? Ce sont des termes relatifs. Ce qui est bon pour quelqu'un peut être mauvais pour quelqu'un d'autre et ce qui semble être une manne pour l'un peut s'avérer un poison pour l'autre. Un grand saint de l'Inde a dit que toute pensée, parole ou action qui éloigne l'esprit du fidèle de Dieu, abaissant sa conscience là où règnent agitation, découragement, colère ou jalousie, n'est pas bonne pour lui. Nous devrions nous efforcer de vivre de manière à ne penser, dire et faire que ce qui élève notre niveau de conscience.

Il est facile de riposter avec dureté à ceux qui nous parlent avec colère, d'éprouver de la jalousie lorsqu'on nous délaisse ou qu'on nous ignore ou de bouder lorsque nous considérons que nous n'avons pas reçu ce à quoi nous croyons avoir droit. Mais je sais par expérience que lorsque nous apprenons à accepter tout ce qui nous arrive comme provenant de la main de Dieu (lorsque nous sentons, par la méditation profonde et la pratique constante de Sa présence, que nous n'avons affaire qu'à Lui dans toutes les circonstances de la vie), il est possible d'éviter tous les écueils que présente la voie de la réalisation du Soi.

Chaque âme est faite à l'image de Dieu. Ses qualités d'humilité, de sagesse, d'amour, de joie et de félicité sont déjà présentes en nous. Mais le « je », ou l'ego, nous fait oublier notre véritable nature. Nous la réalisons à

*Une occasion spirituelle pour la nouvelle année*

nouveau si nous nous concentrons consciemment sur nos attributs divins innés.

## La lumière de Dieu dissipe l'obscurité

Toutes les humeurs et les habitudes qui éloignent notre esprit de Dieu peuvent être surmontées si nous les remplaçons par des pensées positives : enthousiasme, bonne volonté, joie, générosité, amour, amabilité et compassion. En éveillant ces qualités qui sommeillent en vous, les autres habitudes d'envie, d'égoïsme, de colère, de haine, de jalousie, de mauvaise volonté et de passion disparaîtront peu à peu. On ne peut dissiper l'obscurité qui règne dans une pièce en se plaignant de ne rien voir ou en la chassant à coups de bâton. Il n'y a qu'une manière d'en venir à bout : laisser pénétrer la lumière. De même, supprimer l'ignorance ne consiste pas à s'apitoyer sur soi-même ou à accuser tout le monde de notre obscurité intérieure, mais à laisser entrer la lumière de Dieu. Allumez la lumière de la sagesse intérieure et toute l'obscurité accumulée depuis des siècles se dissipera.

Les fidèles qui vivent dans la conscience de Dieu réalisent qu'ils sont continuellement centrés sur Lui, que leur esprit est constamment dirigé sur un des aspects de Dieu : mon Dieu, mon Père, ma Mère, mon Enfant, mon Ami, mon Bien-Aimé, mon Amour, mon Tout. Plus on redouble d'efforts pour se maintenir dans cet état de conscience, plus vite on réalise en soi l'Image divine qui réside en chacun de nous.

## Renforcez vos bonnes résolutions

Gardez votre désir spirituel dans votre cœur et

priez profondément Dieu de le réaliser. Priez sans relâche, non seulement pendant quelques heures ou pendant une journée, mais quotidiennement. Même pendant que vous vaquez à vos activités, continuez à prier à l'arrière-plan de votre esprit. Si vous avez constamment la certitude et l'enthousiasme de pouvoir réaliser cette pensée unique, alors Dieu vous répondra. Il n'abandonne jamais Ses fidèles, mais vous devez persévérer. Si vous ne recevez pas immédiatement Sa réponse, n'abandonnez pas ; essayez encore et encore. Soudain, au moment où vous vous y attendrez le moins, le Bien-Aimé divin répondra à votre prière.

Choisissez une mauvaise habitude dont vous voulez vous débarrasser ou une bonne habitude que vous voulez développer et prenez la résolution de travailler chaque jour durant cette nouvelle année à atteindre votre but. Ne prenez pas trop de résolutions de peur de les oublier ensuite, au bout de quelques jours ou de quelques mois ; choisissez une qualité et accordez-lui toute votre attention, toute votre détermination et tout votre enthousiasme jusqu'à ce que vous l'ayez parfaitement assimilée.

Je me souviens que j'avais pris, il y a de nombreuses années, la résolution de m'efforcer de développer mon humilité pendant la nouvelle année qui débutait. Je travaillais chaque jour pour atteindre ce but ; je me concentrais sur l'essence véritable de l'humilité ; dans mes méditations, je demandais à Dieu de m'accorder davantage d'humilité et de m'enseigner cette qualité par tous les moyens qu'Il considérerait les plus efficaces. Je m'efforçais de la cultiver dans toutes les circonstances de ma vie, lorsque je méditais et lorsque je vaquais à mes activités. De la même manière, je me suis efforcée en d'autres occasions de développer ma

*Une occasion spirituelle pour la nouvelle année*

dévotion envers Dieu, ma compréhension et d'autres qualités spirituelles. Ce sont là des entreprises de toute une vie, mais ce que je veux dire, c'est qu'il faut être fermement déterminé et faire des efforts même pour commencer à acquérir ces qualités. C'est ainsi, mes chers amis, que vous réaliserez les bons désirs qui jaillissent de votre cœur. Prenez la décision de le faire et utilisez votre force de volonté. La vie est éphémère et vous souhaitez certainement récolter pour les années qui vous restent à vivre la moisson la plus prospère en termes de sagesse, d'amour, de compréhension, de joie et de paix.

De nombreux chercheurs spirituels me disent : « J'ignore si je me dirige vers Dieu. Je me sens comme un sol aride ; il me semble que je ne fais aucun progrès. » Je ne peux que répondre à ces fidèles qu'ils doivent redoubler d'efforts ; qu'ils doivent avoir un plus grand désir de ressentir la présence de Dieu, une plus grande détermination.

Paramahansaji avait coutume de dire que le fidèle doit désirer Dieu avec la même intensité qu'un homme qui se noie lutte pour respirer alors qu'il s'enfonce dans l'eau pour la troisième fois ; avec le même désir ardent que l'amant séparé de sa bien-aimée ; avec la même possessivité que l'avare pour son argent. Si le fidèle possède un degré similaire d'enthousiasme, de désir et d'attachement pour Dieu, il Le connaîtra dans cette vie. Nous ne devrons pas nous estimer satisfaits tant que nous n'aurons pas allumé en nous pareille étincelle de désir divin. En cette nouvelle année, prenez la résolution de vous rapprocher davantage du Seigneur. Prenez la ferme résolution de tisser un lien plus profond, une relation plus douce et plus aimante avec Dieu qui est le seul véritable Amour éternel que nous ayons. Lorsque votre cœur et votre esprit seront ancrés dans cette relation divine, vos relations avec les autres deviendront plus pures et plus douces.

## Construisez votre vie sur le roc de la méditation

Faites intérieurement le vœu que vous n'abandonnerez jamais votre pratique quotidienne de la méditation, sauf en cas de maladie. Je n'ai jamais brisé ce vœu que j'avais fait comme me l'avait suggéré Guruji et j'ai pu constater la force intérieure extraordinaire que cela m'a donnée. De plus, chaque semaine, consacrez une journée entière ou plusieurs heures à vous recueillir dans le silence et profitez de cette période pour méditer longuement. Lorsque Guruji nous dit cela il y a très longtemps à Encinitas, je décidai de réserver une soirée par semaine pour une longue méditation. J'avais de nombreuses responsabilités à assumer, mais chaque jeudi, je me retirais dans ma chambre à dix-huit heures sans prendre le repas du soir et méditais jusqu'à minuit. La force que cette habitude a développée en moi ainsi que l'amour et la dévotion que je ressentais pour Dieu lors de ces périodes de méditation ont accéléré mes progrès spirituels. Si vous désirez connaître Dieu, vous devez prendre ce genre de résolution et vous y tenir fidèlement, pas simplement du bout des lèvres.

Durant votre longue période de méditation hebdomadaire, oubliez le monde et chassez toutes vos responsabilités de votre esprit. Remettez tous vos problèmes à Dieu et laissez-Le s'en charger durant ce laps de temps. Parlez-Lui dans la langue de votre cœur. Ainsi, vous saurez que vous faites des progrès spirituels. C'est la seule façon d'arriver à le savoir : en redoublant d'efforts.

*Une occasion spirituelle pour la nouvelle année*

## Pratiquez la présence de Dieu

Une autre manière de progresser spirituellement est la pratique constante de la présence de Dieu. Paramahansaji disait que si vous désirez connaître Dieu, vous devez disciplinez vos premières pensées matinales afin de les Lui adresser. De même, lorsque vous vaquez à vos occupations quotidiennes, pensez qu'Il est l'Auteur et que vous n'êtes que Son humble instrument. Utilisez votre intelligence, votre bonne volonté, votre joie et votre bonne humeur pour Le servir. Vers la fin de la journée, laissez votre esprit se recueillir toujours plus profondément en Lui. Avancez ainsi en ayant seulement la conscience de Dieu à l'esprit et en la conservant dans toutes les expériences que la vie vous réserve ; gardez une joie immense dans votre cœur, faites preuve du plus grand courage, de la plus grande foi, de la meilleure bonne volonté et, par-dessus tout, d'amour divin, déposé dans un don de soi aux pieds de Dieu, notre unique Amour.

Pour terminer, permettez-moi de partager avec vous une chose que j'ai notée durant une des méditations de la nouvelle année que nous avons eu le bonheur de célébrer avec notre Guru bien-aimé. Ces paroles m'ont beaucoup aidée au cours de toutes ces années : « Souvenez-vous toujours de ceci : nous ne pouvons aller à l'encontre de la Volonté divine. Chacun de nous a une mission spécifique à accomplir dans ce monde, à laquelle nous ne pouvons nous soustraire et que personne d'autre ne peut assumer à notre place. En accomplissant notre devoir, nous devons avoir l'attitude suivante : "Ô Seigneur, c'est Toi l'Auteur. Fais de moi Ton instrument consentant." La vie peut prendre fin en un instant. Comment pouvons-nous arriver à

*Rien que l'Amour*

penser que nous sommes les auteurs dans ce monde ? La Gita dit : "Abandonnez tous les autres *dharmas* (devoirs), rappelez-vous uniquement de Moi ; Je vous libérerai de tous les péchés (accumulés faute d'avoir accompli ces tâches mineures[1])."

## Rappelez-vous seulement de faire chaque jour de votre mieux

« Tout ce dont vous devez vous souvenir dans cette vie, c'est de faire votre possible, chaque jour, à chaque instant. Dieu souhaite qu'il y ait une continuité dans vos efforts. Il ne veut pas que vous vous décourageiz, que vous abandonniez et que vous vous enfuyiez. Rappelez-vous que dans vos activités, vos épreuves et vos difficultés, Dieu est toujours avec vous. Jésus dit à saint Antoine, qui vécut plus de soixante ans dans le désert en priant le Christ : « Antoine, même lorsque tu souffrais, j'étais continuellement avec toi. » Rappelons-nous cette promesse chaque fois que nous sommes en proie au découragement.

La dualité est la nature de ce monde. Ne vous concentrez jamais sur l'aspect négatif de la vie. Nous devons apprendre à accepter le bien et le mal avec une foi inébranlable en Dieu. Comme Guruji l'enseignait, nous devons comprendre que les épreuves qui parsèment notre vie ne sont que l'ombre de la main de Dieu qui se tend pour nous bénir. Apprenez à envisager toutes les circonstances de la vie avec cet état d'esprit : « Seigneur, Tu es l'Auteur. J'accepte aussi bien la caresse affectueuse que la gifle de Ta main, parce que Tu

---

[1] Bhagavad Gita XVIII : 66. D'après la traduction anglaise de Paramahansa Yogananda dans *God Talks With Arjuna: The Bhagavad Gita*).

*Une occasion spirituelle pour la nouvelle année*

sais ce qui est le mieux pour moi. Tu m'aimes à travers ceux qui sont mes amis et Tu me disciplines à travers ceux qui se croient mes ennemis. »

Dans cet état de conscience, affrontons la nouvelle année avec courage, foi, force, volonté de faire tout ce que la vie nous réserve et, par-dessus tout, avec l'ardent désir de ressentir l'amour de Dieu. Il ne S'est pas éloigné de nous ; c'est nous qui avons éloigné notre conscience de Lui, en courant après les choses de ce monde et en nous laissant entraîner par nos sens et nos émotions. Ce n'est qu'en apprenant à calmer notre conscience, comme les grands maîtres nous l'ont enseigné, que nous pourrons percevoir la présence de Dieu en nous[1]. Il est à nos côtés depuis la nuit des temps. Il sera avec nous pour l'éternité. Accrochez-vous à Ce qui est immuable.

## Ma prière pour vous

En cette nouvelle année, je prie pour que chacun d'entre vous puisse atteindre ses objectifs les plus élevés et les plus nobles sur la voie spirituelle. Que ceux qui aspirent à l'amour divin puissent le trouver. Que ceux qui recherchent la compréhension ne la cherchent pas dans les relations humaines, mais se tournent plutôt vers Lui, la Source vive de toute compréhension. Que ceux qui veulent être forts, courageux ou humbles puissent s'approcher du grand Enseignant qui peut les aider à acquérir ces qualités, qui peut éveiller la divinité qui sommeille en eux afin qu'ils puissent se considérer comme de véritables enfants de Dieu. Les paroles de Guruji, nous exhortant au seuil de la nouvelle

---

[1] « Arrêtez, et sachez que Je suis Dieu. » (Psaumes 46, 11).

année, me reviennent en mémoire : « Éveillez-vous, ne dormez plus ! Éveillez-vous, ne dormez plus ! Éveillez-vous, ne dormez plus ! »

Le chemin vers la paix, la joie, le bonheur et l'amour divin consiste à garder votre conscience centrée sur Dieu et à vous reposer en Lui. Concentrez-vous sur une seule idée : Dieu. « Tu es mon Étoile polaire ; en Toi je vis, je bouge, je respire et mon être existe. Je ne désire rien d'autre que T'aimer et Te servir. » Que ce soit votre prière constante pour la nouvelle année.

Concentrez-vous sur Dieu nuit et jour et enivrez-vous de Son amour. Lui seul est réel. Dans Son amour se trouve la sagesse, l'humilité, la joie, la compassion, la compréhension et la plénitude. Puissions-nous tous chercher cet amour avec plus d'ardeur.

Méditez plus profondément et efforcez-vous de servir Dieu avec plus d'empressement, avec une plus grande conscience et davantage de concentration. Le simple fait de servir n'est pas suffisant ; considérez-le comme un grand privilège et faites-le avec enthousiasme, avec joie et avec beaucoup d'amour dans votre cœur. En entonnant des chants de dévotion à Dieu, puissions-nous conserver cette joyeuse conscience chaque jour de la nouvelle année, afin de l'achever comme nous l'avons commencée, en pensant uniquement à l'Être unique.

# Le secret du pardon

*Siège international de la Self-Realization Fellowship,
Los Angeles, Californie, 24 mars 1969*

Le temps béni de la période pascale nous est revenu. Les fêtes sacrées de l'année suscitent un regain notable d'inspiration dans ma conscience et je souhaite qu'il en soit de même pour vous. Lorsque nous arrivons à cette période de l'année où nous nous rappelons le sacrifice suprême auquel Jésus-Christ a consenti pour le bien de l'humanité, je repense aux paroles que nous a si souvent répétées Gurudeva, Paramahansa Yogananda, lorsqu'il affirmait que le Christ avait accompli son plus grand miracle sur la Croix. Alors qu'il aurait parfaitement eu le droit de maudire et de condamner celui qui l'avait trahi et ceux qui l'avaient jugé injustement, et bien qu'il eût le pouvoir de détruire ses ennemis, Jésus n'a ni utilisé ce pouvoir ni éprouvé de haine à leur égard. Au contraire, il a montré au monde la manière divine de conquérir le mal – la seule manière qui puisse ressusciter l'âme humaine des ténèbres de l'ignorance et la conduire à la lumière de la sagesse éternelle, de la communion éternelle avec Dieu. Le Christ immortalisa cette attitude par ces simples paroles d'amour: « Père, pardonne-leur, car ils ne savent ce qu'ils font[1]. »

Ce message est extrêmement important pour l'humanité, même aujourd'hui, et nous devrions tous le mettre en pratique dans nos vies si nous désirons

---

[1] Luc 23, 34.

maintenir la lumière de l'amour divin dans nos cœurs et dans le monde. Nous devons absolument libérer notre cœur et notre esprit de toute amertume ou rancœur, car de tels sentiments n'y ont pas leur place.

Lorsque quelqu'un a mal agi envers nous, pourquoi nous sentons-nous obligés de riposter? Pourquoi ne pas simplement nous en remettre à Dieu? Je crois en cette façon de procéder. Ne pouvons-nous pas dire à notre tour: «Père, pardonne-leur, car ils ne savent ce qu'ils font», sachant pertinemment que la loi divine et l'amour de Dieu résoudront le problème à notre place. Cette loi s'est appliquée un nombre incalculable de fois au cours de ma vie et elle s'appliquera de la même façon pour vous et pour toute l'humanité.

La difficulté réside en *nous*. Nous n'arrivons pas à nous départir de nos pensées de haine, de vengeance, de colère ou d'envie. Parce que nous sommes incapables de lâcher la main de Satan – l'illusion, car tous ces sentiments et ces pensées erronés ne sont en réalité que cela –, nous sommes dans l'incapacité de saisir la main de Dieu.

Essayons de ressusciter notre conscience pour qu'elle sorte du sombre sépulcre de la haine, de la colère et de la méchanceté. Vous savez que la méchanceté est le désir de blesser quelqu'un. À un moment ou à un autre, nous avons probablement tous blessé inconsciemment quelqu'un. Nous devrions demander sincèrement pardon à ceux à qui nous avons pu faire du mal. Et jamais ne devrions-nous lever intentionnellement la main, pas même en pensée, sur un autre être humain. En agissant de la sorte, nous serions les premiers à en souffrir, car nous perdrions aussitôt notre perception intérieure de Dieu.

## Cherchez la réalisation de l'âme, dépositaire de l'amour

Mon âme n'a qu'un seul désir pour vous : en raison de la joie, des sentiments de paix, de sécurité et d'amour intense que j'ai découvert au fond de mon âme, je souhaite ardemment que chacun de vous soit immergé dans cette conscience divine. Il est vrai que ce niveau de conscience est très difficile à atteindre, puis à maintenir. Il est donc de mon devoir d'avertir ceux d'entre vous qui s'efforcent de perfectionner leurs vies d'une manière divine lorsqu'ils s'écartent du But et de les exhorter à suivre les traces de notre Guru avec encore plus d'intensité, de sincérité et de dévotion.

Gurudeva était la personnification même de la gentillesse, de l'amour, du pardon et de la compassion. Il n'y avait pas une once de méchanceté ou d'égoïsme en lui ; pourtant, certaines personnes l'ont mal compris, tout comme d'autres ont mal compris le Christ. Les yeux d'un homme accoutumé à l'obscurité ne supportent pas le soleil, car ils en sont aveuglés. De même, lorsqu'il s'éloigne de la lumière de la compréhension et du comportement juste pour s'enfermer dans l'obscurité en s'apitoyant sur soi, en ne servant que ses propres intérêts et en étant égoïste, il se met à détester toutes les personnes et toutes les choses qui reflètent cette lumière. S'il était réceptif, il verrait que cette lumière éclaire tous les recoins de sa conscience et de sa vie en lui apportant ce qu'il a toujours désiré, mais qu'il n'a pu obtenir, faute d'avoir appliqué les principes adéquats.

En ce printemps de résurrection, appelons-donc avec une ferveur renouvelée la présence de Dieu dans nos âmes. Je le fais, car je désire Dieu désespérément à chaque instant de ma vie. Parfois, je m'éveille au milieu de la nuit. Je n'ai plus la moindre envie de dormir et mon seul souhait est de passer chaque parcelle de mon temps à parler avec Dieu. C'est pour moi une réalité et parce que je trouve mon plaisir, ma paix et ma joie à communier avec Lui, je souhaite qu'il en soit de même pour chacun d'entre vous.

Je souffre lorsque je vois quelqu'un s'accrocher aveuglément à ses défauts et à ses faiblesses, sans lâcher-prise ni laisser Dieu prendre sa vie en charge. C'est pourtant ce que vous devez faire si vous voulez atteindre la réalisation du Soi. Ayez plus confiance en Dieu, croyez plus en Dieu et acceptez Dieu ; ayez foi en Celui qui peut redresser tous les torts qui vous ont été faits. Vous n'avez pas besoin de vous défendre ; laissez Dieu être votre défenseur.

Lorsque des gens ne me comprennent pas, je ne me préoccupe pas de ce qu'ils soient en parfaite harmonie avec Daya Ma, pourvu qu'ils le soient avec Dieu. Je prie alors la Mère divine avec insistance : « Bénis-les, bénis-les ! Aide-les à prendre conscience de Ta présence, éveille leur conscience, aide-les à ne regarder que Toi, aide-les à s'ancrer en Toi. » Cette prière me permet d'établir une relation avec ces âmes, dans la joie et la paix de l'esprit. Notre Gurudeva avait coutume de dire : « Je ne peux être satisfait tant que chacun de vous – je dis bien, chacun de vous – ne volera pas vers ma Mère divine pour se jeter à Ses pieds. » C'est là aussi mon humble et fervent souhait, car, comme il l'a dit également : « Souvenez-vous toujours que rien ne peut jamais vous atteindre si vous aimez Dieu en votre for intérieur. » C'est pour cela que chacun de nous devrait aimer Dieu du fond de son cœur. Alors, Son amour – si enivrant et si dévorant –, effacera toute

*Le secret du pardon*

trace de frivolité de sorte que, peu importe ce qu'on nous fasse, nous resterons intérieurement imperturbables, toujours plongés dans la même conscience d'un amour unique et divin envers tous.

L'esprit a la possibilité extraordinaire de pouvoir faire le bien ou de pouvoir faire le mal. En cette époque de grands troubles, unissons-nous pour prier profondément pour l'humanité. Tout en nous efforçant d'atteindre un certain niveau de réalisation personnelle, un certain niveau de sécurité en étant reliés à Dieu par la pensée, il est important de prier également pour ce monde en souffrance ; de prier afin que l'homme apprenne à résoudre tous ses problèmes avec l'aide de Dieu et non celle de Satan, en s'accrochant non aux forces du mal, mais à Dieu et à Dieu seul.

# Un temps pour prier, un temps pour s'abandonner

*Siège international de la Self-Realization Fellowship, Los Angeles, Californie, 19 mai 1966*

Ce discours de Sri Daya Mata répond à la question suivante : lorsque nous avons besoin de guérir le corps, laquelle de ces deux méthodes est préférable, s'abandonner à la volonté divine ou recourir à la prière et à l'affirmation ?

Pendant les nombreuses années que j'ai passées aux côtés de mon Gurudeva, Paramahansa Yogananda, j'ai constaté qu'il ne priait jamais pour lui-même. En fait, il dit un jour : « Je ne peux pas prier pour moi. J'ai donné ma vie entièrement à Dieu afin qu'Il en dispose à sa guise. » En effet, la vie de Guruji fut un exemple de renonciation.

Au sens le plus élevé, si nous croyons en Dieu et si nous avons foi en Lui, nous n'avons aucune raison de Lui demander quoi que ce soit. Il connaît nos besoins mieux que nous qui n'avons qu'une compréhension humaine limitée. Vu ainsi, prier pour nous-mêmes contredit notre foi en Dieu.

Parfois, Paramahansaji prenait sur lui le mauvais karma[1] des autres dans le but de leur épargner de trop grandes souffrances. Son corps éprouvait alors les douleurs qui leur étaient destinées. Dans ces cas-là, nous le suppliions : « Maître, pourquoi ne priez-vous pas

---

[1] Les effets, bons et mauvais, produits par de bonnes ou de mauvaises actions. (Voir note de la page 49.)

pour guérir ? »

Il nous répondait alors : « Comment pourrais-je prier pour moi-même ? Je n'ai jamais prié pour mon corps. J'en ai fait don à Dieu. Il en fera ce qu'Il en fera. Cela m'est égal. » Gurudeva était pleinement heureux dans la conscience de Dieu. Lorsqu'un fidèle atteint un niveau de conscience où il est parfaitement ancré en Dieu comme l'était Paramahansaji, son état physique n'a aucune importance. Celui qui prie pour son corps y est encore attaché.

Mais il est juste et bon de prier pour les autres. Demandez alors qu'ils puissent être avant tout réceptifs à Dieu afin de recevoir directement l'aide physique, mentale ou spirituelle du Médecin divin. Telle est l'essence de toute prière. La bénédiction divine est toujours présente, tandis que notre réceptivité fait souvent défaut. Prier renforce la réceptivité. Si la foi n'est pas parfaite, il nous faut absolument prier, pour nous ou pour les autres, afin de la renforcer et d'ouvrir les portes à l'aide toujours présente de Dieu[1].

## Converser spontanément avec Dieu : la plus naturelle des prières

Je n'aime pas utiliser le mot *prière*, car il semble suggérer une demande formelle et unilatérale adressée

---

[1] Tous les jours, le Concile de Prière de la Self-Realization Fellowship, composé de renonçants de l'Ordre monastique de la SRF, fait des prières pour guérir les maladies physiques, le déséquilibre mental et l'ignorance spirituelle. Ceux qui le désirent peuvent demander des prières à leur propre intention ou à celle des autres en écrivant ou en téléphonant à la Self-Realization Fellowship à Los Angeles. Le Cercle de Prière mondial de la Self-Realization Fellowship, constitué de membres et d'amis de la SRF à travers le monde, soutient cette mission de prière et prie régulièrement pour la paix mondiale et le bien de toute l'humanité. Une brochure décrivant l'action du Cercle de Prière mondial est disponible sur demande.

*Rien que l'Amour*

à Dieu. Pour moi, converser avec Dieu, Lui parler comme à un ami cher et proche, est une forme de prière plus naturelle, plus personnelle et plus efficace. Quand j'entends parler des tragédies de la guerre et des autres maux de l'humanité, ou lorsque quelqu'un m'écrit pour solliciter mon aide, j'en parle immédiatement à Dieu, conversant avec Lui dans le sanctuaire silencieux de mon âme.

Si nous étions continuellement en harmonie et en communion avec Dieu, quel besoin aurions-nous de prier ou de demander quoi que ce soit ? Nous aurions un sentiment de bien-être, une confiance totale et absolue que tout dépend de Lui, à tel point que cette certitude intérieure ne nous quitterait jamais : « Il sait ce qu'Il fait en ce qui me concerne. Je ne peux pas toujours comprendre Sa manière d'agir, mais je suis satisfaite, car je comprends qu'Il choisit ce qui est le mieux pour moi. » C'est ce qu'on appelle l'abandon total.

L'amour parfait pour Dieu implique une confiance absolue dans la volonté divine en tout et pour tout. C'est pourquoi prier pour soi serait une façon imparfaite de Lui manifester notre dévotion. Lorsque nous aimons quelqu'un d'un amour profond, inconditionnel et que nous avons une confiance implicite dans son amour pour nous, nous ne nous inquiétons pas de ce qu'il peut faire de nous. Le même idéal s'applique à notre amour pour Dieu. Nous devrions Lui donner notre vie, notre cœur et notre esprit d'une manière si totale que ce qui arrive nous importe peu : notre conscience demeure imperturbable et sereine. Lorsque nous nous comportons de la sorte, notre esprit est littéralement rivé sur Dieu et notre être à ce point submergé par la félicité due à l'expérience de Sa présence que lorsqu'une crise survient, ce qui arrive à notre corps

*Un temps pour prier, un temps pour s'abandonner*

temporel n'a pas d'importance. Je crois en cette attitude qui consiste à s'en remettre totalement à Dieu.

L'abandon à la volonté divine ne nous épargne pas la souffrance. Je me souviens de ce que Paramahansaji dit un soir : « J'ai fait pendant de nombreuses années l'expérience de la souffrance dans ce corps. Mais, voyez comme cela est étrange : d'un côté, la Mère divine me fait souffrir et, de l'autre, Elle prend soin de mon corps à travers vous tous. » Le Maître offrait l'exemple d'une identification complète de soi avec Dieu. Dans sa réalisation de soi en tant qu'âme, il était capable de prendre de la distance pour découvrir que Dieu seul permettait à son corps de souffrir et qu'en même temps c'était Dieu lui-même qui maintenait cette forme corporelle et lui prodiguait les soins nécessaires.

Cet abandon n'est pas un état déprimant de résignation au chagrin dans lequel on magnifierait la souffrance comme une vertu en l'appelant de ses vœux. Le croyant qui demanderait à Dieu de lui envoyer toutes les souffrances du monde et qui se complairait dans la douleur dans l'idée de plaire à Dieu, choisirait une approche plutôt négative de l'abandon à la volonté divine. Je suis pour une approche positive : « Je suis l'âme ; ma nature est bienheureuse, puissante et parfaite. Je prendrai soin de mon corps mais ne m'y attacherai pas, ni ne me lamenterai sur les imperfections qui y apparaissent. Si quelqu'un a un mal de tête, il n'a pas tort de le constater comme étant un fait, ni de recourir à un remède approprié pour le faire passer ; mais il devrait s'imprégner en toute conscience de cette vérité que sa nature réelle est distincte de son corps et ne saurait donc être affectée par l'inconfort d'une enveloppe corporelle qu'il ne fait que porter comme un vêtement.

## Le corps n'est qu'un manteau qui recouvre l'âme

Le corps n'est en fait rien d'autre qu'un manteau qui recouvre l'âme. D'ordinaire, lorsque votre pardessus s'élime et se découd, vous ne vous en affligez pas; vous le reprisez ou vous le remplacez. Ne laissez jamais votre conscience s'identifier avec le manteau corporel que l'âme porte temporairement.

Ceux qui ne comprennent pas les voies de Dieu croient souvent que la perfection spirituelle implique également la perfection corporelle – que le corps d'une personne qui est en harmonie avec Dieu ne sera pas soumis à la maladie physique. C'est absurde! Celui qui persiste dans cette idée est lui-même attaché à sa forme physique; le corps prend trop d'importance à ses yeux. Je ne veux pas dire que nous ne devons pas faire raisonnablement attention à notre corps. Sri Yukteswarji a dit: « Pourquoi ne lancerions-nous pas un os au chien[1]? » Donnez au corps ce dont il a besoin, puis oubliez-le. Le Christ a dit: « Ne vous inquiétez pas pour votre vie de ce que vous mangerez, ni pour votre corps de quoi vous serez vêtus. (...) Votre Père sait que vous en avez besoin[2]. »

Ce que je veux dire, c'est qu'aucun mortel ne pourra vivre éternellement dans sa forme physique, peu importe les soins qu'il lui prodigue. Alors, pourquoi accorder autant d'attention à quelque chose d'éphémère? C'est une erreur spirituelle que de soigner le corps au détriment de l'âme, voire d'oublier complètement de nourrir celle-ci. Dieu permet que la maladie et les imperfections se manifestent dans le corps pour nous réveiller – par la souffrance si nécessaire – et nous

---

[1] *Autobiographie d'un Yogi*, chapitre 12.
[2] Luc 12, 22-30.

faire réaliser qu'étant Ses enfants, nous ne sommes pas ces corps mortels et que ce monde n'est pas notre demeure. Nous sommes des âmes immortelles et notre demeure est en Dieu.

Tout en soulignant les vertus de l'abandon, nous ne devrions pas, cependant, ignorer la place et la valeur de la prière ou de l'affirmation. En effet, l'état d'abandon idéal tel que démontré par Paramahansa Yogananda, constituerait une aspiration extrêmement élevée pour l'homme du commun, car il présuppose une compréhension spirituelle parfaite de la volonté de Dieu, un accord parfait. Un tel fidèle sait quand et comment affronter ses problèmes et quand se résigner à les endurer.

### « Aide-toi et le Ciel t'aidera »

Jésus avait le pouvoir de se libérer des mains de ceux qui allaient le crucifier: « Penses-tu que je ne puisse pas invoquer mon Père, qui me donnerait à l'instant plus de douze légions d'anges[1] ? » Mais il pria: « Père, si Tu voulais éloigner de moi cette coupe! Toutefois, que ma volonté ne se fasse pas, mais la Tienne[2]. » Pour celui qui ne ressent pas cette harmonie en toutes circonstances, les prières et les affirmations ne sont pas seulement bénéfiques, mais elles sont même recommandées. Elles aident l'esprit et la conscience à devenir réceptifs aux bénédictions et à l'aide de Dieu, renforçant la foi et ravivant la volonté qui, à leur tour, réveillent l'énergie vitale curative. Ainsi, les prières et les affirmations mettent en mouvement une autre loi

---
[1] Matthieu 26, 53.
[2] Luc 22, 42.

cosmique : « Aide-toi et le Ciel t'aidera. »

## Le pouvoir magnétique de l'affirmation

Tout le monde devrait pratiquer l'affirmation. Ces deux affirmations sont à mon avis les plus efficaces : « Seigneur, que ce ne soit pas ma volonté, mais seulement la Tienne qui soit faite à travers moi » ; et « Seigneur, c'est Toi, l'Auteur, pas moi. »

Le monde a été créé sur le principe d'une particule tournant autour d'une autre – un électron autour d'un proton – et produisant une force créatrice. L'affirmation fonctionne selon le même principe. Le pouvoir concentré de la volonté tournant autour d'une idée génère une puissante force magnétique. Si l'on répète continuellement et avec une concentration toujours plus intense des affirmations comme « Seigneur, Tu es mien ; je suis à Toi » ou « Seigneur, Tu es dans ce corps ; il est en bonne santé », ce que nous affirmons se manifestera.

Cependant, l'application de ce principe peut aussi produire des effets négatifs si la volonté concentrée tourne constamment autour d'une pensée négative. On peut vraiment se faire du mal, à soi-même et aux autres, en entretenant des pensées négatives. Car, dans ce monde, nous récoltons ce que nous avons semé ; les pensées projetées dans l'éther reviennent à leur point de départ. C'est la raison pour laquelle Paramahansaji nous disait souvent : « Faites attention à vos pensées. Soyez certains que vous récolterez un jour les graines que vous semez. » C'est en cela que réside l'importance de la pensée positive, de la pensée juste pour notre propre bien et celui des autres.

*Un temps pour prier, un temps pour s'abandonner*

## La pensée : la force la plus puissante au monde

La pensée est la force la plus puissante au monde. Toute la création est le fruit de la pensée de Dieu. Rien ne peut exister sans Lui. Et parce que nous sommes faits à Son image, Son pouvoir invincible réside en chacun de nous. Notre pensée et notre conscience font partie de l'intelligence divine et de la conscience de Dieu. Ce ne sont pas des facultés que nous devons acquérir. Mais nous devons toutefois apprendre à puiser à la source de notre pouvoir intérieur pour être capables de les manifester.

Lorsque vous pratiquez l'affirmation pour vous guérir ou pour guérir les autres, visualisez l'immense force du pouvoir curatif de Dieu comme une lumière blanche vous enveloppant ou enveloppant la personne pour qui vous priez. Sentez cette lumière dissiper toute maladie et toute imperfection. Chaque pensée élevée que nous concevons, chaque prière que nous exprimons et chaque bonne action que nous accomplissons sont imprégnées du pouvoir de Dieu. Nous pouvons manifester ce pouvoir à un niveau de plus en plus élevé à mesure que notre foi se renforce et que notre amour pour Dieu gagne en profondeur.

Soyez certains que si c'est, à terme, pour le bien suprême, le pouvoir de la prière et de l'affirmation peut influencer la loi cosmique et même la volonté divine, à condition que votre pensée soit forte et votre foi parfaite. Mais si le résultat final de vos prières intenses, de votre foi sans faille et de votre dévotion est contraire à vos affirmations positives de guérison, c'est alors le moment de vous abandonner à la sagesse divine supérieure dans une paix intérieure. Mais, avant d'avoir pris Sa décision finale, Dieu S'attend à ce que l'être

*Rien que l'Amour*

humain utilise le pouvoir, la volonté et la force qu'Il lui a donnés pour résister à toutes les imperfections qui existent dans ce monde de changement et de relativité.

# L'être humain a besoin de Dieu

*Siège international de la Self-Realization Fellowship,
Los Angeles, Californie, 24 mars 1969*

Que ce soit dans le monde ou dans un ashram, la vie la plus satisfaisante qu'un être humain puisse mener est de suivre la voie spirituelle intérieure. Lorsqu'il possède Dieu, son cœur ne désire rien d'autre. Tout ce qu'il a cherché ou ardemment désiré, il le trouvera dans le contentement et la satisfaction qu'il goûte pleinement en Dieu. Un tel homme ne prie plus que pour une chose : qu'il ne soit plus jamais induit en erreur par ce monde. Ayant réalisé la communion avec Dieu, l'ouverture par laquelle il peut s'évader de cette étroite cellule de prison qu'est la conscience du corps et de l'ego pour aller vers la liberté de l'âme, il ne veut plus jamais connaître la captivité.

Nous comprenons la nature carcérale de l'ego à mesure que nous l'abandonnons à Dieu avec toutes ses limites et son égocentrisme. Le Seigneur ne peut pénétrer dans la conscience de ceux qui pensent constamment à eux-mêmes : « je, je, je. » Il n'y a aucune place pour le « Toi » chez ceux qui sont complètement absorbés dans le « je ». Éradiquer ce « je » est le premier but que nous devons nous efforcer d'atteindre. Ce n'est pas simple, mais cela devient de plus en plus facile à mesure que nous développons un profond désir pour Dieu.

Il arrive très souvent que ce désir ardent pour Dieu se manifeste à travers la souffrance. Cependant, je ne considère pas la souffrance comme un élément essentiel de la voie spirituelle. De nombreuses interprétations de la vie et des enseignements de Jésus insistent sur la vertu de la souffrance et de l'affliction. Ce concept est très déprimant. Même lorsque j'étais petite, je le rejetais tel qu'il m'était présenté ; je ne pouvais imaginer quelqu'un cherchant volontairement et joyeusement la douleur ou la souffrance. Ce n'est pas une manière réaliste ou pratique d'approcher Dieu, car ces états négatifs ne sont pas naturels pour l'âme. Je ne me serais jamais engagée dans la voie du Yoga si je l'avais perçue comme un chemin de douleur ! J'ai toujours pensé que la quête de Dieu devait mettre un terme à toutes nos peines et à tous nos malheurs. Maintenant, après plus de trente années dans cette voie spirituelle, je suis convaincue sans l'ombre d'un doute que trouver Dieu et communier avec Lui mettent effectivement fin à la misère humaine.

Cela ne signifie pas que l'aspirant à la vie spirituelle ne passe pas par des phases difficiles. Il serait bien irréaliste de penser que du simple fait que nous Le cherchons, Dieu devrait éliminer tous les obstacles de notre chemin. Il pourrait certes le faire, mais s'Il le faisait, d'où viendrait la force de l'homme ? Un muscle se renforce par l'exercice. Un bras inactif qui pend sans force faiblit petit à petit et finit par s'atrophier. Il en est de même pour l'homme. Si les muscles de la foi, du dévouement, de la compassion, de la patience, de la dévotion, de la loyauté et de la persévérance – toutes ces qualités sous-développées qui reposent au plus profond de son âme – ne sont pas stimulés et développés durant sa *sadhana* ou quête spirituelle, il ne changera jamais et ne surmontera jamais ses faiblesses et ses limitations humaines.

## Dieu et l'être humain cherchent l'amour inconditionnel

Dieu est très patient avec Ses enfants. Il nous aime d'une manière inconditionnelle. Et n'est-ce pas ce même genre d'amour que nous désirons ardemment obtenir de Lui ? Nous ne voudrions pas que l'amour de Dieu soit si superficiel que si nous commettons une faute ou si nous ne sommes pas constamment à la hauteur de nos idéaux les plus élevés, Il nous abandonne. De même, notre amour pour Dieu ne devrait pas être fragile au point que si nous pensons à tort qu'Il nous a abandonnés, nous L'abandonnions à notre tour. Ce genre d'amour n'a aucun sens. Nous voulons un amour inconditionnel et éternel. Et si nous voulons le recevoir pour nous-mêmes, il semble logique que nous devrions être disposés à Lui offrir ce même amour en retour, tout en nous efforçant de le donner aux autres également.

Je sais avec certitude, sans doute grâce aux expériences vécues dans des vies antérieures, qu'aucun être humain ne peut me donner ce que je cherche. Toute l'adoration, la gloire, les éloges ou l'amour que pourrait m'offrir un être humain ne seraient pas suffisants pour moi. Dieu seul peut combler mon âme. Lui seul peut satisfaire pleinement les désirs profonds de chacun d'entre nous.

## Accrochez-vous fermement à Dieu, car Il peut vous aider

Nous devrions être confiants et savoir que, quelles que soient les expériences que nous devons affronter, elles renferment la volonté et la bénédiction de Dieu.

Leur objectif n'est pas de nous punir, mais de nous renforcer et de nous inciter à prouver notre amour. Dieu est Celui qui guide perpétuellement nos vies. Il peut vous aider dans la mesure où vous vous accrochez fermement à Sa main. Si vous retirez votre main par amertume ou parce que votre foi s'est affaiblie du fait que vous estimez n'avoir pas reçu ce que le monde appelle un traitement équitable, sachez bien que vous vous écartez de la Source même de tout ce que vous recherchez. Cette grande vérité est démontrée sans cesse dans la vie.

Rappelez-vous que nous obtenons exactement ce que nous avons donné au monde. Ce n'est pas Dieu qui nous punit ; nous créons nous-mêmes les causes de nos expériences douloureuses par les mauvaises actions que nous avons commises dans cette vie ou dans des vies précédentes. La cause est égale à l'effet et l'effet est égal à la cause. Ne doutez jamais un seul instant de cela. Efforcez-vous de toujours créer la cause qui provoquera l'effet désiré. La cause la plus élevée que nous puissions mettre en œuvre est un amour actif, conscient et toujours plus intense pour Dieu. Lui seul peut apporter à chaque fidèle l'accomplissement total de tous ses désirs. Nous ne devrions jamais perdre de vue cette vérité.

## Plaire à Dieu devrait être notre motivation dans la vie

Les paroles de dévotion que nous adressons à Dieu ne veulent pas dire grand-chose en fin de compte. Seules nos actions peuvent exprimer réellement ce que nous ressentons pour Lui. Cela explique peut-être pourquoi la Bible dit qu'on reconnaît un homme à ses actes[1]. Peu importe si personne n'apprécie ce que nous faisons. Nous ne devrions jamais être déçus, même si nous nous sommes efforcés d'être bons et de faire le bien et que personne n'a semblé s'en soucier ou l'apprécier. Nous ne sommes pas sur terre au service de l'homme, mais de Dieu. Chacune de nos actions devrait être accomplie comme une offrande de dévotion, déposée avec révérence à Ses pieds. C'est à Dieu que nous avons à faire, à chaque instant de nos vies et dans tout ce que nous faisons. Il est la Force vivante qui nous guide et nous soutient. Lui seul est toujours présent à nos côtés et conscient de chacune de nos pensées. C'est pourquoi il est important que nos pensées soient toujours les plus élevées et les plus nobles. Notre motivation devrait être de Lui plaire. En Lui étant agréable, nous pouvons espérer que notre vie et les services que nous rendons plaisent également à Ses enfants.

Les malentendus et les souffrances qui en découlent n'apparaissent pas dans les cœurs purs. Notre cœur ne sera à l'abri que si nous ne perdons pas de vue le But, qui est Dieu. Le fidèle ne peut perdre son chemin s'il se souvient qu'il doit suivre les étapes qui conduisent au But : cultiver un désir constant pour Dieu, qui se manifeste grâce à la pratique de Sa présence et en Lui parlant ; méditer tous les jours, même quand le désir de méditer est absent ; donner sa vie à Dieu, de tout son cœur et en Le servant avec un dévouement total.

Dieu n'a pas besoin de nous, alors que nous avons désespérément besoin de Lui. Nous avons besoin de la

---

[1] « C'est donc à leurs fruits que vous les reconnaîtrez. Ceux qui me disent : Seigneur, Seigneur ! n'entreront pas tous dans le royaume des cieux, mais celui-là seul qui fait la volonté de mon Père qui est dans les cieux. » (Matthieu 7, 20-21).

*Rien que l'Amour*

Vérité. Dans cet océan immense et irréel, nous avons besoin de nous raccrocher au radeau de la Réalité jusqu'à ce que nous atteignions sains et saufs les rivages de la perception éternelle et infinie de Dieu.

# Comment trouver grâce aux yeux de Dieu

*Satsanga avec les représentants des centres de méditation, à l'occasion du cinquantième anniversaire de la Convocation mondiale de la Self-Realization Fellowship, siège international de la SRF, Los Angeles, Californie, 13 juillet 1970*

Dans ses enseignements, Paramahansa Yogananda insistait principalement sur l'importance de s'immerger profondément dans l'océan de la méditation afin d'y trouver les perles de la sagesse divine, de la paix et de l'amour de Dieu. Guruji nous a expliqué qu'afin de conserver ce trésor, les disciples devaient vivre et être actifs tout en maintenant leur être dans le silence. C'est ce que nous pratiquons au sein de l'ashram. N'en déduisez pas pour autant que nous passons notre temps, assis en silence, à méditer ; nous sommes très occupés ici. Mais nous apprenons à vivre en étant plus intériorisés et à ne pas gaspiller notre temps et notre énergie en conversations oiseuses. Guruji disait parfois : « Quand vous secouez une cruche à moitié pleine d'eau, elle produit un son sourd et creux ; mais si elle est remplie à ras bord, aucun son n'en sort lorsqu'on l'agite. C'est ainsi que les hommes doivent être : emplis des eaux de la conscience divine. » Quand le récipient de l'esprit est rempli de pensées divines, le désir de parler s'amenuise. Nous avons plutôt envie d'être des observateurs silencieux, absorbant intérieurement ce qui est bon et beau autour de nous, tout en tenant à distances les futilités qui perturbent et distraient.

Cela ne signifie pas avoir l'esprit absent. Guruji ne permettait à personne autour de lui d'être inattentif; il nous enseignait à être toujours vigilants. Mais chaque fois que notre esprit avait tendance à s'agiter ou à trop se tourner vers l'extérieur, Paramahansaji nous ramenait à notre objectif suprême en disant: «Maintenez votre esprit fixé sur Dieu.»

Combien de fois ai-je noté dans mon journal après avoir parlé avec lui d'un problème quelconque: «Le Maître a dit: "Remets tout entre les mains de Dieu; tout dépend de Lui."» Paramahansaji ne voulait pas dire que pour atteindre nos objectifs sur terre nous n'avions qu'à nous asseoir et à prier pour que tout nous tombe du ciel. Supposez que nous disions au scientifique, à l'homme d'affaires où à la maîtresse de maison: «Ne faites rien d'autre que vous asseoir et prier; Dieu fera votre travail à votre place»!

Guruji, qui avait toujours un sens pratique remarquable, nous a enseigné que Dieu aide celui qui s'aide lui-même. Le Créateur a doté chacun d'entre nous d'une étincelle de Son intelligence divine et nous sommes censés développer notre potentiel en l'utilisant. Tout en nous acquittant de nos responsabilités, nous devrions constamment prier intérieurement: «Seigneur, je raisonnerai, j'exercerai ma volonté et j'agirai; mais guide ma raison, ma volonté et mes actions jusqu'au but souhaité». Cette prière *marche!* J'en connais l'efficacité, parce que c'est grâce à elle que l'œuvre de la Self-Realization Fellowship s'est développée durant toutes ces années.

## Dieu est extrêmement facile à connaître

Certains chercheurs spirituels se plaignent qu'il est difficile de connaître Dieu. Pourtant, Il est très facile à connaître, car Il n'est pas séparé de nous. Il n'a jamais été éloigné de nous. S'Il l'avait été, nous ne serions pas ici; nous n'*existerions* même pas. Dieu ne S'est pas séparé de nous; c'est l'être humain qui s'est écarté de Lui. Lorsque nos pensées sont tournées vers l'extérieur, absorbées dans la diversité du monde fini, nous nous dissocions de Lui. Telle est la vérité pure et simple.

Comment pouvons-nous unir à nouveau notre conscience à Dieu? Le matin, lorsque vous vous réveillez, ne pensez pas tout de suite à votre travail; prenez l'habitude de vous lever plus tôt que de coutume afin de pouvoir passer quinze à trente minutes à méditer et à communier avec Dieu avant d'entreprendre vos tâches quotidiennes. Durant cette période, oubliez le temps et vos responsabilités mondaines; si vous vous hâtez de terminer votre méditation, vous n'aurez pas la réceptivité nécessaire pour sentir la présence de Dieu. Abandonnez toute pensée étrangère pendant votre méditation et pensez uniquement à Dieu. Parlez-Lui dans la langue de votre cœur. Après la méditation, efforcez-vous de conserver le plus possible dans vos activités la paix de la méditation que vous avez accumulée dans votre cœur.

## Si vous recherchez les miracles, Dieu Se dérobera

Tôt ou tard, souvent au moment où vous vous y attendrez le moins, vous recevrez un signe, une douce réponse de Dieu. C'est de cette façon que nous

Dans une des écoles de la Yogoda Satsanga,
Ranchi, Inde, 1972

« *Les enfants nous forment et nous imposent une discipline ; nous devons apprendre à avoir une patience infinie, à nous dépasser, à transcender tout égoïsme et intérêt personnel afin de les aider à modeler leurs vies correctement.* »

Bénarès, 1961

« *Nous pouvons rendre la vie toujours plus intéressante et tout à fait fascinante, de sorte que tout dans la création de l'Eternel puisse nous émerveiller. Comment ? Ne vous laissez pas prendre par l'aspect extérieur, mais voyez la Main divine qui Se cache derrière toute chose.* »

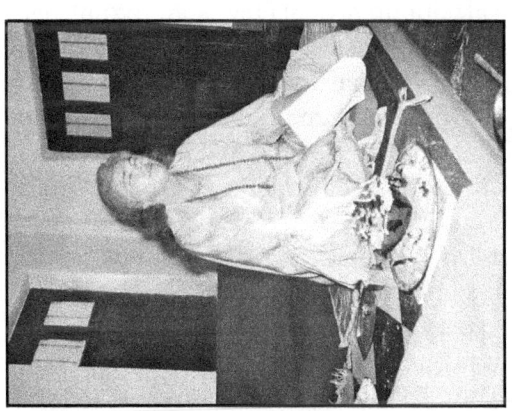

Dirigeant une cérémonie de
*sannyas* (vœux monastiques) pour
les moines de la SRF/YSS, Ranchi,
Inde, 1968

Une mère amène son enfant à Mataji pour qu'elle le bénisse.
Inde, 1961

« Chaque fois que je lisais un texte sur l'amour idéal entre amis, entre parents et enfants ou entre maris et femmes, je pensais : "Dieu bien-aimé, si ces relations humaines sont si merveilleuses, combien plus merveilleuse doit être la relation avec Toi de qui découlent toutes ces différentes formes d'amour ?" »

développons notre conscience divine. Cela demande de l'application au quotidien. Cette conscience ne survient pas subitement ; Dieu n'apparaîtra pas dans les nuages en vous écrivant en lettres d'or. N'espérez pas des miracles de ce genre, car tant que vous aurez cette attitude, Dieu Se dérobera. C'est ainsi qu'Il agit.

Lorsque vous espérez des miracles, vous ne désirez pas Dieu ; vous désirez uniquement qu'Il vous donne une preuve de Son existence. Mais Il ne le fera pas. Offrez-Lui votre cœur avec sincérité et avec une confiance absolue, inconditionnelle ; alors Il Se donnera à vous. Mais Il ne Se manifestera jamais tant que vous attendrez Ses miracles.

Les expériences extraordinaires ne sont pas nécessairement des preuves de progrès spirituels. Un fidèle profondément sincère tendra à prier le Seigneur de ne pas lui envoyer de telles expériences, car il sait qu'elles peuvent constituer une véritable distraction qui l'empêchera d'atteindre son but véritable : Dieu. Les phénomènes spirituels ne stimulent pas l'amour du fidèle pour Dieu, mais plutôt le désir qu'Il lui envoie sans cesse des preuves de Son existence. Beaucoup de belles âmes ayant déjà atteint un niveau élevé sont retombées, car en cherchant des miracles, elles ont perdu de vue le Seigneur. Lorsque Paramahansaji voyait qu'un fidèle s'égarait ainsi, il le prévenait en lui disant : « Cette voie te conduira à la déception. Désire Dieu ardemment et aime-Le uniquement pour Lui-même. C'est alors qu'Il te répondra. » Il en fut ainsi dans ma vie. J'ai prié : « Je ne veux rien de Toi, Seigneur ; je n'ai besoin d'aucune preuve. Je Te demande un seul miracle : peu importe ce que la vie me réserve, peu importe les responsabilités ou les épreuves que j'aurai à affronter, promets-moi que mon désir pour Toi ne s'éteindra jamais. Car si ce désir me quitte, je ne pourrais plus vivre. » Le désir incessant de Dieu est mon souhait, parce que dans ce désir, Il est toujours présent dans mon cœur. Voilà ce qu'un fidèle éprouve.

## L'intuition qui soulève le voile de la nature

Nous pouvons rendre notre vie toujours plus intéressante et absolument fascinante de manière à nous émerveiller de tout ce qui existe dans la création du Seigneur. Comment ? En évitant de nous concentrer uniquement sur l'extérieur et en voyant la Main divine derrière toute chose. Regardez les fleurs : leur beauté est fascinante et il est extraordinaire d'observer qu'à partir de petites graines – dont la plupart se ressemblent – une telle variété de formes si magnifiques peut surgir. Cette merveille est enivrante.

La vie de la plupart des êtres humains est superficielle : ils n'approfondissent rien et sont toujours à la recherche de nouvelles émotions sensuelles. Il en résulte que leur vie leur paraît vide et que la lassitude y prédomine. De nos jours, ce malaise spirituel est largement répandu dans le monde.

Paramahansa Yogananda nous a appris à apprécier le moindre petit grain de sable – il n'en existe pas deux semblables –, à faire attention aux fleurs et aux arbres et à admirer leur beauté. Il nous a également appris à accorder le plus grand respect à toute la création de Dieu, à contempler le Créateur derrière toute forme matérielle. Quand on apprend à vivre dans cet état d'esprit, on commence à découvrir des merveilles de la nature jusqu'alors ignorées et on contemple la signature de Dieu dans l'immensité de la voûte céleste azurée. Cette intuition qui lève le voile de la nature en nous révélant Dieu s'acquiert par la pratique continue de la présence divine. En ultime instance, tout dans la vie – les multitudes, la pluralité – peut se réduire à Un. Dieu est le grand Dénominateur commun de toute la création, de toute l'humanité. Gardez-Le toujours présent dans vos pensées, peu importe ce que vous faites. C'est en cela que réside la signification du *karma yoga* ainsi que du *bhakti yoga*[1].

## Les qualités requises pour être un véritable karma yogi

*Karma* signifie « action » ; le *karma yoga* est la voie qui conduit à l'union de l'âme individuelle avec Dieu par des actions dépourvues d'égoïsme. Si quelqu'un veut connaître Dieu dans ce monde, il doit sans cesse s'efforcer de faire ce qui est juste, ce qui est bon, ce qui est constructif. Comme disait Paramahansaji : « N'oubliez jamais que ce que vous faites, vous le faites pour Dieu ».

Chacun doit accomplir les devoirs et les tâches que Dieu et la loi karmique lui ont assignés en conséquence de ses actions passées. Il doit s'acquitter de ses responsabilités et ne pas s'y soustraire, les accomplissant du mieux qu'il peut, tout en ayant une foi absolue dans la sagesse et les conseils de Dieu. Lorsqu'on agit égoïstement, on s'identifie à son petit ego. Mais lorsqu'on abandonne tout entre les mains de Dieu, on se rend compte de son unité innée avec l'Esprit. On ne peut atteindre la perfection par le *karma yoga* que si l'on consacre la totalité des fruits de ses actions à

---

[1] Le *bhakti yoga* est la voie spirituelle pour trouver Dieu qui requiert un total abandon dans l'amour comme moyen principal pour communier avec Dieu et s'unir à Lui.

Dieu. C'est un point très important à se rappeler.

## Nous dépendons entièrement de Dieu

Si l'être humain est mortel et si son existence ici-bas est transitoire, pourquoi croit-il avoir un droit automatique sur les choses de ce monde? Il ne sait même pas pourquoi il est venu sur terre, ni quand il la quittera. Nous dépendons tous complètement de Dieu, car c'est Lui qui nous a amenés ici. Nous sommes sur terre pour accomplir de notre mieux les tâches qu'Il nous a assignées et pour en déposer les résultats à Ses pieds. Dieu nous préserve à chaque instant de notre existence, non seulement maintenant, mais pour l'éternité. Qu'il est triste de voir l'être humain oublier Celui-là même qui lui a donné la vie!

Guruji disait: «Offrez tout à Dieu, même la responsabilité de vos actions. Il veut que vous Le rendiez responsable, car à travers vous, Il est le véritable Auteur de toutes choses. Vous avez tenté de Le déposséder des fruits de vos actions et de la responsabilité de leur exécution.» Matin, midi et soir, l'homme ordinaire s'absorbe dans le «je, moi et mien». Quel contraste impressionnant et édifiant que la douce humilité de notre Guru! Lorsque tout le monde le couvrait de louanges, un sourire tendre et ineffable se dessinait sur son visage et il disait: «C'est Lui, l'Auteur, pas moi.»

Paramahansaji nous a appris ceci: «Quand ce "je" mourra, je saurai alors qui je suis». Lorsque la conscience de l'ego disparaîtra, nous pourrons vraiment vivre dans cette réalisation: «Seigneur, si je fais quelque chose de bien dans ce monde, c'est à Toi que je le dois. Quant à mes erreurs, je Te prie de me les pardonner et de m'aider à mieux faire la prochaine fois. »

## Ne craignez jamais Dieu

Dieu n'est pas un être vindicatif qui punit les êtres humains pour leurs erreurs. Le Seigneur est tout amour, bonté et pardon. N'ayez jamais peur de Lui. Même enfant, je me refusais à admettre le concept philosophique d'un Dieu vengeur. Je ne pouvais accepter un Dieu punissant sévèrement Ses enfants pour leurs erreurs et leurs péchés. Peut-on aimer un père semblable ? L'enfant vit dans la peur et fuit le parent coléreux qui le frappe ou lui donne une fessée lorsqu'il a mal agi. Nous sommes tous des enfants devant Dieu. Il connaît les faiblesses des êtres humains et leur vulnérabilité à *maya*, Son illusion cosmique. Même avant que nous ne commettions une mauvaise action, Il le sait déjà. Lorsque nous nous sommes trompés, nous devrions reconnaître notre faute et faire appel à Lui, tel un enfant, pour Lui demander pardon et implorer Sa bénédiction afin que nous puissions faire mieux le lendemain. Nous approfondissons notre relation avec Dieu en développant l'habitude de communiquer ainsi avec Lui. Dans cette intimité fondée sur l'amour et sur l'effort sincère du fidèle pour se perfectionner, Dieu ne punira pas Son enfant.

## Rappelez à Dieu quelle est Sa part de responsabilité dans vos difficultés

Dieu a créé cette grande illusion dans laquelle l'homme se trouve plongé. Rappelez-Lui que c'est de Sa faute. S'Il n'avait pas créé l'illusion cosmique de *maya*, l'homme ne serait pas enclin à se comporter de manière erronée. Après Lui avoir mentionné Sa part de responsabilité dans nos difficultés, nous devrions prier l'Être divin de nous donner la force de déchirer le voile de l'illusion afin que nous puissions toujours voir ce qu'est la Vérité. Nous ne devrions pas nous inquiéter de ce que fait le reste du monde, ni même de savoir s'il nous accepte ou nous rejette ; nous devrions seulement désirer toujours voir la Vérité et vivre en accord avec elle.

Il se peut que nous ne soyons pas populaires aux yeux du monde, mais nous ne sommes pas sur terre pour obtenir la reconnaissance d'autrui. Nous sommes censés faire des efforts pour trouver grâce aux yeux de Dieu, pour qu'Il nous accepte. Nous devons vivre en conformité avec les principes du Seigneur et non avec ceux des hommes. Voyez ce qu'il advient de la création divine quand l'humanité vit selon les critères de ce monde ! La société est dans un tel état que nous n'avons pas confiance en nos chefs d'État, nos politiciens, nos professeurs, nos parents, notre jeunesse ; plus personne n'a confiance en personne. Quelle situation tragique ! Comment allons-nous la rectifier ? Nous devons commencer par croire en Dieu. La foi en notre Créateur et le constant rappel qu'Il est la Source de toute vie, voilà ce qui nous manque.

L'homme doit revendiquer l'héritage divin qu'il a perdu. Tout comme le fils prodigue dans la parabole de Jésus, l'homme est un enfant fugueur qui devrait faire l'effort de retourner vers son Père divin. Il n'est pas nécessaire de revêtir la tunique ocre du renonçant. La simplicité et la liberté véritables résident dans le cœur. C'est là que Dieu vous observe et vous guide en silence. Là, dans un sentiment d'amour et d'abandon,

*Rien que l'Amour*

vous devez établir l'habitude de Lui parler.

Le fidèle qui s'efforce d'atteindre ce but devrait aussi adopter une attitude neutre face à la vie; non pas une indifférence insensible, mais plutôt ce que préconisait Paramahansaji lorsqu'il disait : « Au lieu de cultiver des désirs sans fin qui ne vous apportent pas toujours le bonheur, pensez à la vie de cette façon : "Seigneur, Tu m'as mis dans ce corps. Je n'ai pas demandé à naître. C'est Toi qui rêves mon existence." » En d'autres termes, réalisez que vous n'êtes, comme toutes les formes de vie, que des pensées condensées ou matérialisées de Dieu. Tout ce que nous sommes et tout ce que nous avons Lui appartient; en nous-mêmes, nous ne sommes rien. En Lui, nous possédons tout; en Lui, nous sommes tout. Avec cet état de conscience, accomplissons de bonnes actions et profitons des bons fruits de cette vie.

# Les secrets du progrès spirituel

*Ashram de la Self-Realization Fellowship,
Encinitas, Californie, 25 mai 1967*

Afin de former des habitudes spirituelles, il est essentiel d'avoir un ensemble de « poteaux indicateurs » spirituels. Paramahansa Yogananda disait qu'il n'aimait pas les règles, mais qu'au début, elles étaient nécessaires pour le fidèle en quête de spiritualité et qu'elles cessaient de l'être dès qu'il avait appris à se comporter.

À la lumière de la sagesse de Swami Sri Yukteswarji, « bien se comporter » signifie agir en adoptant l'attitude juste et en restant en constante harmonie avec Dieu. Lorsque nous demeurons dans Sa conscience, nous n'avons plus besoin de règles; mais avant d'en arriver là, cette discipline nous est nécessaire. Nous ne devons pas considérer que les règles spirituelles limitent notre liberté. Elles sont nos alliées, elles nous servent de guides et nous aident à canaliser notre énergie, nos pensées et nos activités d'une manière constructive qui nous conduit à Dieu.

Il nous est plus facile de comprendre les règles et de les suivre quand nous réalisons qu'un comportement correct peut se résumer ainsi: *faire ce que nous devons faire au bon moment*. Une fois que nous avons maîtrisé cet art du comportement juste nous n'avons plus besoin de règles; nous continuons à adhérer aux mêmes principes qu'avant, sans avoir l'impression de nous limiter. Une des règles de nos ashrams, par exemple, est de méditer en groupe tous les jours. Quand quelqu'un atteint la compréhension et la capacité nécessaires pour « faire ce qu'il faut au moment opportun », cette règle cesse d'en être une pour cette personne qui la suit automatiquement, parce qu'elle a intégré l'habitude du comportement juste et qu'elle trouve dans cette pratique le style de vie qu'elle veut instaurer. Elle *veut* être avec Dieu.

Si l'eau jaillit de façon désordonnée sur la terre, elle agit comme une force destructrice. Afin d'utiliser la puissance de l'eau dans un but constructif, l'homme doit d'abord construire un barrage pour contrôler son débit et sa direction. Sa puissance est alors contrôlée de façon constructive. Il en est de même pour les efforts spirituels. Si nous les canalisons, ils deviennent productifs. Les règles fondées sur la sagesse ne nous limitent pas, mais nous conduisent plutôt dans la direction désirée de manière directe et ordonnée. Sur la voie spirituelle, ces règles constituent une part essentielle de la vie.

Les étudiants de la Self-Realization Fellowship devraient mettre en pratique les principes enseignés par Paramahansa Yogananda, en faire leurs « règles », leur ligne de conduite, et suivre le programme spirituel qu'il prescrit; ils découvriront avec quelle efficacité leurs efforts seront guidés vers Dieu. En tête de liste se trouve la règle de la pratique quotidienne de la méditation, équilibrée par l'activité juste.

### Le conflit entre le service et la méditation

Cette question surgit souvent dans l'esprit de ceux qui cherchent profondément Dieu : « Quelle est la relation entre le service et la méditation ? Où se situe mon

*Les secrets du progrès spirituel*

devoir: dans l'activité constructive ou dans la méditation?» En fin de compte, la forme la plus élevée d'action est la méditation; c'est pourquoi nous ne devons jamais la négliger, même si nos autres devoirs peuvent s'en trouver quelque peu affectés.

Dieu est à la fois actif et inactif. Sans Son activité, la création n'existerait pas. En même temps, en tant qu'Absolu au-delà de toute création, Il est éternellement immobile. Si nous sommes l'âme faite à Son image – c'est-à-dire pas un iota de moins que Lui-même –, alors notre nature est, elle aussi, active et inactive à la fois. L'objectif de toute personne qui veut connaître Dieu est d'apprendre à combiner ces deux qualités dans sa vie.

L'idéal serait qu'on puisse avoir suffisamment de motivation, de force de volonté, de détermination et de dévotion pour demeurer assis huit, dix ou douze heures par jour en profonde méditation. Je ne veux pas dire rester simplement assis, l'esprit distrait, s'endormant parfois et «revenant à soi»; je veux dire méditer profondément. Mais, à moins que l'aspirant n'ait atteint un niveau élevé de progrès spirituel, il ne lui sera pas possible de se maintenir dans un état méditatif aussi longtemps. Donc, pour l'homme ordinaire engagé sur la voie spirituelle, le travail, accompli comme un service rendu à Dieu, reste également essentiel. Tout notre désir devrait se tourner vers la méditation; cela ne fait aucun doute. Mais nous devrions conjuguer ce désir avec un esprit de service désintéressé.

La Bhagavad Gita nous dit que nous devons apprendre à être actifs, non pas pour nous-mêmes, mais pour Dieu, et que nous devons joindre l'action à la méditation. C'est l'essence de la philosophie enseignée à Arjuna par le Seigneur Krishna dans la Gita. Comme la plupart des gens de ce monde actif, je n'ai jamais eu l'occasion d'être totalement libre de toute activité. Mais j'ai décidé dès le départ que chaque moment de liberté serait empli de Dieu. C'est là le plus important : être pleinement actifs pour Dieu, accomplir tous nos actes pour Lui et utiliser tous nos moments de liberté à ne penser qu'à Lui. Voilà la façon d'équilibrer et de joindre ces deux principes d'action et d'inaction dans notre vie.

Un jour, un étudiant perspicace me demanda : « Lorsqu'on pense à délaisser sa méditation, à l'écourter ou à la sauter afin de rendre un service, n'est-ce pas là une forme de tentation ? » Effectivement, c'en est une. Il est évident que nous avons des responsabilités ; mais nous nous attardons souvent à des tâches qui pourraient très bien être remises à plus tard, une fois que nous avons satisfait notre besoin de méditer. Par ailleurs, quand nous avons terminé nos tâches et que nous nous disposons à méditer, nous devrions vraiment laisser de côté toute autre distraction et méditer. Nous devons consacrer les heures du crépuscule et de la nuit à ce genre d'effort pour connaître Dieu.

## La méditation est notre devoir le plus important

Après nous être acquittés de nos responsabilités, nous devrions prendre l'habitude de nous isoler afin de méditer profondément. Dans notre voie spirituelle, on nous a enseigné très tôt à cultiver cette habitude. J'ai trouvé la pratique suivante très efficace : un jour par semaine, j'interrompais mon travail à l'ashram à dix-sept heures, renonçais au repas du soir et me retirais dans ma chambre pour méditer. Je ne quittais pas ma posture de méditation avant minuit. Les mots sont

*Les secrets du progrès spirituel*

impuissants à décrire la force spirituelle et les bénédictions divines que j'ai retiré de cela. Quiconque prend dans sa dévotion la résolution de faire un véritable effort pour consacrer un certain temps à Dieu verra ses progrès spirituels s'accélérer de façon notable.

La méditation est notre devoir le plus important. Cette pratique permet d'établir une relation avec Dieu et donne en retour un sens à tout ce que nous faisons dans la vie. C'est pourquoi nous devrions méditer avant de nous acquitter de nos autres responsabilités. Lorsque nous négligeons notre méditation, nous inventons la plupart du temps des prétextes pour ne pas méditer. Nous préférons trop souvent nous justifier ainsi: « Pourquoi ne pourrais-je pas abandonner toutes mes responsabilités et me consacrer uniquement à la méditation ? » Ou encore: « J'ai trop de responsabilités, c'est pourquoi je n'ai pas le temps de méditer. » Nous raisonnons ainsi lorsque nous cherchons une excuse pour ne pas travailler ou ne pas méditer. Mais si nous désirons véritablement trouver Dieu, aucun obstacle ne peut nous en empêcher. Nous pouvons avoir des responsabilités et nous devons nous en acquitter, mais nous n'accepterons pas l'idée que ces obligations soient une entrave à notre quête divine. Telle est la bonne attitude à adopter.

Chercher et trouver Dieu requiert énormément de force de volonté et d'autodiscipline. Nous ne pouvons gagner le Trésor suprême en récitant simplement quelques prières du bout des lèvres ou en faisant quelques bonnes actions. Nous gagnons ce Trésor par l'autodiscipline, par la force de volonté dans notre méditation et par nos actions justes, c'est-à-dire en nous acquittant de nos responsabilités comme il convient.

L'être humain serait incapable de raisonner et

même de bouger le petit doigt si Dieu ne lui donnait pas le pouvoir de le faire. Dieu est donc l'Auteur. Nous ne sommes que Ses instruments. Si nous gardons cela à l'esprit pendant que nous nous acquittons de nos responsabilités, nos actions deviendront une forme de méditation. Ce que nous pensons détermine ce que nous serons. La méditation est un état d'harmonie intérieure avec Dieu qui peut s'appliquer à toutes nos activités et à toutes les situations de notre vie.

## Changer notre façon de penser nous rapprochera de Dieu

Nous existons parce que Dieu existe. Il est l'unique principe dans la vie ; il n'y a rien en dehors de Lui. La conclusion logique en est que nous devons faire partie de Lui. Le sentiment d'être séparés de Dieu est une illusion. Nous pouvons contribuer à détruire cette illusion en changeant notre façon de penser. Quoi que nous fassions, notre esprit pense toujours à quelque chose. Alors, laissons-le penser à Dieu et converser intérieurement avec Lui.

Tout en prenant soin de votre corps, pensez par exemple ceci : « Ce corps est le temple de Dieu. Mon unique devoir est d'en prendre soin pour qu'Il puisse en disposer selon Sa volonté. C'est Lui et non moi qui est responsable de l'usage qu'Il en fera, qu'Il l'entretienne ou non. Je m'occuperai de la santé de ce corps non pas par intérêt, ni parce que j'y suis attaché ou que je désire le conserver, mais parce que je veux le préserver pour Lui. »

En nous efforçant de maintenir notre attention centrée sur Dieu alors que nous nous acquittons de nos responsabilités, nous ne devrions évidemment pas nous laisser distraire; mais de temps à autre, nous devrions nous dire: « Seigneur, si ce n'était pas grâce à Ta force et à Ton intelligence qui circulent dans ce véhicule, je ne pourrais rien faire. » Lorsque nous développons une communion intérieure avec Dieu en méditant profondément, notre esprit demeure immergé en Dieu, conversant avec Lui indépendamment de ce que nous sommes en train de faire. Paramahansa Yogananda l'a exprimé ainsi dans son merveilleux poème intitulé *Dieu! Dieu! Dieu!*: « En m'éveillant, en mangeant, en travaillant, en rêvant, en dormant, en servant, en méditant, en chantant, en aimant divinement [tous les êtres qui me sont chers], mon âme fredonne constamment, entendue de personne: Dieu! Dieu! Dieu! » Paramahansaji a vécu ainsi toute sa vie. Il est possible de le faire. Si nous avons constamment Dieu en mémoire, le jour viendra où, soudain, Il nous répondra. Quelle joie inondera alors tout notre être! C'est cette joie qui soutient le fidèle dans la voie spirituelle.

## Accomplissez vos tâches de bon cœur, sans vous plaindre

Nous ne devrions jamais nous plaindre lorsque nous nous acquittons de nos responsabilités. Nous devrions toujours déborder d'un enthousiasme ardent, quelles que soient les tâches qui nous sont attribuées. Quand nous nous plaignons, quand nous sommes négatifs, nous nous coupons du pouvoir de Dieu et nous interrompons notre contact avec Lui. Pour ressentir une paix et une tranquillité que rien au monde ne peut égaler, nous devons donner le meilleur de nous-mêmes, toujours avoir une attitude positive et joyeuse et nous abandonner entre les mains de Dieu. Nous devons également être de bonne volonté. Faisons attention à nos motivations pour ne pas nous faire d'illusions lorsque nous essayons d'éviter une tâche. Même s'il nous est possible de fournir les raisons les plus logiques de dire «non», nous pouvons toujours discerner si notre négation est le fruit d'un refus d'accomplir une tâche spécifique ou si nous disons «non» parce que nous avons intérieurement une attitude négative.

Nous devrions nous atteler avec enthousiasme et créativité à l'accomplissement de nos responsabilités et servir Dieu tout en évitant de nous laisser envahir par l'orgueil d'avoir réussi. Nous sommes certes très heureux lorsque nous avons accompli quelque chose de bien. Il est légitime de retirer des satisfactions de son travail. Il n'y a rien de mal à cela. Mais nous devons éviter de penser de manière égoïste: «*Je* l'ai fait.» C'est là qu'intervient l'orgueil. Lorsqu'on nous félicite, nous devrions immédiatement en attribuer le mérite à Dieu en nous répétant: «Seigneur, je sais que Tu es l'Auteur. Par moi-même, je ne sais rien. De moi-même, je ne peux rien. Si je suis capable d'accomplir quelque chose de valable dans cette vie, ce n'est que grâce à l'intelligence et à la foi dont Tu m'as doté.» En agissant ainsi, nous attribuons le mérite à qui il appartient réellement, c'est-à-dire à Dieu, et nous ne ressentons nul orgueil égoïste.

## En tant qu'âmes, tous les hommes sont égaux

Il existe un autre moyen d'éviter l'orgueil: c'est de réaliser que devant Dieu, nous sommes tous égaux. À Ses yeux, personne n'est meilleur ou moins bon que quelqu'un d'autre. À l'heure de la mort, nous sommes

*Les secrets du progrès spirituel*

coupés de toutes nos réalisations matérielles. Quelle est alors leur importance ? Il importe peu au Seigneur que l'on ait été un grand scientifique, un grand orateur ou un grand écrivain ou qu'on ait acquis du prestige selon les critères de la société. De tels succès ne nous apportent aucune connaissance spirituelle particulière. La réalisation de l'âme est la seule réussite d'une valeur durable qui perdurera après la mort. Les principes spirituels nivellent bien l'ego humain !

La façon qu'il avait de traiter chaque personne comme une âme était une des qualités qui m'a inspiré le plus profond respect chez notre Guru, Paramahansa Yogananda. Il ne considérait jamais quelqu'un comme supérieur ou inférieur en raison de ses talents ou de sa position sociale. Personne ne pouvait le corrompre au moyen de son pouvoir ou de son statut. Le seul critère qui importait à ses yeux était le suivant : « Aimez-vous Dieu et désirez-vous Le connaître ? » C'est tout ce qui comptait pour lui. Jésus lui-même a instauré cet exemple. Ses disciples n'étaient pas des hommes de grand savoir et n'avaient pas accompli de grandes choses. Les douze apôtres auxquels fut assignée la responsabilité de répandre un message qui a déjà perduré deux mille ans provenaient des milieux les plus humbles ; certains étaient de simples pêcheurs. Cela prouve que ce n'est pas ce qu'un homme a accompli dans le monde qui compte, mais ce qu'il a réalisé dans sa bataille pour connaître Dieu et dans ses efforts pour être en harmonie avec Lui.

Enfin et surtout, chacun devrait agir en mettant toute son intelligence et toutes ses capacités à profit, mais sans s'attacher aux résultats de ses actions ; c'est ce qu'enseigne la Gita. Quand nous apprenons à nous acquitter de toutes nos responsabilités avec un grand enthousiasme tout en étant détachés des résultats, nous jouissons d'une liberté mentale extraordinaire.

## Dieu est l'unique bien

Celui qui cherche Dieu avec sincérité en vient à découvrir que tout ce qu'il a toujours désiré obtenir, que ce soit dans les relations humaines ou dans le monde en général, il le reçoit de l'Être unique. La gloire et l'encouragement dont son âme se languit émanent de Dieu. Tout l'amour dont son âme était assoiffée au fil de ses incarnations vient de Dieu. Il reçoit de Dieu toute la sagesse, toute la compréhension et tout le bonheur qu'il a cherchés chez les autres et dans les biens matériels. De cet unique Absolu, il reçoit la force d'exister par lui-même, invulnérable aux coups du sort. Telle est la force et l'autosuffisance que chacun de nous désire, parce que notre âme sait qu'elle est indépendante et toute puissante, étant faite à l'image de Dieu et, par conséquent, dotée de Ses qualités. La souffrance de l'homme est causée par l'angoisse qui torture son âme, car celle-ci ne peut manifester sa nature toute puissante. Les restrictions que l'homme s'est imposé sont des liens cachés dans lesquels il a emprisonné son âme.

La méditation libère l'âme de ces liens et les bonnes actions sont une expression de la liberté de l'âme et de sa nature pleinement joyeuse et parfaite.

# La méditation sur Dieu est-elle compatible avec la vie moderne ?

*Abrégé d'un discours prononcé au siège international de la Self-Realization Fellowship, Los Angeles, Californie, 12 février 1970*

Le but ultime est ce dont vous faites l'expérience dans la méditation – et non ce qui est dit ou écrit. Les vérités que Paramahansa Yogananda et tous les grands maîtres ont enseignées au cours des âges ne sont pas une fin en soi. Elles servent simplement de règle d'or, de normes ou de lois divines grâce auxquelles nous pouvons faire l'expérience directe d'une relation avec Dieu toute de félicité, d'amour et d'extase. Ne laissez jamais les paroles ou les écrits faire obstacle à cette réalisation profonde. Cela signifie que l'on ne doit pas se laisser égarer par les mots, mais se concentrer sur l'*expérience*, sur la réalisation des vérités qu'ils décrivent. Nombreux sont ceux qui se laissent prendre au piège d'une compréhension intellectuelle de la vérité et en oublient le but suprême.

Quelqu'un a posé la question suivante : « Bien que je médite très souvent, j'atteins toujours une certaine limite que je ne peux dépasser. Il me semble parfois que ma conscience commence à s'élargir, mais dès que je retourne à mes obligations quotidiennes, cette relation avec Dieu s'interrompt. Les expériences que je vis durant ma méditation ne font pas encore partie de ma vie quotidienne. Je n'ai pas encore trouvé de réponse à ma question qui est de savoir si la vie trépidante d'un Occidental est compatible avec la méditation. Il me semble que l'Absolu ne peut être atteint que dans la paix et le silence les plus profonds. Mais comment pouvons-nous arriver à ce stade et servir en même temps nos semblables dans cette vie si active ? »

## Conjuguer la méditation avec l'action juste

Lorsque nous lisons la Bhagavad Gita et les paroles de Jésus dans la Bible, nous apprenons que la véritable voie de la réalisation du Soi est celle qui combine la méditation avec l'action juste. Les deux sont essentielles pour faire l'expérience de la conscience divine.

Quand je suis arrivée pour la première fois à l'ashram, il y a bien longtemps, mon seul rêve était de consacrer chaque jour le plus d'heures possibles à de longues et profondes méditations. Je n'avais aucune intention de faire du travail d'organisation. Je travaillais en cuisine, dans les jardins, au bureau ainsi que comme secrétaire auprès de Guruji ; je faisais tout ce que l'on attendait de moi, mais mon unique désir était d'arriver à Dieu et d'obtenir Son contact divin le plus rapidement possible. Mais je remarquai qu'à chaque fois que je travaillais en essayant de demeurer uniquement au stade méditatif, le Maître me rappelait au travail. Cela m'a longtemps troublée, jusqu'au jour où il me dit : « Tu dois comprendre ceci : chercher Dieu signifie également Le servir auprès des hommes. Tu ne peux être totalement absorbée dans la conscience divine tant que tu n'as pas appris à trouver un équilibre de vie combinant la méditation avec l'action juste. »

Ce conseil de Guruji ne s'adressait pas seulement aux résidents des ashrams mais à tout le monde. C'est

*La méditation est-elle compatible avec la vie moderne ?*

un conseil absolument essentiel si nous voulons être des individus équilibrés. Quand je pense au mot « équilibre », je l'associe toujours au seul être humain que j'ai connu dans ma vie et qui était, à mon avis, absolument et parfaitement équilibré : le Maître. Bien que totalement immergé en Dieu, il se dévouait totalement pour servir de manière désintéressée Son œuvre. C'est là aussi mon idéal. Comment en arriver là ? En suivant le modèle que le Maître nous a donné. À l'intention des fidèles qui suivent une voie spirituelle, Guruji disait souvent : « Avant de commencer sa journée, un adepte de la Science Chrétienne étudie sa leçon quotidienne dans *Science et Santé*, son Écriture sainte ; un catholique va à la messe tous les matins ; de même, celui qui suit fidèlement les enseignements de la Self-Realization se réserve une période quotidienne de solitude matin et soir afin de se consacrer à la méditation profonde. »

## Seule la méditation peut étancher votre soif spirituelle

Tant que vous n'aurez pas pris l'habitude de méditer chaque jour, matin et soir, vous ne pourrez pas satisfaire votre âme. Et vous ne plairez pas à Dieu. Cela s'applique à tous nos membres, dans le monde entier. Dans la vie d'un membre de la Self-Realization, il y a un moment, chaque matin et chaque soir, qui devrait être aussi important, voire plus, que le temps dédié à manger et à dormir. Lorsqu'un fidèle a cette conviction, ce désir ardent et cette détermination à consacrer chaque jour du temps à Dieu, tout comme il trouve le temps de manger et de dormir, alors, et vous pouvez en être sûrs et certains, il atteindra son but. Malheureusement, nous avons créé tellement d'habitudes, non seulement au cours de cette vie, mais durant de nombreuses existences antérieures, que nous essayons d'échapper à cette responsabilité, à ce devoir divin. Cependant, vous n'avez aucune raison valable de prétendre que vous n'auriez jamais eu la possibilité de vraiment chercher Dieu profondément dans la méditation. Vous vous dupez vous-mêmes, mais vous ne pouvez tromper Dieu.

La majorité des gens ne comprennent pas la signification de ces paroles : « Avant tout, sois loyal envers toi-même ; et aussi infailliblement que la nuit suit le jour, tu ne pourras être déloyal envers personne [1]. » « Être loyal envers soi-même » ne signifie pas être loyal à la conscience de notre minuscule ego, cette petite identité qui vit en nous, mais être loyal au Divin qui habite en nous. C'est un point essentiel sur la voie spirituelle.

Le Maître a introduit en Occident le concept que l'homme doit chercher Dieu tout en s'acquittant de ses devoirs. La question est de savoir comment y parvenir. Pour commencer, définissez, avec la plus grande honnêteté, les buts que vous désirez atteindre dans votre vie. Vous pouvez penser qu'il y a une multitude de choses que vous désirez : « Je veux de l'argent, je veux être connu et avoir une position importante. Je désire toutes ces choses. » Mais si vous usez honnêtement de votre discernement et si vous pouvez tirer les leçons des erreurs des autres, vous verrez autour de vous tous les gens qui ont obtenu tout ce que vous désirez obtenir, sans pour autant atteindre le but de la vie, c'est-à-dire le bonheur.

---

[1] Hamlet, Acte I, Scène 3 (Edition Garnier Flammarion. Trad. de François-Victor Hugo).

*La méditation est-elle compatible avec la vie moderne ?*

« Mais cherchez premièrement le royaume de Dieu (...) et toutes ces choses vous seront données par-dessus[1]. » S'agirait-il là de paroles trompeuses qui ne feraient qu'apaiser l'humanité en l'amenant à un état d'apathie spirituelle[2] ? Ou sont-elles porteuses de l'esprit vivant de Dieu, de la sagesses vivante de Dieu ? En ce qui me concerne, je peux affirmer sans le moindre doute que je connais la vérité de cette grande affirmation. Commencez par chercher Dieu et tout ce que vous avez toujours ardemment désiré vous sera accordé de surcroît. Je ne trouve rien à désirer. En mon for intérieur, je suis comblée.

En méditant, là maintenant, alors que je ressentais l'immense et enivrant amour de Dieu, je pensai : « Ô Dieu, si seulement le monde savait ce que l'on peut percevoir à l'intérieur de ce cœur, de ce vaste temple intérieur ! », à savoir un sentiment de plénitude totale qui n'a rien à voir avec le corps, mais qui consume l'âme à tel point que, nuit et jour, on ne souhaite rien d'autre que demeurer dans cet état de conscience.

### Soyez sincères dans vos objectifs spirituels

Donc, tout d'abord, sachez déterminer quel est votre but et fixez les étapes ou les jalons qui vous permettront de l'atteindre. Tout d'abord, et par-dessus tout, méditez ! Même si vous n'en ressentez pas le

---

[1] Matthieu 6, 33.
[2] C'est-à-dire la supposition, erronée, que nous n'avons qu'à nous asseoir et prier pour que Dieu nous accorde tout ce dont nous avons besoin. Sans aucun effort spirituel réel pour vaincre nos imperfections et nous immerger profondément dans la méditation, sans aucun effort physique pour prendre soin de nous, assumer nos responsabilités et en même temps être au service de Dieu dans ce monde, le mécanisme de la loi divine de la réussite ne fonctionnera pas en notre faveur.

*Rien que l'Amour*

désir, méditez. Même si votre corps n'est pas au mieux de sa forme, prenez pourtant l'habitude de méditer. Même lorsque vous êtes fatigués, n'autorisez pas votre corps à s'allonger avant de méditer. Vous devez posséder cette détermination. Si vous apprenez à respecter ce principe, il deviendra votre épine dorsale spirituelle. L'homme qui trouve Dieu, c'est celui qui est comme un pilier : non seulement un pilier moral, mais aussi un pilier de santé émotionnelle et, par-dessus tout, un pilier spirituel. Les trois sont nécessaires.

Par conséquent, sachez quel est votre but et ne le compromettez jamais, même si vous en êtes tentés. J'ai constaté que ceux qui renoncent à cause d'une déception quelconque dans la vie ou dans leurs relations avec les autres descendent très vite la pente et s'éloignent de plus en plus du centre ou du moyeu de la roue de la vie spirituelle. Le Maître nous disait souvent : « Si vous voulez connaître Dieu, ne restez pas sur la jante. » Comme dans les manèges pour enfants des fêtes foraines ou des jardins publics, si vous vous placez tout près de l'axe d'une roue qui tourne, quelle que soit sa vitesse de rotation, vous ne pourrez pas être éjectés ; mais si vous vous mettez sur la jante, vous serez facilement éjectés. Il en est de même sur la voie spirituelle.

Passons maintenant à autre chose [Daya Mata lit une question qui lui a été soumise] : « J'ai entendu dire que certains enseignants spirituels déclarent que l'autodiscipline n'est pas nécessaire. » Ma réponse est que cette affirmation est totalement, *totalement* absurde. Cela n'est tout simplement pas possible ! Vous ne pouvez connaître Dieu à moins d'avoir appris à vous contrôler. C'est impossible autrement. L'être humain dont l'esprit est rempli de jalousie, d'envie ou de pensées sensuelles se coupe de Dieu. Vous ne pouvez avoir la lumière et l'obscurité au même endroit en même temps. Vous ne pouvez avoir simultanément dans votre esprit la conscience de Dieu et des pensées typiquement humaines. C'est impossible. Comment voulez-vous éradiquer ces pensées erronées, si ce n'est par l'autodiscipline ? Il n'y a pas d'autre moyen. Je pense que le problème vient du fait que beaucoup de gens ne comprennent pas ce que veut dire la discipline.

## La pensée positive et juste

Si vous voulez chasser l'obscurité d'une pièce, vous n'utilisez pas une tapette à mouches pour la chasser en frappant dans tous les sens, n'est-ce pas ? Car, de cette manière, même dans mille ans, vous n'y parviendriez pas. La seule façon de chasser l'obscurité d'une pièce est d'actionner le commutateur électrique ou d'enflammer une allumette. La seule manière de vaincre vos pensées négatives consiste à appliquer la méthode opposée, c'est-à-dire à avoir des pensées positives. Dès l'instant où vous vous mettez à penser de façon positive, à vous exprimer de façon positive et à agir de façon positive, vous pouvez être sûrs que vous appliquez les lois divines qui attireront automatiquement à vous leurs bons résultats.

Alors, en plus de la méditation quotidienne, il nous faut absolument apprendre à surveiller nos pensées, parce que ce sont elles qui sont à l'origine de nos actions. « Car il est comme les pensées de son âme[1]. » Ce que nous pensons, nous finissons par l'exprimer dans nos paroles et dans nos actes. Nous devons donc

---

[1] Proverbes 23, 7.

commencer par contrôler nos pensées. Nous devons remplacer nos pensées négatives, critiques ou sceptiques par des pensées positives ; et, croyez-en mon expérience, le moyen le plus simple de réussir est de laissez votre esprit reposer en Dieu chaque fois que vos responsabilités vous le permettent. Il est la pensée la plus puissante au monde. C'est ce qu'on appelle « pratiquer la présence de Dieu ». À la naissance, votre esprit est comme un chemin vierge. Vos pensées commencent alors à creuser des sillons dans votre cerveau. Lorsque vous avez une pensée particulière – surtout si elle est négative ou destructrice – et que vous vous concentrez sur elle de façon obsessive sans avoir reçu la formation ou la discipline nécessaires pour vous aider à sortir de ce sillon, vous constaterez qu'en vieillissant vous serez totalement prisonniers de cette pensée et que vous ne pourrez vous en libérer.

### Pensez jour et nuit à Dieu

Il est donc important sur la voie spirituelle, si vous voulez connaître Dieu, de commencez à creuser de nouveaux sillons dans votre cerveau, de nouveaux sillons de pensées positives et de dévotion à l'égard de Dieu. Que vous travailliez dans l'enseignement, les maths ou donniez des conférences, que vous cuisiniez pour votre famille ou que vous exerciez n'importe quel métier, à tout moment, creusez toujours le même sillon de pensée : « Mon Dieu, mon Dieu, mon Dieu, mon Dieu... » Mais il ne faut pas le faire de manière distraite. Je me répète toujours ces mots : « Ô, Seigneur, enseigne-moi la manière de Te plaire. Je ne veux exister dans ce monde que pour Te plaire. » Cette pensée me procure une joie tellement enivrante

*La méditation est-elle compatible avec la vie moderne ?*

que je ne peux imaginer d'autre manière de vivre. C'est quelque chose de merveilleux. Chaque fois que vous répétez Son nom, un flot de joie et d'amour se déverse dans votre cœur et inonde votre conscience.

Pratiquer la présence de Dieu et méditer, telle est la façon d'apprendre à vivre heureux dans ce monde, parmi ses semblables. Vous n'avez pas à afficher vos sentiments devant tout le monde. En fait, c'est une grande erreur de parler aux autres de votre vie spirituelle. Dès que vous le faites, vous perdez un peu de votre force spirituelle. Guruji nous l'a enseigné. Vous avez peut-être connu vous-mêmes une telle situation ; vous avez eu une expérience extraordinaire, mais dès l'instant où vous en avez parlé à quelqu'un, vous vous êtes dit : « Oh ! J'ai perdu quelque chose. » La conscience d'un tiers s'est immiscée dans ce qui était sacré pour vous. C'est la raison pour laquelle Guruji nous conseillait toujours, à nous, ses fidèles : « Ne parlez pas de vos expériences divines ». Cela est différent si nous nous trouvons en *satsanga*, comme maintenant, et que cet échange peut être utile à tous. Mais vous n'avez pas besoin de parler de vos expériences à d'autres personnes. La meilleure manière d'exercer une bonne influence sur elles consiste à spiritualiser notre vie, nos actes et nos pensées.

Pour en revenir à la question : « La vie trépidante d'un Occidental est-elle compatible avec la méditation ? », je dirais que oui, c'est tout à fait possible. C'est même parfaitement logique. C'est ce à quoi s'attendait Dieu lorsqu'Il nous a créés. Nous devons nous acquitter de toutes nos responsabilités dans ce monde avec enthousiasme, avec joie et avec une grande attention, tout en ayant toujours cette pensée à l'esprit : « Je le fais pour Toi, mon Dieu ».

C'est cet enthousiasme que nous devons tous avoir, tout au long de notre parcours spirituel. Il n'y a rien de pire qu'une personne à demi engagée dans la vie spirituelle. Cela m'apparaît comme une tragédie. Et c'est tout aussi déplorable de voir quelqu'un avancer dans la vie, comme disait le Maître, comme s'il était dépourvu d'énergie vitale ; vous lui prenez la main et c'est comme si vous serriez un poisson mort.

Accomplissez vos tâches en ce monde en suivant l'idéal du *karma yogi*[1] : « Seigneur, je m'acquitte de mes devoirs avec diligence, mais je ne le fais pas pour moi. Il m'importe peu que Tu m'aies placé ici ou là [Mataji appuie son propos d'un geste]. Ce qui compte pour moi, c'est que Tu sois avec moi là où Tu m'as placée. Je remplirai ma mission consciencieusement, sans désir de plaire à nul autre que Toi, sans m'attribuer aucun mérite, ni sans attendre de louanges de quiconque. Seigneur, si je peux Te plaire, cela représente tout pour moi. » Ce serait merveilleux si l'humanité apprenait à appliquer ce principe. Alors, nous vivrions dans un monde empli de paix, de satisfaction et de bonheur. Si nous voulons que la paix prédomine, nous devons appliquer ce principe dans notre civilisation.

## La signification de la responsabilité

Nous devons commencer par aimer travailler. L'homme qui dort sur les bancs publics, qui n'a aucune responsabilité et ne s'intéresse à personne, n'est pas un idéal à suivre. Nous sommes passés d'un extrême à l'autre. Nous devons apprendre à être des êtres humains responsables. C'est ce que Dieu attend de nous.

---

[1] Celui qui suit la voie du *karma yoga*. (Voir page 140.)

*La méditation est-elle compatible avec la vie moderne ?*

Être « responsable » signifie révéler ce que nous sommes, donc exprimer toutes les qualités qui sont en rapport avec l'âme. Lorsque nous commençons à agir ainsi, nous vivons dans ce monde selon ce que Dieu avait prévu pour l'homme. Nous accomplissons tous nos actes en ayant l'esprit fixé sur Lui.

Tout comme dans l'histoire de Sukadeva et du Roi Janaka, apprenez à maintenir continuellement votre attention sur l'huile qui symbolise la conscience de Dieu, tout en vous acquittant de vos devoirs dans ce monde[1]. Parcourez la vie en accomplissant – et non en évitant ! – toutes les tâches que Dieu vous confie jour après jour. Faites-en l'offrande à Dieu : « Seigneur, je ne peux T'offrir de l'or, je ne peux Te donner la sagesse. Il n'y a rien que je puisse Te donner, car Tu possèdes tout. Que puis-je T'offrir, Seigneur ? Je peux T'apporter mon humble service chaque jour de ma vie. Partout où il me sera possible de semer des graines de bonne volonté, partout où je pourrai être un pacificateur, partout où je pourrai parler de façon constructive, partout où je pourrai faire le bien, je ne le ferai pas pour servir mes propres intérêts, mais dans le seul but de Te servir. »

## Sensibilité constructive et sensibilité destructrice

Un des arts les plus importants que nous devons maîtriser dans cette vie est de bien s'entendre avec

---

[1] Afin de mettre à l'épreuve Sukadeva avant de l'accepter comme disciple, le roi Janaka, qui était un grand saint, exigea du jeune homme qu'il parcoure son palais en tenant dans la paume de sa main une lampe à huile remplie à ras bord. Le but de l'épreuve était que Sukadeva observe minutieusement (pour faire ensuite un rapport au roi) tout ce qui se trouvait dans les pièces du palais, jusqu'au moindre détail, sans renverser une seule goutte d'huile de la lampe remplie à ras bord.

les autres, sans trop de conflits. Je me rappelle ma première rencontre avec le Maître. Il possédait cette remarquable aptitude de mettre parfaitement à l'aise tous ceux qui l'approchaient. C'était comme s'il vous avait toujours connu. On sentait qu'on pouvait lui ouvrir son cœur dès les premiers instants. Il possédait cet art de projeter hors de lui l'essence de ce qu'il était : la personnification des qualités divines d'amitié, d'amour et de bonne volonté.

Nous devons apprendre à nous comporter dans ce monde de manière à ne pas offenser inutilement les autres. Vous connaissez sûrement des gens qui sont toujours aigris. Leur conduite semble vous contraindre à passer votre temps à vous demander : « Que puis-je faire pour ne pas blesser sa susceptibilité ? Je dois faire attention à ce que je dis pour ne pas l'offenser. » Nous connaissons tous ce genre de situation. Je vais vous dire comment le Maître avait résolu ce problème. Chaque fois qu'il rencontrait quelqu'un plein d'amertume, il lui disait : « Tu dois surmonter ta susceptibilité. » Ne soyez pas si centrés sur vous-mêmes. Si vous analysez les gens aigris, vous découvrirez qu'ils sont si centrées sur eux-mêmes qu'ils sont toujours sur leurs gardes et essaient de se protéger, selon eux, des moqueries des autres. Ce n'est pas la bonne attitude à adopter. Nous devons apprendre à être moins susceptibles. C'est ce que Guruji m'a conseillé il y a des années de cela. J'étais extrêmement sensible et j'en souffrais énormément, bien avant de connaître le Maître. Je ne voulais jamais blesser personne et je me tenais loin des autres pour éviter qu'ils ne me blessent. Ainsi, j'ai énormément souffert pendant la guerre[1]. Je pensais à tous ces jeunes qui mouraient ou

---

[1] La Seconde Guerre mondiale.

*La méditation est-elle compatible avec la vie moderne ?*

qui étaient mutilés et cela me peinait beaucoup.

Un jour, le Maître me dit : « Tu sais, si tu veux vivre ta vie, tu dois apprendre à être forte. » Je lui répondis : « Maître, je n'aime pas les gens durs. »

« Tu ne me comprends pas, me dit-il, je ne parle pas de la dureté de ceux qui sont insensibles aux autres. Mais tant que tu n'auras pas développé une certaine force spirituelle intérieure, une fibre spirituelle, tu ne pourras aider ni les autres ni toi-même. »

Dès l'instant où une personne devient négative et faible, on plonge par empathie avec elle, dans le même gouffre d'illusion. On est alors impuissant à l'en déloger. Un être divin, bien qu'il souffre intérieurement et qu'il doive porter ses propres fardeaux, ne laisse rien paraître aux autres. Il porte silencieusement sa croix. Cependant, s'il prend conscience de la souffrance de quelqu'un, il ne glissera pas au fond du gouffre avec lui, mais lui tendra la main pour l'aider à en sortir.

Dans ce monde, nous ne pouvons parfois éviter de blesser les autres. Il est impossible de traverser la vie sans que cela n'arrive à un moment où à un autre. Même le Christ, même le Maître n'ont pu y échapper. Nous devons comprendre que les gens étant ce qu'ils sont, il est inévitable qu'en certaines circonstances nous prenions certains d'entre eux à rebrousse-poil. D'autre part, si nous comprenons cela, nous ne devrions pas être si susceptibles ni si sensibles quand quelqu'un *nous* prend à rebrousse-poil. Efforcez-vous toujours de vous mettre à la place des autres, de comprendre toute situation du point de vue des autres et essayez de ne jamais prendre les choses trop personnellement. Il est impossible d'arriver à une entente avec quelqu'un qui s'implique constamment de façon personnelle dans toute discussion. Quand vous avez à discuter de quelque chose, veuillez à respecter certains principes. Evitez d'entrer dans les jeux de personnalités. De cette manière, vous pourrez éviter de nombreux malentendus.

Si je vous en parle, c'est que nous nous demandons : « Comment pouvons-nous attirer Dieu dans notre vie de tous les jours ? » La réponse est la suivante : par le biais de la discipline personnelle. Il est impossible de connaître Dieu en se contentant de répéter simplement un mantra[1] tout en faisant abstraction de l'autodiscipline. Cela ne peut pas fonctionner. Vous devez étayer vos mantras et votre pratique de la présence de Dieu par la pensée droite et les actions justes ; car, comme l'enseigne la Gita, c'est par la méditation *et* la juste activité que l'être humain peut réaliser Dieu.

Vous ne pouvez passer votre journée à parler de Dieu tout en faisant peu de cas de votre prochain et prétendre communier avec le Très-Haut. Cela est impossible. Si les relations avec nos semblables n'étaient pas nécessaires à notre croissance, Il nous aurait placés chacun dans notre petit monde personnel où nous n'aurions qu'à penser à Lui toute la journée. Mais Il savait que ce n'était pas le moyen de nous unir à nouveau à Lui. Il a pris des millions d'êtres humains dotés de personnalités, de caractéristiques et de tendances en tous genres et les a pour ainsi dire projetés sur la terre dans toutes sortes de milieux. Ensuite, Il nous a dit : « Maintenant, apprenez à bien vous entendre les uns avec les autres ! » Et cela ne concerne pas seulement les fidèles qui vivent dans des ashrams, mais le monde entier.

---

[1] Dans son sens général, *mantram* ou *mantra* est la science des sons originels qui, par affinité vibratoire, sont en correspondance avec la création même. Au sens spirituel, certains sons sont chantés vocalement ou mentalement pour aider à calmer et à spiritualiser l'esprit.

*La méditation est-elle compatible avec la vie moderne ?*

L'action juste implique l'apprentissage de la bonne entente avec nos semblables. L'action juste ne peut se réaliser sans autodiscipline. C'est la base même de la vie spirituelle.

L'homme est fait à l'image de Dieu ; mais, à moins qu'il n'apprenne à libérer cette image divine de la cage de sa forme physique et de celle, invisible, de ses humeurs, de ses habitudes et de ses émotions, il ne pourra Le connaître. L'autodiscipline est la seule façon d'échapper à ces deux prisons, l'une visible et l'autre invisible, dans lesquelles l'âme se trouve prisonnière. La maîtrise de soi est le sens réel du mot *swami*. Celui qui veut connaître Dieu doit d'abord apprendre à se dominer lui-même. Il doit apprendre à libérer son âme des liens de la chair, des liens des émotions et des liens des habitudes ; c'est alors qu'il saura qui il est. Il saura qu'il est fait à l'image de Dieu. Il peut évoluer dans ce monde en tant qu'âme libre, accomplissant toutes ses tâches avec davantage d'enthousiasme que l'homme ordinaire qui s'en acquitte dans le but d'acquérir l'or ou la gloire. L'être divin est toujours prêt et disposé à s'abandonner totalement au service de Dieu – et à la méditation. Les deux sont nécessaires.

## La méditation et la pensée juste

La méditation est l'art d'isoler l'esprit de tout objet de distraction et de le concentrer uniquement sur Dieu. Il existe de nombreuses formes de méditation : la méditation que pratiquent les mystiques chrétiens ; la méditation que pratiquent les mystiques hindous, les yogis ; celle que pratiquent les autres grandes religions du monde. Tous les chemins mènent à Dieu. C'est ce que nous enseignons et ce en quoi nous croyons. Mais sans quelque forme de méditation, il est impossible de connaître Dieu. Cependant, la méditation seule n'est pas suffisante. Nous devons également apprendre à contrôler nos pensées. Lorsque nous sommes tentés de penser du mal des autres, de nous venger de quelqu'un qui nous a offensé ou que nous vient le désir de prononcer des paroles blessantes, à ce moment-là nous devons nous retenir avec discipline: «Je ne le ferai pas!» Nous ne le ferons pas pour la simple raison que, dès l'instant où nous laisserions entrer ces pensées mesquines dans notre conscience, la lumière divine s'éteindrait et l'obscurité s'installerait. J'ai souvent réfléchi à cela au cours de mon existence. De nombreuses fois, au cours de ses premières années à l'ashram, il a y eu des circonstances où Daya Ma s'est sentie blessée. Voici ce que j'avais coutume de dire à la Mère divine: «Tu vois, je suis très égoïste. Je ne vais laisser aucune pensée pessimiste, ni aucune pensée d'animosité ou de haine entrer dans mon cœur, car j'ai découvert que dès l'instant où elles y pénètrent, Tu t'envoles; or, je ne vais pas Te laisser partir! Donc, Mère divine, il T'appartient de combattre pour moi si j'ai besoin d'être défendue dans ce monde. Quant à moi, il m'appartient de penser à Toi. Tu te soucies de moi si Tu le veux, mais moi, je ne m'intéresse qu'à Toi. »

Une philosophie semblable instaure une douce relation avec Dieu et crée un sentiment intime et profond de dévotion envers Lui. Elle vous fait comprendre qu'il n'existe rien de plus proche que Lui. À qui d'autre puis-je confier toutes mes difficultés, sinon à Dieu? Qui possède une sagesse sans faille pour me guider, sinon le Dieu qui est le mien? De plus, Il est le plus cher de tous les êtres chers. Qui m'aime de façon inconditionnelle, sinon Lui? Qui me comprendra lorsque je n'arriverai pas à me comprendre moi-même, sinon mon Dieu ? Qui est plus près de moi que mon Dieu ? Parce qu'un jour, je devrai quitter même ceux que je chéris et que j'aime tant. Mais j'ai découvert que la conscience que j'ai de mon Bien-Aimé est continue, sans interruption ; et je m'accrocherai à cette conscience, à cette pensée de mon Bien-Aimé, à travers tous les changements que je devrai vivre dans cette vie. Lorsque vous commencez à penser en ces termes, vous développez une relation très douce avec Dieu. Vous découvrez qu'Il est toujours à vos côtés ; qu'il n'y a pas de séparation. Lorsque cet état se manifeste, vous ne voulez plus le perdre sous aucun prétexte et votre désir le plus ardent est de propager Son message divin à travers le monde.

## Votre véritable mission dans la vie

J'ignore comment le monde arrive à vivre sans penser à Dieu ! Vous avez certainement déjà entendu l'expression « perdu dans l'espace ». C'est une expression de notre époque moderne, n'est-ce pas ? Le monde est perdu dans ses propres illusions ; une vraie tragédie. Malheureusement, nous ne commençons à faire des efforts pour notre propre salut que lorsque la souffrance surgit dans nos vies. Je ne crois pas que nous devions attendre d'en arriver là. Nous devrions réaliser dès maintenant que Dieu nous a mis sur cette terre pour une bonne raison. « Pourquoi suis-je né ? » Dès l'instant où nous commençons à nous poser cette question, beaucoup d'entre nous qui vivent dans l'illusion sont convaincus que nous sommes nés pour devenir de grands messies – ce qui est une illusion de plus ! La seule mission qui nous ait tous été assignée en venant sur terre est celle de nous sauver nous-mêmes ! Sauvez-vous d'abord vous-mêmes et ensuite, Dieu Se servira peut-être de vous comme d'un instrument pour tenter de sauver les autres. Ne serait-ce pas d'une honnêteté élémentaire envers vous-mêmes ? Il y a tellement de gens qui veulent sauver le monde avant même d'avoir commencé à se sauver eux-mêmes. Si je vous en parle, c'est parce qu'il arrive que des fidèles m'écrivent pour me dire : « Je sais que Dieu me réserve une grande mission. » Et j'ai envie de leur dire : « Oui, cette grande mission consiste à vous sauver *vous-mêmes* ! »

Consacrez-vous *dès maintenant* à de longues et profondes méditations. Appliquez-vous *dès maintenant* à surmonter votre petit soi, afin que votre grand Soi puisse se manifester plus aisément en vous. C'est à cette formation que le Maître nous a tous soumis.

C'est pour cette raison, mes chers amis, que je vous ai suggéré de méditer au quotidien et de surveiller vos pensées au quotidien. Disciplinez votre esprit lorsque vous sentez des pensées négatives vous envahir. Dieu vous a dotés de discernement, de la faculté de distinguer la différence entre le bien et le mal. Lorsque vous sentez que vous allez dans la mauvaise direction, arrêtez-vous immédiatement. Reprenez-vous et pensez à Dieu. « Seigneur, donne-moi la force. Aide-moi à surmonter cette épreuve. »

Si vous avez un caractère violent, contrôlez-vous. Le Maître avait coutume de nous dire : « Mordez-vous la langue plutôt que de vous exprimer avec dureté ». J'ai pris l'habitude de suivre son conseil et, un jour, j'ai compris : « Regarde, chaque fois que tu perds contrôle, que t'arrive-t-il ? Tu perds également ta paix. Qui en souffre ? Qui punis-tu ? Uniquement toi-même. C'est ridicule ! » Si vous avez mauvais caractère et que vous

*La méditation est-elle compatible avec la vie moderne ?*

voulez saisir des objets et les jeter par terre, sortez faire un tour. Marchez, marchez, marchez, mais ne pensez pas au problème que vous laissez derrière vous. Essayez de penser à la beauté de la nature ou de diriger votre esprit vers des choses plus positives. Et si vous ressentez de la haine, rappelez-vous que ce que vous avez semé, la Loi divine vous le rendra ; celui qui hait sera haï dans ce monde. Dès l'instant où vous commencez à ressentir de la haine envers quelqu'un, pensez : « C'est un boomerang qui se retournera contre moi ! Seigneur, bénis cette âme ! Seigneur, bénis cette âme ! » Répétez-le aussi longtemps que la haine bouillonnera en vous : « Bénis cette âme, Seigneur, bénis cette âme ! » Plus vous penserez de cette façon-là, plus vous désirerez réellement que Dieu bénisse cette âme. Et c'est ce qui se produira effectivement.

Vous pouvez adopter ce principe et l'appliquer à toutes les situations difficiles que vous avez à affronter. C'est ainsi que l'on met en œuvre les enseignements de la Self-Realization Fellowship. C'est ainsi que l'on pratique la présence de Dieu en appliquant Ses principes divins dans la vie quotidienne.

[Après avoir conduit l'assemblée dans une prière suivie d'une méditation guidée, Sri Daya Mata mit fin au *satsanga* par ces mots :]

Ne laissez pas la paix et la compréhension que vous avez acquises pendant votre méditation vous échapper. Durant toute la journée, gardez le plus longtemps possible en vous la pensée de Dieu et la paix que vous avez recueillie dans le receptacle de votre conscience durant la méditation. C'est ainsi que nous apprenons à nous ancrer en Dieu tout en vaquant à nos activités. Je terminerai par ces paroles du Maître : « Nous devons apprendre à être calmement actifs et activement calmes.

*Rien que l'Amour*

Princes de la paix, assis sur le trône de l'équilibre, nous dirigeons le royaume de notre activité.

# La seule voie du bonheur

*New Delhi, Inde, 3 décembre 1961*

Nous devons réaliser que nous sommes l'âme parfaite et immortelle. Les imperfections qui se manifestent à travers nos habitudes et nos états d'âme, la maladie ou les échecs ne font pas partie de notre véritable nature. Nous nous sommes tellement identifiés à la conscience mortelle que nous acceptons ses limitations sans même y penser. Nous ferions mieux de prier: « Seigneur, aide-moi à réaliser que je ne suis ni ce corps, ni ces habitudes, ni ces états d'âme. Fais-moi comprendre que je suis Ton enfant, fait à Ton image parfaite. »

Un jour, alors que je méditais, je me plaignais de mes nombreuses imperfections lorsque j'entendis soudain la douce voix de la Mère divine me dire: « Mais, est-ce que tu M'aimes ? » À l'instant, je sentis tout mon être déborder d'amour pour Elle. À partir de ce jour, mon esprit n'a cessé d'être absorbé dans cette pensée unique: « J'aime ma Mère divine et dans cet amour, je Lui abandonne ma vie afin qu'Elle en fasse ce qu'Elle veut. » J'ai une foi absolue en Elle: je sais que Son amour ne me fera jamais défaut.

Dieu vous aime tous de la même manière. La lumière du soleil illumine avec la même intensité un morceau de charbon et un diamant. Nous ne pouvons pas dire que le soleil serait partial sous prétexte que le diamant reflète davantage la lumière que le morceau de charbon. De même, la lumière de l'amour de Dieu resplendit de manière identique sur tous les hommes.

Nous devons nous transformer en des diamants qui reçoivent et reflètent la lumière divine.

Répétez sans cesse le nom de Dieu, non pas distraitement, mais avec une grande concentration. Communier avec Dieu exige notre attention la plus complète. Quelles que soient nos activités, nous pouvons demeurer au plus profond de nous-mêmes et rester complètement absorbés dans l'Être unique, murmurant sans cesse : « Tu es mon unique amour. »

## L'homme le plus accompli

C'est l'amour de Dieu qui se présente à nous à travers les différentes formes de relations humaines. Si vous commencez par Le chercher, tout ce que vous avez toujours désiré arrivera. J'ai pu constater que l'homme trouve infailliblement dans le Bien-Aimé cosmique tout ce à quoi il aspire. Les grands disciples de Dieu ont inspiré l'humanité depuis la nuit des temps. Quel est l'homme le plus accompli – qui a atteint la plénitude de lui-même, qui se comprend et comprend le reste du monde, qui est reconnu et honoré à travers les siècles par le monde entier – quel est cet homme ? C'est celui qui connaît Dieu.

Notre Guru béni, Paramahansa Yogananda, disait que pour devenir ce genre d'homme, nous devions avant tout désirer Dieu. En général, l'être humain n'éprouve pas ce désir tant que l'adversité ne l'a pas frappé. Lorsque la vie s'écoule paisiblement, il ne ressent aucunement le besoin du Seigneur. Mais, lorsque tout son monde semble s'écrouler – qu'il perd la santé, ses biens ou un être cher –, alors il commence à implorer l'aide de Dieu.

Gurudeva nous exhortait à d'abord chercher Dieu,

car nous ne pouvons remporter la bataille de la vie que lorsque notre conscience est ancrée en Lui. Lorsque nous sommes confrontés à des moments difficiles dans ce monde en perpétuel changement, nous devons nous comporter en guerriers divins et faire face. Pourquoi attendre que la vie nous prenne par surprise, nous déçoive, nous brise? Nourrissons notre désir de Dieu et mettons-nous à Sa recherche *dès maintenant*. Celui qui nous accompagne en temps de paix ne nous abandonnera pas à l'heure de l'épreuve.

## Les étapes vers la réalisation du Soi

La première étape vers la réalisation du Soi est un désir ardent, un désir divin pour Dieu. Nous développons l'habitude de L'aimer en méditant tous les jours. Tout être humain devrait consacrer chaque jour un peu de son temps à communier profondément avec Dieu. L'homme prend soin de maintenir son corps en bonne santé et en forme ; il s'efforce parfois de développer son intelligence ; mais combien de temps dans une journée consacre-t-il à son âme, son véritable soi? Très peu. Même lorsqu'il pratique son *japa*[1] ou sa *puja*[2], ou qu'il récite ses prières, son esprit papillonne et s'agite. Nous devons être sincères avec Dieu. À quoi sert-il de dire « Seigneur, je T'aime » si notre esprit s'intéresse toujours à autre chose? En revanche, prononcez le nom de Dieu une seule fois avec un amour authentique ou chantez-le inlassablement avec un désir de plus en plus ardent et une concentration de plus en plus profonde, et votre vie en sera transformée.

[1] Répétition d'un mantra ou d'un nom de Dieu.
[2] Cérémonie d'adoration.

*Rien que l'Amour*

Des fidèles autres que moi pourraient vous parler encore et toujours de Dieu, vous pourriez lire d'innombrables livres à Son sujet, mais rien de tout cela ne vous apporterait la connaissance divine. Vous devez Le faire sortir de Son invisible omniprésence par vos propres efforts. Vous n'avez qu'à vous recueillir intérieurement, éloignant votre esprit de la conscience d'avoir un corps; alors vous trouverez cet Être unique.

Le but de la vie est de connaître Dieu. Nous devons Le connaître, car le mal principal de l'humanité est l'ignorance et ce n'est qu'en communiant avec la Puissance omnisciente que nous pourrons nous libérer des effets de cette ignorance.

Outre le fait de cultiver ce désir ardent pour Dieu, le fidèle devrait également s'efforcer d'être simple. Vivez votre vie simplement et sans complications. Ne désirez rien d'inutile. En Occident, il y a trop de luxe, de même qu'il y a trop de pauvreté en Inde. Gurudeva avait coutume de dire qu'il devrait y avoir un équilibre entre les idéaux spirituels de l'Orient et l'efficacité matérielle de l'Occident. Le trop, tout comme le trop peu, conduisent à la misère. « Des pensées élevées et une vie simple », c'est la formule parfaite pour une vie heureuse. Ayez toujours de nobles pensées, car le pouvoir de l'esprit est immense.

Vient ensuite l'action juste: faire ce que nous devons au moment opportun. La plupart du temps, nos actions sont contrôlées de façon compulsive par nos habitudes. L'action juste est régie par le principe de la vérité et non par celui des habitudes. En Inde, l'action juste se résume en *yama* et *niyama*[1], des règles qui

---

[1] Les règles de la conduite morale (*yama*) et des pratiques religieuses (*niyama*) qui constituent les deux premières étapes de la « voie octuple du Yoga » décrites par Patanjali, un grand sage de l'Antiquité.

Sa Sainteté, feu le Jagadguru (enseignant mondial) Sri Shankaracharya Bharati Krishna Tirth de Gowardan Math, Puri, avec Sri Data Mataji, au siège international de la Self-Realization Fellowship, Los Angeles, en mars 1958. Sa Sainteté fut le successeur apostolique du premier Shankaracharya (le plus grand philosophe de l'Inde, qui vécut au VIIIe ou au début du IXe siècle). Ce fut un honneur pour la Self-Realization Fellowship de parrainer la tournée américaine de Sa Sainteté.

À plusieurs occasions, le grand Jagadjuru exprima son soutien spirituel affectueux à l'œuvre de Paramahansa Yogananda: «J'ai trouvé dans la Self-Realization Fellowship la spiritualité, le service et l'amour les plus élevés. Ses représentants ne se contentent pas de prêcher ces principes, mais ils les vivent.» Dans sa correspondance avec Daya Mataji, il s'adressait toujours à elle avec une cordialité paternelle mêlée de respect spirituel: «Très chère enfant, Daya Devi (la divine).»

Absorbée dans un bhajan dévotionnel (adoration de Dieu dans le chant), la conscience de Mataji se retire dans l'état intérieur profond du samadhi. *Ranchi, 1967*

« Ô Dieu, si seulement le monde savait ce que l'on peut percevoir dans son cœur, ce vaste temple intérieur ! – un sentiment de plénitude totale qui n'a rien à voir avec le corps, mais qui consume l'âme à tel point que, nuit et jour, l'on ne veut rien d'autre que rester dans cet état de conscience. »

*La seule voie du bonheur*

correspondent aux Dix Commandements du monde chrétien. Vivez selon ces principes. Soyez honnêtes avec vous-mêmes. Analysez les véritables motivations de vos actions. Cela vous aidera à vous perfectionner et à vivre toujours plus en accord avec la vérité.

La gaîté doit aller de pair avec l'action juste. Lorsque vous êtes tristes ou de mauvaise humeur, vous pouvez sortir de cet état si vous décidez d'être joyeux. Gurudeva avait l'habitude de dire : « Si vous prenez la décision d'être heureux, rien ne pourra vous rendre malheureux. Mais si vous prenez la décision d'être malheureux, rien ne pourra vous rendre heureux ». Alors, décidez d'être toujours joyeux. Lorsque les circonstances sont défavorables, gardez un esprit positif en vous rappelant que les difficultés ne sont que temporaires et qu'elles finiront par disparaître.

Le *Raja Yoga* enseigne la méthode scientifique de communion avec Dieu. Dans l'enseignement du *Raja Yoga*, se concentrer signifie retirer son attention de tous les objets de distraction et se concentrer sur une seule chose à la fois. L'objectif est de calmer toutes les pensées agitées pour que l'esprit puisse se transformer en un lac transparent et paisible dans lequel l'objet de la concentration se reflète parfaitement. Le pouvoir de concentration est tout aussi nécessaire pour réussir dans le monde que pour progresser dans la méditation.

Après avoir atteint le stade de la concentration, nous sommes prêts pour la méditation dans laquelle l'objet de la concentration est Dieu. Dans la méditation, quand l'esprit est absorbé dans l'Être unique, la première sensation que vous ressentez est une expansion de la conscience et vous commencez à vous remplir d'un amour divin qui déborde sur tous ; non pas un amour possessif, mais un amour libérateur. C'est l'amour de Dieu. C'est un amour qui comble tous les désirs ardents du cœur et de l'âme. En lui se trouve l'extase de la conscience divine. L'âme, libérée du joug du corps, est submergée dans la conscience bénie de Dieu et ne souhaite rien d'autre que de demeurer éternellement dans cette extase divine. On ne ressent plus aucun besoin des choses extérieures.

### Notre royaume n'est pas de ce monde

Les hommes pensent que ce monde est l'unique réalité. Mais il existe quelque chose au-delà ; et s'ils sont toujours insatisfaits, c'est que leur royaume n'est pas de ce monde. Ici-bas, tout est temporaire et sujet au changement, régi par l'illusion du temps. Quand on s'unit à Dieu, il n'existe plus de passé, de présent ou de futur. Dieu seul est éternel.

Au lieu de parler de Dieu, au lieu de faire des lectures à Son sujet, il est maintenant temps de Le *ressentir*. Le monde ne connaîtra pas la paix tant que l'homme n'aura pas appris à ressentir la paix en Dieu.

Nous devons nous changer nous-mêmes avant de pouvoir changer le monde. Tant que nous n'apprendrons pas, en tant qu'individus, à vivre ensemble comme des enfants de Dieu, contemplant le Rayon unique de lumière créatrice qui anime tout, il y aura des déchirements, des guerres et des souffrances. Nous devons trouver Dieu en rentrant en nous-mêmes et partager ensuite humblement Sa paix, Son amour et Son harmonie avec tout le monde. En nous efforçant d'agir comme des instruments de Dieu, nous devrions prier ainsi : « Seigneur, Tu es l'Auteur. Que Ta volonté soit faite. » Chercher humblement la volonté de Dieu ne veut pas dire se complaire dans la paresse, le

*La seule voie du bonheur*

manque d'initiative ou l'inaction : aidez-vous et Dieu vous aidera. Cela signifie plutôt s'abandonner à Dieu, afin qu'Il puisse nous utiliser comme Son instrument pour faire le bien sur terre, selon Sa volonté divine.

Réservez chaque jour un moment à la méditation, à la communion profonde et joyeuse avec Dieu. Sur les vingt-quatre heures que dure une journée, accordez une heure à votre Bien-Aimé divin. Celui qui prend à cœur ce conseil est sage : « La vie est douce et la mort est un rêve ; la joie est douce et la souffrance est un rêve lorsque Ton chant coule à travers moi[1]. » Tu es la Sagesse. Tu es la Béatitude. Tu es l'Amour. Et Cela, chers amis, c'est votre réalité.

---

[1] Extrait de *Cosmic Chants* de Paramahansa Yogananda.

# Le paradis est en nous

*Siège international de la Self-Realization Fellowship, Los Angeles, Californie, 4 septembre 1962*

Le moyen le plus sûr de conserver en permanence notre paix intérieure est de faire en sorte que Dieu occupe nos pensées tout au long de la journée, peu importe ce que nous faisons, nos conflits intérieurs ou les expériences que nous vivons. Gurudeva nous posait souvent cette question: «Où est votre esprit? Où est le centre de votre être?» C'est ainsi qu'il nous rappelait de toujours garder notre conscience intériorisée, centrée sur Dieu. Notre être et notre attention doivent être fixés en permanence sur la paix intérieure de la présence de Dieu, ce sentiment que l'on éprouve après une profonde méditation, si agréable, si paisible et en telle harmonie avec Dieu. Dans cet état, il n'existe plus aucun désir, pas la moindre agitation ne vient troubler notre conscience. C'est ainsi que l'homme devrait toujours être. Il ne devrait se laisser perturber par rien au monde.

Nous devrions considérer toutes les difficultés qui se présentent dans nos vies comme des épreuves que Dieu nous envoie pour nous instruire et nous renforcer. Une chaîne est aussi résistante que son maillon le plus faible; chacun d'entre nous est aussi fort que sa plus grande faiblesse. Nous devons apprendre à rester calmes, fermes et imperturbables, peu importe ce que la vie nous réserve. Nous ne pouvons atteindre un tel équilibre de conscience en nous bornant à lire

*Le paradis est en nous*

des vérités spirituelles ou en dissertant sur le sujet ; seule la méditation, communion personnelle et directe avec Dieu, nous permet d'y arriver. Plus on avance en âge, plus on prend conscience des déceptions que la vie nous réserve ; les plaisirs de la vie ne tiennent pas leurs promesses. Mais plus on cherche Dieu en profondeur, plus on comprend que rien ne peut égaler la joie de Sa présence. Dans ce monde illusoire de changement et de relativité, seule cette Joie est réelle. Parmi tous les désirs de l'homme, rien d'autre ne peut lui apporter ne serait-ce que l'ombre d'une telle satisfaction.

### Le vide que Dieu seul peut combler

J'ai appris récemment la triste nouvelle du suicide d'une jeune actrice qui avait beaucoup de succès. Elle possédait tout ce que le monde pense être nécessaire au bonheur. Et pourtant, elle se plaignait d'un grand manque, d'un grand vide intérieur. Pourquoi les gens ressentent-ils un tel vide ? C'est parce que leur attention est trop tournée vers l'extérieur et pas assez en eux-mêmes, dans la paix de Dieu. Paramahansaji nous disait souvent : « Le monde n'est pas ce qu'il semble être. » Lorsque nous essayons de nous accrocher au matérialisme, sa substance nous échappe. Le côté matériel de la vie n'est qu'une masse de pensées et d'impressions éphémères qui se volatilisent dans le néant. Lorsque nous construisons notre bonheur uniquement sur des choses extérieures, nous découvrons que notre réussite se réduit à de l'écume qui se dissout lentement et disparaît. L'être humain ressent un énorme vide et une grande solitude lorsque Dieu ne fait pas partie de sa vie intérieure.

Si l'être humain désire vraiment être heureux dans

ce monde d'une manière durable, il doit se construire une vie spirituelle intérieure solide et établir une relation personnelle avec Dieu. Cela est possible grâce à la méditation profonde et quotidienne telle que Paramahansa Yogananda nous l'a enseignée, à nous qui suivons la voie de la réalisation du Soi. Parallèlement à la méditation, nous devons sans cesse répéter mentalement le nom de Dieu tout au long de la journée, inlassablement et avec une profonde dévotion. Il m'arrive parfois de penser à Dieu sous les traits du Seigneur Jésus ou du Seigneur Krishna et je L'aime sous ces aspects. En d'autres occasions, je conçois Dieu comme ma Mère divine bien-aimée et je Le vénère sous cette forme. Il m'arrive également de voir le Seigneur sous les traits du Guru et je L'adore sous cette forme. Nous pouvons visualiser Dieu sous l'aspect qui éveille le plus notre dévotion et qui permet à notre esprit d'être intérieurement en harmonie avec Lui. Quel monde merveilleux se trouve en chacun de nous[1] ! Jésus a dit : « Mon royaume n'est pas de ce monde[2]. » « Mon paradis est en moi », disait Gurudeva. Ce paradis intérieur n'est pas un vide nébuleux ; il est réel et joyeux. Tant que nous ne l'aurons pas trouvé en nous, notre vie sera gâtée par des périodes de bouleversements.

Nous devrions également comprendre que tant que nous défendrons nos propres intérêts ou que nous nous attacherons à tout de manière égoïste, notre paix et ces possessions nous seront enlevées tôt ou tard. Nous ne devrions désirer recevoir que ce qui provient de la

---

[1] « Les Pharisiens demandèrent à Jésus quand viendrait le royaume de Dieu. Il leur répondit : Le Royaume de Dieu ne vient pas de manière à frapper les regards. On ne dira point : Il est ici, ou Il est là. Car voici, le royaume de Dieu est au milieu de vous. » (Luc 17, 20-21.)
[2] Jean 18, 36.

main de Dieu et vouloir le posséder que tant que ce sera Sa volonté. Nous reconnaissons les bénédictions qu'Il nous envoie à la douce paix et à la joie qui emplissent notre être quand nous recevons Ses présents, ainsi qu'au sentiment de détachement qui accompagne notre plaisir.

Débutez chaque journée avec cette pensée : « Ô mon Dieu, je ne souhaite rien d'autre excepté accomplir Ta volonté. Je ne m'attache à rien d'autre qu'à Toi. Je cherche Tes conseils dans tout ce que j'entreprends et je ferai de mon mieux pour Te suivre. » Nous ne pourrons peut-être pas toujours suivre à la perfection la volonté de Dieu – quand ce sera le cas, nous n'aurons plus besoin de vivre sur ce plan terrestre – mais chaque fois que nous trébuchons, nous devons nous relever et essayer à nouveau. Nous ne devons jamais nous affliger d'un échec quelconque, ni nous laisser aller à nous apitoyer sur nous-mêmes, mais nous devons plutôt dire : « Je ferai de mon mieux et je ne m'éloignerai jamais de mon but divin qui est de Lui plaire. » Comme un enfant, accrochez-vous à la Mère divine et abandonnez-vous à Elle. Développez votre foi et cultivez votre dévotion, car les deux sont essentielles.

Les Écritures hindoues affirment qu'il existe deux catégories de fidèles, qui sont décrites dans un exemple charmant. La première est semblable au bébé singe qui s'accroche résolument à sa mère alors que celle-ci se balance d'une branche à l'autre ; il s'agrippe si fermement qu'il ne tombe jamais. L'autre catégorie est représentée par le chaton que sa mère transporte d'un endroit à l'autre ; il est parfaitement détendu, sans anxiété ni peur, totalement confiant, où que sa mère l'emmène et le dépose. Nous devrions ressembler à ces deux catégories. Dans les moments difficiles, lorsque nous avons l'impression d'être emportés d'une branche à l'autre, nous devrions nous accrocher résolument à notre Mère divine, tout comme le petit singe. En d'autres circonstances, nous devrions nous comporter comme le chaton: pleinement satisfaits, oublieux de nous-mêmes, dépendants totalement et en toute confiance de l'Être divin. Un tel fidèle sait ce qu'est la paix véritable.

## La vérité puisée en notre for intérieur change notre vie

Bien qu'aussi vieille que le monde et que la vie elle-même, la Vérité est toujours nouvelle. Elle est nouvelle pour nous dès l'instant où nous l'assimilons. Nous pouvons lire maintes fois une vérité sans qu'elle semble nous interpeler personnellement. Nous nous demandons pourquoi elle ne nous révèle rien. C'est parce que nous ne l'avons pas fait surgir du plus profond de nous-mêmes. La vérité ne peut nous être greffée de l'extérieur; elle doit provenir de l'intérieur, sinon elle nous semblera toujours irréelle. Nous avons tous fait l'expérience, à un moment donné, en méditant ou lorsque nous étions en harmonie spirituelle, de la compréhension instantanée d'une vérité que nous avions lue auparavant sans la saisir. Quelle sensation exaltante! Nous avons tout à coup fait surgir cette vérité du plus profond de nous-mêmes et nous avons pu la contempler clairement pour la première fois.

Toute vérité est cachée au fond de notre âme, car l'âme est le reflet de Dieu et Dieu est la vérité. Par conséquent, nous sommes la vérité. Mais tant que nous nous identifierons au petit ego, que nous lutterons à des fins égoïstes et que nous demeurerons

*Le paradis est en nous*

attachés à nos opinions ainsi qu'à ce qui nous plaît ou nous déplaît, la vérité se dérobera à nous parce que nous nous accrochons toujours à des notions fausses créées par *maya*, l'illusion. Nous devons prier notre Mère divine pour qu'Elle déchire le voile de *maya*. Lorsqu'Elle le fait, l'expérience est parfois terrible : il se peut que nous ne tenions pas à connaître la vérité sur nous-mêmes. Mais ne craignez rien, notre Mère divine ne souhaite que parfaire Ses enfants et Elle ne nous fera subir aucune épreuve que nous n'avons pas la force d'affronter ni de réussir.

Par-dessus tout, désirez ardemment, jour et nuit, obtenir la dévotion divine afin de pouvoir connaître cet Amour unique. Toute âme désire ardemment l'amour, la compréhension, la compagnie d'amis et le réconfort. Sage est celui qui recherche tout cela en Dieu. Il émerge de cet océan de souffrance en abordant les rivages de la paix, de la joie, de la sagesse et de l'amour divin. Telle est notre destination à tous, mais nombreux sont ceux qui perdent leur temps et leur énergie à nager en rond sans progresser.

Conservez toute la paix, la joie ou la dévotion que vous accumulez dans votre cœur en méditant ; protégez-les jalousement et avec zèle en vous efforçant de les faire grandir. Le *japa yoga* est le moyen d'y parvenir, en répétant le nom de Dieu aussi souvent que vous le pouvez tout en vaquant à vos activités et en répondant aux exigences de la vie quotidienne. Si nous ne vivions qu'en conformité avec le poème de Paramahansa Yogananda intitulé «Dieu! Dieu! Dieu!», nous saurions ce qu'est Dieu. Dans chaque compartiment de notre vie – le travail, la méditation, lorsque nous affrontons des difficultés ou que nous jouissons de plaisirs tout simples – nous devons rester ancrés en permanence dans cette pensée : « Dieu ! Dieu ! Dieu ! »

## Dieu est toujours avec nous

Pour conquérir Dieu, il faut se rappeler de Lui, car Il n'est jamais loin de nous. Il a été avec nous depuis le commencement de notre création et Il sera toujours avec nous. C'est nous qui nous éloignons de Lui, car nos esprits sont trop occupés par d'autres choses ainsi que par les luttes de notre petit ego : « Je suis blessé, triste, incompris, mal aimé... » Nous ne sommes ni ce corps ni cet ego ; mais nous nous sommes identifiés aux émotions, aux habitudes et à la conscience limitée de l'ego. Nous sommes des enfants de Dieu, faits à Son image bénie. Ne soyez jamais satisfaits avant de pouvoir ressentir toujours plus cette vérité dans votre vie.

Si votre vie est monotone ou malheureuse, c'est parce que vous n'avez pas fait suffisamment attention à Dieu ; vous avez été trop conscients des soucis et des problèmes matériels et n'avez pas médité assez. Il n'existe rien au monde qui ne soit plus divertissant, plus enivrant, plus merveilleux, plus satisfaisant que Dieu : la Mère bien-aimée, le Père, l'Être divin, l'Ami. Il est notre seul et unique Amour véritable.

# Tu n'auras pas d'autres dieux

*Ashram de la Self-Realization Fellowship,
Encinitas, Californie, 21 juin 1972*

Il nous arrive souvent de ne pas apprécier ce que Dieu nous a donné. Lors de ma visite dans les contreforts de l'Himalaya, j'ai remarqué que les autochtones qui vivaient au pied de ces magnifiques montagnes – les plus belles du monde – prennent ce paysage comme un fait acquis. Les touristes sont éperdus d'admiration devant ce spectacle, mais on ne retrouve pas cet enthousiasme chez les habitants de la région.

Un des grands plaisirs de ce monde consiste à ne jamais trop s'habituer à quoi que ce soit, de sorte que nous puissions toujours découvrir quelque chose de nouveau, d'inspirant et de passionnant dans notre vie. Je n'ai jamais été à Encinitas ni ne suis-je entrée dans le domaine du Mont Washington sans éprouver un grand ravissement, comme si je les contemplais pour la première fois. Mettez en pratique cet idéal de ne prendre rien ni personne pour acquis.

Ceux qui profitent le plus de la vie sont ceux qui possèdent cette capacité de s'émerveiller de leur environnement, d'apprécier les gens avec qui ils vivent et tout ce que Dieu leur donne. Cette capacité s'acquiert lorsque nous essayons de pratiquer tous les jours la présence de Dieu, car Il est toujours nouveau. Je me rappelle que le Maître répétait souvent que l'idylle avec Dieu était l'expérience la plus sublime au monde, supérieure à toute autre relation que peut connaître

*Rien que l'Amour*

l'âme, parce que Son amour et la communion avec Lui se renouvellent sans cesse. La relation avec Dieu ne s'altère jamais; il y a toujours quelque nouveau délice ou nouvelle expérience, quelque prise de conscience insoupçonnée ou quelque dévoilement de sagesse et de compréhension, quelque vibration inconnue de dévotion pour émouvoir le cœur du fidèle.

Un des points essentiels du cheminement spirituel consiste à considérer chaque jour comme étant un nouveau commencement. Et ce qui surpasse tout en importance, c'est la pratique de la présence de Dieu dès notre réveil et jusqu'à ce que nous nous endormions le soir. C'est la formation que Guruji nous a donnée; il n'a jamais accordé la première place aux affaires externes de la vie ni au développement de l'organisation.

Combien de fois, alors que l'un de nous se hasardait à aborder un problème en particulier, le conseil du Maître se résumait simplement à ceci : « Fais de ton mieux et remets tout le reste à Dieu » ou « Pense davantage à Dieu ». Plus votre esprit est tourné vers Dieu, plus il vous sera facile de faire face à toutes les expériences de la vie, qu'elles soient positives ou négatives.

À son retour de l'Inde en 1936, Guruji nous a dit : « Je ne cherche pas le pouvoir; je ne cherche rien, car j'ai tout donné à la Mère divine. J'ai jeté mes aspirations dans le feu d'un seul désir : contempler le visage de ma Mère divine. J'ai brûlé tous les désirs de moindre importance sur l'autel de mon cœur. Je ne cherche qu'à entrevoir Son visage, une lueur de cette puissante Lumière. »

C'est ainsi que Paramahansaji vivait et c'est l'idéal qu'il s'efforce encore de nous inculquer à tous. Il disait : « Je ne suis pas lié par ce corps. Un jour, lorsque

*Tu n'auras pas d'autres dieux*

mon corps n'existera plus, je serai heureux de pouvoir vous regarder depuis l'Esprit. Je pourrai voir comment vous progressez spirituellement et comment l'œuvre des Gurus gagne en ampleur. Je suis l'Esprit éternel, immortel et je vous couverai de mon regard avec un million d'yeux. »

Si, dès maintenant, vous vous cramponniez à cette seule pensée : « J'ai renoncé à toutes mes aspirations pour les remplacer par un désir unique pour la Mère divine » et que vous vous concentriez sans cesse sur cette pensée, vous découvririez que la vie prend une signification toute nouvelle et vous donne chaque jour la fraîcheur d'une nouvelle inspiration.

Gurudeva disait souvent : « Ce qui m'intéresse, c'est de m'efforcer d'éveiller dans chaque âme qui croise mon chemin le désir unique de communier avec Dieu. » C'est la signification de la réalisation du Soi : la capacité de communier directement avec Dieu. Cela peut se faire non pas en maintenant notre conscience toujours absorbée dans nos cinq sens qui perçoivent le monde extérieur, mais en débranchant les téléphones sensoriels et en apprenant à communier avec Dieu dans notre temple de silence intérieur.

Les Écritures disent : « Tu n'auras pas d'autre dieux devant Ma face (...) car Moi, l'Éternel, ton Dieu, Je suis un Dieu jaloux[1]. » Le Seigneur ne s'adressait pas seulement aux renonçants ; Il parlait à tout le genre humain, à tous Ses enfants. La signification de son message était tout à fait réaliste : « Mes chères âmes, Je vous ai donné la raison, l'intelligence, le discernement et la voix de la conscience pour que vous puissiez faire la différence entre le bien et le mal. J'ai tout fait pour

[1] Exode 20, 3-5

aider chacun d'entre vous à devenir un être heureux, un reflet de la divinité, de Mon image qui est en vous. Maintenant, vivez votre vie. Poursuivez vos objectifs, mais ne M'oubliez pas. Lorsque vous vous séparez de Moi, de Celui qui vous a donné la vie, qui a insufflé en vous des qualités divines, vous vous égarez. » Alors, Dieu n'a plus la première place dans votre vie et vous avez mis d'autres choses à ce qui était, en fait, *Sa* place.

Lorsque nous exprimons de la colère ou de l'avidité – ou tout autre trait de caractère que nous n'admirons pas chez les êtres humains – nous rejetons Dieu hors de nos vies. Mais lorsque nous faisons tout notre possible pour exprimer la Divinité cachée en nous, nous accordons à Dieu la première place. Ce n'est qu'à ce moment-là que l'homme réalise son propre Soi. Celui qui vit vraiment est celui qui s'éveille à l'aube, plein de vitalité et de joie de vivre, avec le désir de s'oublier lui-même et d'exprimer son Soi supérieur, qui est Dieu en lui. Jusqu'à ce qu'il y parvienne, il ne fait qu'exister.

Guruji a poursuivi en disant : « Le chemin qui mène à Dieu passe par la pratique continue de Sa présence, à chaque instant de votre existence, et par la pratique quotidienne de la méditation profonde. Quand avec les obus de votre désir ardent vous réussirez à briser les remparts du silence derrière lesquels Dieu se cache, l'Être divin sera prisonnier de votre cœur. »

## La valeur du silence

Dans nos ashrams, nous encourageons les fidèles à pratiquer le silence. C'est une partie vitale de notre *sadhana* ou quête divine ; parce que si nous n'apprenons pas à observer un peu de silence, nous ne saurons jamais réellement ce que signifie écouter la voix de

Dieu. Il est très difficile de connaître Dieu, à moins de mettre en place de bonnes habitudes ; or, apprendre à contrôler nos paroles est une habitude essentielle.

Guruji était complètement opposé aux commérages, et ne tolérait sous aucun prétexte. Il les considérait comme l'une des habitudes les plus pernicieuses, les plus cruelles à laquelle se laisse aller l'humanité. Il disait souvent aux personnes qui venaient le voir pour lui répéter des cancans : « J'ai entendu vos paroles malveillantes sur les autres. Maintenant, j'aimerais vous entendre parler en mal de vous-même. Faites-moi donc part de vos défauts, parce que vous en avez aussi. »

Guruji utilisait une jolie image : « Notre petite bouche est comme un canon et les paroles sont des munitions capables de détruire bien des choses. Ne parlez pas inutilement et pas avant d'être sûrs que vos paroles feront du bien. »

Le silence est une pratique observée par de nombreuses religions. En Inde, on l'appelle *mauna* et celui qui le pratique est un *muni*. Tout fidèle qui désire connaître Dieu devrait consacrer une partie de sa journée à développer cette merveilleuse qualité. Nous pouvons y arriver si nous le voulons vraiment.

Guruji disait : « Les grands hommes parlent très peu, mais lorsqu'ils le font, tout le monde les écoute. » C'est vrai ; vous ne rencontrerez jamais un grand homme qui soit très bavard. Il aura plutôt tendance à garder le silence, plus intéressé à écouter qu'à parler. Mais lorsqu'il parle, tout le monde l'écoute.

### Le yoga nous enseigne à nous transformer

Guruji a dit ensuite : « Vous ne devez jamais vous concentrer sur les erreurs des autres... "Ne jugez point,

*Rien que l'Amour*

afin que vous ne soyez point jugés"[1]. S'intéresser aux erreurs des autres alors que nous avons bien assez de nettoyage à faire dans notre propre demeure mentale est une illusion. Balayez d'abord devant votre porte. »

Le fidèle qui désire connaître Dieu devrait apprendre à être plus silencieux et à écouter la voix de l'Amour intérieur. Il devrait apprendre à vivre l'amour, à le pratiquer d'abord dans son cœur pour le manifester ensuite vers l'extérieur.

Combien de fois dans notre vie avons-nous blessé quelqu'un par nos paroles ou nos actions. C'est ce qui s'appelle de la cruauté mentale ; à bien des égards, cette cruauté est pire que la violence physique. Abstenez-vous de parler quand vous êtes d'humeur perfide. Il est préférable de rester « bouche cousue » si le cœur ne peut s'exprimer sans méchanceté. Le désir de blesser – son enfant, son conjoint, ses parents – est pure brutalité !

La science du yoga aide l'homme à surmonter ses faiblesses. Elle lui enseigne à changer ainsi qu'à modifier ses habitudes quotidiennes afin qu'il puisse devenir quelqu'un de meilleur et pas simplement « un ange dans la rue et un démon à la maison », c'est-à-dire quelqu'un qui s'exprime merveilleusement devant les autres, mais qui est bien différent chez lui. Le yoga enseigne l'introspection et, comme l'a dit le poète écossais Robert Burns, « le don de nous voir comme les autres nous voient[2]. » Le yoga nous donne ce pouvoir. Il apprend au fidèle à se voir lui-même comme les autres le voient et non comme il croit être : il y a une immense différence entre les deux.

---

[1] Matthieu 7, 1.
[2] « Oh, si quelque génie nous accordait le don de nous voir tels que les autres nous voient ! »

*Tu n'auras pas d'autres dieux*

« Comment suis-je ? Suis-je méchant ? Est-ce que je prends plaisir à blesser les gens, à dire du mal d'eux ? Si c'est le cas, il serait préférable que j'apprenne à vaincre ces vilaines habitudes. » Tel est le sens de l'introspection.

Le tout premier *sloka* de la Gita dit (d'une manière symbolique) : « Mes qualités et mes défauts sont rassemblés sur le champ de bataille de ma conscience. Comment la journée s'est-elle passée ? Qui fut le vainqueur[1] ? Ai-je gardé mon calme au milieu de la tourmente ? Mes paroles sont-elles restées aimables alors que j'aurais préféré dire quelque chose de méchant dans le but de blesser quelqu'un ? Ai-je été généreux ou ai-je pris le meilleur pour moi-même ? »

Vivez l'amour en vous. Quand vous êtes sur le point de faire ou de dire quelque chose de désagréable, imaginez que votre cœur est rempli d'amour. Exprimez-le ensuite extérieurement en faisant preuve de gentillesse.

Imaginez que vous êtes une fleur ; si vous cueillez une belle rose et que vous l'écrasez entre vos doigts, elle continue d'exhaler son doux parfum. C'est ainsi qu'un fidèle de Dieu devrait être. Peu importe s'il est malmené par la dureté des autres, il exhale la douce fragrance du pardon et de l'amabilité. C'est ainsi qu'était saint François. Tous les saints manifestent la

---

[1] Daya Mata utilise ici l'interprétation de Paramahansa Yogananda dans son livre *God Talks With Arjuna: The Bhagavad Gita,* à savoir que les guerriers dont il est question représentent les bonnes et les mauvaises tendances présentes en chaque être humain : « Rassemblées sur le champ sacré du corps – le lieu des bonnes et des mauvaises actions – qu'ont fait mes tendances opposées ? Quel côté a gagné aujourd'hui dans cette lutte incessante ? Tous mes enfants – les tendances malveillantes, séduisantes, maléfiques et les forces rivales que sont l'autodiscipline et le discernement – allons, dites-moi, comment se sont-ils comportés ? » (*Note de l'éditeur.*)

compassion et la bonté.

L'homme divin n'essaie pas de se justifier. Une grande paix descend sur une telle âme. Il est plus intéressé à savoir ce que Dieu pense de lui qu'à connaître l'opinion des autres. L'amour de Dieu vient en premier dans sa vie; il ne place aucun autre dieu avant Lui. Guruji disait: «Si le monde entier vous honore à l'exception de Dieu, vous êtes en fait très pauvre parce qu'un jour, quand le temps sera venu pour vous d'abandonner cette demeure charnelle, vous devrez tout quitter. Mais si vous avez l'approbation de Dieu, vous possédez tout, car vous emporterez Sa reconnaissance avec vous dans le grand au-delà.»

L'homme divin est soucieux de bien se conduire envers les autres. «Est-ce que je me conduis avec bonté? Est-ce que mes pensées sont aimables? Est-ce que je m'exprime gentiment? Est-ce que je fais du bien dans ce monde?» Il n'a pas besoin de devenir un grand maître pour pouvoir faire du bien. Peu importe où il se trouve ou qui il est, il désire uniquement faire le bien. Une telle personne est comme une fleur odorante: comme des abeilles, les fidèles se rassemblent autour d'elle.

Guruji utilisait aussi cette image: «Les mouches aiment s'agglutiner sur des choses répugnantes. L'abeille ne veut aller que là où elle peut butiner un doux nectar. Je n'aime pas voir les gens se conduire comme des mouches, se rassembler là où il y a de la laideur, des commérages, de la méchanceté, de la mesquinerie, de la haine, de la jalousie, de l'envie, du sectarisme et des préjugés. J'aimerais plutôt contempler un jardin où fleurissent les qualités odorantes de l'âme et vers lequel les abeilles humaines se sentent attirées pour butiner le miel divin de l'amour, de la compassion et de la bonté. »

Lorsque je parle ainsi, chacun de vous réagit positivement. Pourquoi ? Parce que ces paroles expriment la nature même de votre âme. Je ne fais que vous rappeler ce que vous êtes : des âmes faites à l'image du Bien-Aimé unique.

« Tu n'auras pas d'autres dieux devant ma face (...) car moi, l'Éternel, ton Dieu, je suis un Dieu jaloux. » Vous comprenez mieux maintenant ce que le Seigneur veut dire : lorsque nous faisons des choses divines, lorsque nous exprimons les qualités divines innées en chacun de nous, nous n'avons pas d'autres dieux – jalousie, avidité, colère, haine ou autre –, mais nous avons mis Dieu ainsi que Ses qualités et Ses idéaux à la première place dans nos vies.

## Une expérience avec la Mère divine

Ici, à Encinitas, le Maître a vécu quelque chose de magnifique. Voici ce qu'il nous a dit : « Pendant que les autres perdent leur temps, méditez ! Vous verrez qu'en méditation, ce Silence vous parlera. Appelez ma Mère de toute votre âme. Elle ne pourra plus Se dérober. "Sors du silence des cieux, sors de ta retraite du vallon de la montagne, apparais du tréfonds de mon âme secrète, sors de ma grotte de silence[1]". Je vois l'Esprit divin se manifester partout sous l'aspect de la Mère. Si on congèle de l'eau, elle se transforme en glace. De même, l'Esprit invisible peut se figer et prendre forme sous l'effet du gel de ma dévotion. Si seulement vous pouviez voir les yeux ravissants de la Mère que j'ai contemplés la nuit dernière. Mon cœur

---
[1] Extrait de *Cosmic Chants* de Paramahansa Yogananda.

est rempli d'une joie éternelle. La petite coupe de mon cœur ne peut contenir tout le bonheur et tout l'amour que j'ai contemplés dans ces yeux qui me regardaient et qui parfois me souriaient. Je lui ai dit : "Oh ! Et les gens disent que Tu es irréelle !" La Mère divine a souri et je lui ai dit : "C'est Toi qui es réelle, tout le reste est irréel." Et la Mère divine a souri à nouveau. Alors j'ai prié : "Ô Mère divine, puisses-Tu être réelle pour tous." Et j'ai écrit Son nom sur le front des quelques disciples qui se trouvaient là. Satan ne pourra jamais s'approprier leurs vies. »

Certains se demandent peut-être pourquoi Guruji parlait de Dieu en tant que Mère divine. Il faisait tantôt référence à Dieu comme étant le Père et tantôt comme étant la Mère. Dans un sens absolu, Dieu n'a pas de forme, mais le fidèle peut choisir de L'adorer sous tout aspect qui lui paraît approprié. Parfois, nous aimons penser à Lui en tant qu'Esprit absolu, mais la plupart du temps, l'être humain préfère Le concevoir sous une forme physique. Durant de nombreuses vies, nous avons été revêtus d'une forme physique et c'est pour cette raison que nous ne pouvons nous empêcher de penser à Dieu comme revêtu lui aussi d'une forme qui nous est familière. Depuis la nuit des temps, l'homme a confiné l'Absolu sous une image quelconque. Ce n'est pas de l'idolâtrie. Nous reconnaissons la Conscience christique dans la magnifique apparence de Jésus, mais l'Infini ne se limite pas à cette seule forme. Comment se fait-il qu'en contemplant une image de Jésus, nombre d'entre nous ressentent une élévation de l'esprit ? Nous nous rappelons sa compassion et sa miséricorde, ainsi que son amour merveilleux pour l'humanité. Nous ne pourrions peut-être pas ressentir autant de ferveur sans regarder son image.

*Tu n'auras pas d'autres dieux*

Guruji a dit ensuite: «Jour et nuit, je ressens une telle joie! Mes jours se confondent avec mes nuits et j'oublie complètement le temps. Je n'ai plus besoin de méditer maintenant, car l'Objet de ma méditation ne fait plus qu'un avec moi. Parfois je respire, parfois non. Parfois mon cœur bat, parfois non. Je constate que j'ai tout abandonné à l'exception de cette conscience unique. Que cette machine physique fonctionne ou non, je contemple cette lumière divine grandiose. Ma joie est si grande.» C'est là le but suprême que touchent tous ceux qui ont communié avec Dieu. Ils réalisent que bien qu'ils résident dans des corps, leur conscience s'agrandit bien au-delà de toute forme.

Pour conclure, laissez-moi vous lire cette pensée de Guruji: «Même si Dieu vous envoyait dix mille Jésus-Christ pour vous sauver, vous ne pouvez être sauvés sans faire d'effort vous-mêmes. Aucune grande âme ne peut vous aider à moins que vous ne vous aidiez vous-mêmes. La loi divine n'a pas de restrictions. Vous êtes déjà l'enfant de Dieu. Faites les efforts nécessaires, ayez une bonne connaissance de la loi divine et méditez quotidiennement; vous atteindrez votre but divin. Méditez matin et soir. Approfondissez toujours plus votre méditation. Méditez le soir, jusqu'à une heure avancée de la nuit. Ne croyez pas que vous ayez besoin de tant de sommeil.» C'est la vérité. Tous ceux d'entre vous qui ont médité très profondément savent que dans la méditation profonde, le corps et l'esprit bénéficient d'un repos complet, bien plus régénérateur que celui que vous pouvez trouver dans le royaume subconscient du sommeil. Lorsque nous dormons, nous rêvons, nous ne trouvons pas toujours le repos du corps ou de l'esprit. Mais lorsque nous méditons profondément, le corps et l'esprit entrent dans un état de tranquillité absolue, de paix totale.

Si vous voulez réellement connaître Dieu, vous devez vous immerger profondément dans le désir de Dieu. Aimez-Le de tout votre cœur. Donnez-Lui la preuve que c'est Lui que vous voulez, rien de moins. Cherchez Dieu, car tant que vous ignorez que vous ne faites qu'un avec Lui, vous serez limités par ce monde de dualité, ce monde de souffrance. Dieu n'est pas la cause de cette souffrance. Nous faisons partie de Dieu, nous sommes une parcelle de Lui, et nous ne serons jamais heureux tant que nous n'aurons pas compris cette vérité. Nous souffrons parce que nous nous sommes éloignés de Lui. Nous ressentons solitude et insécurité ; nous tremblons lorsqu'il arrive quelque chose à cette forme mortelle, parce que nous ne voyons pas le cercle ininterrompu de notre existence, qui est infinie. Toutes nos souffrances proviennent du fait que nous croyons être cette forme physique. Que notre souffrance provienne de la peur de la pauvreté, de la maladie ou de l'inconnu, elle est le résultat de notre ignorance de Dieu.

Lorsque nous commençons à réaliser que nous sommes l'âme immortelle, nous savons que le feu ne peut nous brûler, ni l'eau nous noyer, ni les balles nous tuer[1]. C'est en cela que consistent le yoga et la religion : aider l'homme à réaliser sa nature immortelle, éternelle et indestructible. La vérité est merveilleuse. Vous pouvez en discuter inlassablement, tout comme vous pouvez la résumer en quelques mots seulement : la Vérité est ce qui aide et encourage chaque être

---

[1] « Nulle arme ne peut transpercer l'âme, nul feu ne peut la brûler, nulle eau ne peut la mouiller et nul vent ne peut la dessécher » (Bhagavad Gita II : 23). (D'après la traduction anglaise de Paramahansa Yogananda dans *God Talks With Arjuna: The Bhagavad Gita.*)

humain à retourner vers Dieu.

Dieu n'a pas de préférés. Il aime chacun d'entre nous comme Il aime Ses plus grands saints. La seule différence entre les hommes ordinaires et les saints, c'est que ces derniers n'ont jamais cessé d'essayer. Chaque fois qu'ils sont tombés, ils se sont relevés en disant : « Qu'importe, je persisterai. Je suis déterminé à trouver la Vérité, l'Amour, la Sagesse. Je suis déterminé à trouver Dieu. »

Cela doit être également votre but. Vous n'aurez pas d'autres dieux. Alors que vous cherchez Dieu en vous, exprimez cette recherche extérieurement en Le servant chaque jour de votre vie, chaque fois que l'occasion s'en présente.

Souvenez-vous que Dieu est aussi proche que vos pensées Lui permettent de l'être. Il est omniprésent. Si en ce moment-même vous acceptez qu'Il soit avec vous, juste derrière vos yeux fermés, vous sentirez Sa proximité. Méditez là-dessus et vous verrez que cela se réalisera dans votre vie.

# Apprentissage avec mon guru, Paramahansa Yogananda

*Souvenirs extraits de conférences données en Inde et en Amérique*

Le cœur humain aspire à l'amour. Et toutes les formes d'amour humain – entre parents et enfants, entre mari et femme, entre maître et serviteur, entre amis, entre guru et disciple – proviennent de l'Amour unique, qui est Dieu.

Le cœur humain recherche également le bonheur. C'est le but de la vie. On peut dire : « Mon but est de réussir dans les affaires » ou « mon objectif est de composer de merveilleuses musiques »; cependant, en satisfaisant chacun de nos désirs, nous espérons, même inconsciemment, atteindre le bonheur. Le désir d'être heureux, d'aimer et d'être aimé est la force qui agit à l'arrière-plan de toutes nos actions et de toutes nos ambitions.

Les sages de l'Inde nous ont enseigné que Dieu est vie éternelle, omniscience, béatitude toujours renouvelée. Ils nous disent que le bonheur que nous recherchons, la joie qui durera pour toujours et qui ne se ternira jamais, se trouve en Dieu. Mais où est-Il? Son image divine est en chaque être humain en tant qu'âme. Nous ne connaissons pas cette paix divine de la réalisation de l'âme, parce que nous avons dirigé notre attention et notre recherche vers les choses de ce monde. Nous devrions nous rappeler que le bonheur accessible sur terre est conditionnel et éphémère.

Seule la Béatitude de Dieu est éternelle.

L'amour et le bonheur sous leurs formes les plus pures ne peuvent se trouver qu'en Dieu. Hélas, nous les cherchons partout ailleurs. Ce n'est que lorsque nous sommes confrontés à de graves épreuves et à de grandes souffrances que nous commençons à penser à Dieu et à consacrer un peu de notre temps à L'adorer, en prière ou *puja* ou en répétant un mantra. Mais il arrive un moment où ces pratiques extérieures ne nous satisfont plus. Si notre esprit vagabonde ici et là, la prière est inefficace et la répétition de mantras ou la pratique du *japa* ne nous apportent pas la réponse de Dieu dont notre âme se languit.

## Seule l'expérience personnelle nous permet de connaître Dieu

Il existe un fruit très sucré, le chérimolier, de forme ronde, à la peau verte et dont l'intérieur est constitué d'une pulpe blanche et tendre, parsemée de grosses graines noires. Je viens de vous décrire ce fruit, mais savez-vous réellement ce qu'il est et en connaissez-vous le goût ? Si vous n'avez entendu que ma description, sans avoir vu ni mangé ce fruit, la réponse est non.

Il en est ainsi du Seigneur. Les saints et les *rishis*[1] ont décrit leurs expériences de Dieu, mais la simple lecture de leurs récits ne sera pas suffisante pour Le connaître. Nous ne pouvons pas réaliser Dieu simplement par les descriptions qu'en font les autres. Nous devons ressentir nous-mêmes Sa présence dans cet état d'extase sublime qui est induit par la méditation profonde et prolongée.

---

[1] Les sages qui ont réalisé l'union avec Dieu.

*Rien que l'Amour*

L'homme ordinaire est toujours tellement absorbé par ses soucis, ses responsabilités, ses désirs et plaisirs terrestres qu'il ne tourne jamais son esprit vers Dieu. Et même s'il se réserve un peu de temps chaque jour pour accorder son attention au Seigneur et chercher la paix intérieure, il n'a aucun succès dans sa méditation, parce qu'il ne médite pas assez profondément.

## Toute dévotion offerte au guru est offerte à Dieu

Il est nécessaire d'avoir un guru pour suivre une *sadhana*. L'esprit d'un véritable guru est toujours ancré et absorbé dans le Bien-Aimé cosmique. Qu'il suive la voie du *Raja*, du *Jnana*, du *Karma* ou du *Bhakti Yoga*[1], sa conscience est unie à Dieu. Toute dévotion que le guru reçoit de ses disciples, il l'offre au Seigneur. Il canalise l'esprit du fidèle vers le Père céleste et non sur sa propre personne.

Mon divin Guru, Paramahansa Yogananda, était un de ces grands maîtres. Il ne souhaitait pas que ses disciples s'attachent à lui ou qu'ils dépendent de lui. Son seul désir était que nous aimions et cherchions le Seigneur. Il nous incitait toujours à tourner nos pensées vers Dieu et nous apprenait à harmoniser jour et nuit notre esprit avec Lui. Chaque fois que Gurudeva se rendait compte que notre esprit était distrait par quelque chose d'extérieur, il nous réprimandait. Il nous a enseigné de toujours garder nos esprits dans l'ivresse de la pensée de Dieu, nos lèvres ne parlant que de Lui, nos cœurs ne chantant que Ses louanges. Nous avions en Gurudeva un exemple véritable de ce qu'était un

---

[1] Les diverses voies qui conduisent à Dieu, respectivement la voie « royale », la voie du discernement, la voie du service et la voie de la dévotion.

## Une expérience de nirbikalpa samadhi

être humain complètement absorbé en Dieu.

Guruji vécut la dernière partie de sa vie dans un état d'extase divine constante, appelé *nirbikalpa samadhi*[1], qui débuta en juin 1948. J'eus le privilège, ainsi que quelques autres disciples, d'être présente au moment où il entra dans cet état. C'était en début de soirée et il nous avait demandé de venir dans sa chambre. Il était assis dans un grand fauteuil et il s'apprêtait à manger une mangue. Son esprit fut soudain absorbé dans une extase intérieure ; il demeura en *samadhi* toute la nuit. Ce fut une expérience extraordinaire et transformatrice pour tous ceux qui étaient présents. Bien entendu, nous l'avions déjà vu en *samadhi* auparavant, mais un grand miracle se produisit durant cette expérience particulière : Gurudeva posa des questions à la Mère divine, qui prit sa voix pour y répondre. Nombre de prédictions qu'Elle fit cette nuit-là à travers la voix de Guruji sur la situation mondiale et la propagation du message de la Self-Realization se sont accomplies depuis lors.

J'avais souvent « douté comme saint Thomas », exigeant des preuves certaines de l'existence de Dieu. Cette nuit-là, mon scepticisme disparût à tout jamais.

---

[1] Le *samadhi* est un état de béatitude superconsciente dans lequel un yogi perçoit l'unité de l'âme individualisée et de l'Esprit cosmique. Le *Nirbikalpa samadhi* est l'état d'extase le plus élevé que seuls les maîtres les plus avancés connaissent. L'immobilité physique et l'état de transe qui caractérisent les états inférieurs du *samadhi* ne sont pas nécessaires dans l'état du *nirbikalpa*. Un maître qui se trouve dans l'état d'extase le plus élevé peut continuer à vaquer à ses occupations ordinaires, y compris les tâches les plus ardues, sans rien perdre de sa perception intérieure de Dieu.

Ma conscience brûlait d'amour et de désir pour le Bien-Aimé divin dont nous avions entendu la voix et ressenti l'amour à travers notre Guru béni.

Après ce *samadhi*, Guruji nous dit : « J'ignore ce que la Mère divine fera de ma vie. Soit Elle me fera quitter cette terre, soit Elle veut que je cesse le travail de l'organisation et reste à l'écart, dans la solitude. » Guruji se retira dans une retraite au désert et, à partir de ce temps-là, il vécut principalement dans la solitude, se consacrant à la méditation et à l'écriture.

## Les derniers jours avec le Guru

Durant la dernière semaine de février 1952, alors qu'il était dans le désert, Guruji reçut une invitation à prononcer un discours à Los Angeles à l'occasion d'une réception donnée en l'honneur de l'ambassadeur de l'Inde, Sri Binay Ranjan Sen. Gurudeva revint au siège international de Los Angeles le 1er mars. Le 3 mars, sur ses directives, nous consacrâmes de nombreuses heures à préparer des plats sucrés et des currys indiens pour l'ambassadeur, qui devait être notre invité le lendemain au siège international de la Self-Realization Fellowship.

Tard dans la nuit, alors que les préparatifs étaient presque terminés, notre Maître béni m'invita à me rendre avec lui dans le hall. Il fit une pause, s'assit près de la photo de son guru, Swami Sri Yukteswar et se mit à parler avec beaucoup d'amour de cette grande âme qui avait guidé ses pas jusqu'à Dieu.

Il me dit ensuite : « Réalises-tu que ce n'est qu'une question d'heures avant que je quitte ce corps ? » En entendant ses paroles, une grande tristesse me perça le cœur. Peu de temps auparavant, lorsque Gurudeva avait dit qu'il quitterait bientôt son corps, je lui avais

*Apprentissage avec mon guru, Paramahansa Yogananda*

demandé : « Maître, qu'allons-nous devenir sans vous ? Vous êtes le diamant enchâssé dans la bague de nos cœurs et de votre organisation. Quelle est la valeur de la monture sans la beauté du diamant ? » La réponse du grand *bhakta*[1] ne se fit pas attendre : « Rappelle-toi ceci : lorsque je serai parti, seul l'amour pourra prendre ma place. Absorbe-toi jour et nuit dans l'amour de Dieu et offre cet amour à tout le monde. »

Faute d'aimer de la sorte, le monde s'est empli de souffrances.

Le dernier jour (le 7 mars), lorsque j'entrai dans la chambre du Maître, il était assis très paisiblement dans la posture du lotus dans son fauteuil inclinable. Alors que je m'approchai de lui, il mit ses doigts sur ses lèvres, m'indiquant ainsi qu'il souhaitait que le silence soit observé. Son esprit était très intériorisé, absorbé en Dieu. Une puissante vibration divine de paix et d'amour emplissait la chambre. Dans la soirée, il se rendit à l'Hôtel Biltmore où devait avoir lieu la réception donnée en l'honneur de l'Ambassadeur. Ce soir-là, Guruji parla avec une telle ferveur paisible de l'amour pour Dieu que l'assistance entière fut élevée à un niveau de conscience supérieur. Les personnes présentes n'avaient certainement jamais entendu quelqu'un parler si intimement de la présence du Seigneur.

De nombreuses années auparavant, le Maître avait prédit : « Lorsque je quitterai ce corps, ce sera en parlant de Dieu et de mon Inde bien-aimée. » Et il en fut ainsi en cette dernière soirée où les derniers mots de notre Guru sur cette terre furent pour Dieu et pour l'Inde. Il cita son poème « Mon Inde » : « Là où le Gange, les forêts, les grottes de l'Himalaya et les hommes rêvent

---

[1] Fidèle de Dieu.

de Dieu, – je suis sanctifié ; mon corps a foulé ce sol. »
À ces mots, il leva son regard au centre du *kutastha*[1]
et glissa lentement au sol.

Aussitôt, plusieurs d'entre nous se précipitèrent
autour de lui. Il nous avait appris à chanter *Aum* à son
oreille afin de le sortir du *samadhi* ; nous nous penchâmes, Ananda Mata[2] et moi, sur notre divin Guru
en entonnant l'*Aum*. Tandis que je chantais ainsi, un
sentiment de joie et de paix extraordinaire m'envahit
soudain ; je sentis une force spirituelle extraordinaire
entrer dans mon corps. La bénédiction que je reçus ce
soir-là ne m'a jamais quittée depuis.

Le disciple doit s'efforcer de conserver une harmonie mentale et spirituelle avec son guru. La puissance de la bénédiction d'un guru qui a réalisé Dieu
est incomparable.

## Suivez la sadhana de votre guru

La *sadhana* enseignée par notre gurudeva,
Paramahansa Yogananda, nous apprend comment
mettre en pratique la « voie octuple du yoga » décrite
par le sage Patanjali. La première étape est le *yama-niyama*, les préceptes moraux et spirituels que les
hommes doivent suivre afin de mener une vie en
harmonie avec la loi divine. Ensuite vient l'*asana*,
ou posture correcte pour la méditation, avec la colonne vertébrale bien droite. La posture correcte est

---

[1] Le centre de la perception divine ou centre de la Conscience christique, situé entre les sourcils.
[2] Fidèle disciple de Paramahansa Yogananda depuis 1931 et sœur de Sri Daya Mata. Ananda Mata entra à l'ashram en 1933 à l'âge de dix-sept ans. Elle y occupa de hautes responsabilités et fut membre du Conseil d'administration de la SRF/YSS jusqu'à son décès en 2005.

importante pour empêcher le corps de distraire l'esprit alors qu'il cherche à se diriger vers Dieu.

L'étape suivante est le *pranayama*, ou contrôle de l'énergie vitale, nécessaire pour éviter que la respiration ne maintienne la conscience attachée au corps. Ensuite, l'intériorisation de l'esprit ou *pratyahara* nous libère des distractions terrestres qui nous parviennent à travers les cinq sens. Nous sommes alors prêts à pratiquer la concentration et la méditation, *dharana* et *dhyana*, qui conduisent au *samadhi*; l'expérience superconsciente de l'unité avec Dieu.

Le Seigneur n'a pas de préférés. Il nous aime tous de manière égale. Le soleil brille autant sur un morceau de charbon que sur un diamant, mais le diamant reçoit la lumière et la reflète. La plupart des gens ont une mentalité de «charbon»; c'est la raison pour laquelle ils pensent que Dieu ne les bénit pas. L'amour et les bénédictions sont bien là; l'homme n'a qu'à les accueillir. Grâce à la *bhakti*, il peut transformer sa conscience en une mentalité de diamant pour recevoir et refléter pleinement l'amour et la grâce de Dieu. C'est alors qu'il trouvera paix et satisfaction dans sa vie. Il suffit d'un peu de méditation et d'amour sincère envers notre Créateur divin pour apporter la paix dans le cœur des hommes. Alors, les conditions de l'existence terrestre s'amélioreront vraiment.

En offrant au guru la dévotion de nos cœurs et en recevant en retour son amour divin et inconditionnel ainsi que son amitié, nous apprenons ce que signifie aimer véritablement Dieu. Le guru éveille en nous l'amour véritable pour Dieu et nous apprend à L'aimer.

# La voie de la dévotion

*Siège international de la Self-Realization Fellowship,
Los Angeles, Californie, 13 avril 1965*

La dévotion est la façon la plus simple de trouver Dieu. Toute personne qui cherche un moyen facile d'y arriver devrait faire en sorte d'accroître principalement cette qualité, tout en développant parallèlement sa capacité de discernement. Notre Guru, Paramahansa Yogananda, a défini un jour le discernement: c'est apprendre à faire ce que nous devons faire quand nous devons le faire.

Le discernement spirituel maintient nos pensées concentrées sur un seul objet. Cette qualité nous amène à nous demander à chaque fois que nous agissons: «Est-ce que cette action m'apportera une plus grande conscience de Dieu?» Elle nous permet également de dire «*neti, neti* (pas ceci, pas cela)» aux actions qui ne nous conduiront pas jusqu'à Lui et de prendre la ferme résolution de les éviter. Quant aux actes que notre discernement nous dit conduire à Dieu, nous pouvons dire: «Je les accomplirai fidèlement.» Si vous suivez ces deux principes de base, à savoir la dévotion plus le discernement, vous découvrirez qu'ils sont le moyen le plus simple de connaître Dieu. Bien entendu, lorsque je parle de «dévotion», cela inclut la pratique des techniques de méditation que nous a données notre guru.

Quelle est la manière la plus simple de gagner la confiance des autres? Ce n'est pas par la raison, mais par l'amour. Il est donc logique que le meilleur moyen

*La voie de la dévotion*

de conquérir notre Ami divin soit par l'amour. C'est l'amour que je cherchais dans ce monde. J'ai vécu pour l'amour. Mais j'aspirais à un amour parfait et j'ai compris que nous n'avons pas le droit d'espérer trouver un amour de ce genre chez les êtres humains, parce qu'ils sont eux-mêmes imparfaits. Un des problèmes actuel de notre monde, c'est que les maris et les femmes, comme aussi les enfants et les familles, se plaignent de ne pas recevoir assez d'amour les uns des autres. Ils n'arrivent pas à comprendre que s'ils veulent de l'amour, il faut d'abord qu'ils en *donnent*. Vous ne pouvez pas obtenir l'amour uniquement en le réclamant. Il faut d'abord donner pour ensuite recevoir.

Et si vous désirez Dieu, vous devez tout d'abord L'aimer. En retour, vous recevrez une telle abondance que vous ne pleurerez jamais plus pour recevoir l'amour imparfait qui vient du monde.

Chaque fois que je lisais quelque chose sur l'amour idéal entre amis, entre parents et enfants ou entre conjoints, je pensais : « Seigneur bien-aimé, si ces relations humaines peuvent être si belles, ô combien plus belle encore doit être la relation avec Toi, qui est à la source de toutes ces formes d'amour ! » Cette pensée est tellement édifiante et encourageante ! Mais vous ne pouvez atteindre Dieu simplement en raisonnant sur Ses qualités ; vous devez vous efforcer de les ressentir, de vous concentrer sur elles, de méditer sur Sa nature jusqu'à ce que les attributs que manifeste le Seigneur deviennent partie intégrante de votre expérience personnelle. Pour connaître Dieu en tant qu'amour, choisissez une pensée qui éveille tout particulièrement de la dévotion en vous et concentrez-vous longuement sur elle pendant une méditation profonde afin d'accroître la profondeur de votre sentiment.

## Votre dévotion ne devrait être que pour Dieu, pas pour impressionner les autres

Le fidèle qui suit la voie de la *bhakti*, ou dévotion, peut passer par des stades passagers de forte émotivité. Mais si sa sincérité est profonde, cette ferveur superficielle disparaîtra petit à petit pour faire place à un profond état intérieur de conscience dévotionnelle. Vous l'avez lu dans la vie de nombreux saints qui ont suivi la voie de la *bhakti*. Ils traversent une période de grande émotivité : les larmes coulent à flots et parfois le fidèle perd même conscience. Mais s'il persévère et s'il est vraiment sincère, sans essayer d'impressionner les autres, progressivement son esprit s'absorbera tant intérieurement que ses sentiments ne se manifesteront presque plus extérieurement.

Certains chercheurs spirituels qui éprouvent un peu de ferveur l'expriment de manière excessive en présence des autres avec le désir conscient ou inconscient de les impressionner. Ils perdent tout sentiment authentique de dévotion en l'exhibant extérieurement. Quand un fidèle traverse ce stade émotionnel initial, il devrait se demander : « Suis-je sincère ? » Souvenez-vous en toujours. Le fidèle devrait s'analyser en toute honnêteté : « Suis-je en train d'essayer d'impressionner quelqu'un ? Mon émotion envers Dieu est-elle aussi forte lorsque je suis seul et que personne ne peut me voir que lorsque je suis en présence de quelqu'un ? » La première chose qu'il se doit de faire est d'être honnête avec lui-même. S'il se rend compte que ses sentiments sont tout aussi profonds et que ses larmes coulent aussi abondamment lorsqu'il est seul, alors sa dévotion est sur la bonne voie. Par contre, s'il se rend compte que son émotion s'amplifie en présence de quelqu'un,

*La voie de la dévotion*

il devrait s'isoler mentalement et se demander si, en réalité, il n'espère pas plutôt impressionner son entourage avec « ses grands progrès spirituels ». S'il s'aperçoit qu'il en est ainsi, il devrait s'empresser de prier Dieu intensément : « Ô, Seigneur, ne permets pas que je profane cette étincelle de dévotion que je ressens pour Toi ! Aide-moi à éliminer cette démonstration extérieure afin que personne ne puisse voir mon amour pour Toi. Permets-moi de conserver cet amour caché, car c'est quelque chose de sacré entre Toi et moi. » Il devrait ainsi inverser le cours extérieur de ses pensées et de ses sentiments et les tourner vers l'intérieur.

Lorsqu'un fidèle aime sincèrement Dieu, quand sa dévotion devient profonde et pure, il oublie le monde. Il ne se soucie plus de savoir si on le prend pour un fou ou pour un saint, si on l'accepte ou si on le rejette. Il désire uniquement ressentir l'amour de Dieu et s'en imprégner. Dans cet état de conscience, quand ses larmes coulent parfois sur ses joues, s'il arrive que son esprit se tourne vers l'extérieur pour un moment, son seul désir est que personne ne voie ses larmes, sauf Dieu. Il peut alors être certain qu'il est sur la bonne voie et que, petit à petit, sa ferveur deviendra plus profonde, plus recueillie, plus intérieure ; mais malgré cela, elle peut de temps à autre se manifester extérieurement.

### Le but suprême de l'être humain est la félicité

L'homme est à la fois un être rationnel et un être aimant. La raison et le sentiment habitent tous deux dans son âme et chacun d'eux captive son attention. Je me rappelle ce que notre Guru nous dit un jour : « Quand je suis dans l'état de sagesse, la raison prédomine et je ne suis pas conscient de ma dévotion. En

*Rien que l'Amour*

revanche, quand je suis dans un état dévotionnel, ce dernier l'emporte et je suis moins conscient de la raison. » Mais tous deux, l'amour comme la sagesse, permettent d'accéder à cette extase divine qui est proche de l'ivresse.

Tout être humain cherche la béatitude ; c'est le but unique de la vie. C'est la nature de Dieu : une félicité éternellement existante, éternellement renouvelée et éternellement consciente. C'est également la nature de l'âme. On peut dire que l'on recherche différentes choses mais, parmi celles-ci, la seule qu'on désire ardemment et qui est le point culminant de notre quête, c'est l'expérience de la joie, celle qui est béatitude. Si on cherche l'amour, ce n'est pas que l'on aspire à la tristesse ; on veut jouir de la joie d'être aimé. Si on cherche la sagesse, ce n'est pas pour se limiter ; on aspire à la joie enivrante qui émane de l'omniscience. Pourquoi cherche-t-on de l'or ? L'or ou l'argent n'ont aucune signification en soi. On les recherche pour la joie qui découle de la possession de tout ce qu'on désire. Lorsque l'on veut la notoriété, c'est pour la joie de se dire « Je suis tout puissant » ou « Je suis éternel ». Le but ultime de toute quête humaine est la béatitude.

La nature de l'âme est la puissance, la félicité, l'amour, la conscience éternelle, l'omniscience et l'omniprésence. Nous tentons donc de faire l'expérience des qualités qui sont notre véritable nature dans tout ce que nous recherchons dans le monde. Examinons ce point : que représente la célébrité sinon un désir d'immortalité, le désir d'être connu pendant notre existence sur cette terre pour survivre dans la mémoire des autres après notre mort. On court après ces buts parce qu'inconsciemment on essaie de ressentir la nature de l'âme.

*La voie de la dévotion*

Il faut dès lors nous pardonner notre quête frénétique de satisfactions dans la vie matérielle. Il n'est pas mauvais en soi de rechercher la satisfaction, mais c'est la façon de s'y prendre qui est souvent mauvaise. Ce qui est éternel ne peut se trouver dans ce qui est temporel.

Il n'existe qu'un moyen d'obtenir la satisfaction absolue. Le Christ le savait. C'est pourquoi il a dit : « Cherchez premièrement le royaume et la justice de Dieu, et toutes ces choses vous seront données par-dessus. » Si vous cherchez Dieu, vous trouverez en Lui tout ce que vous avez toujours désiré. Vous réaliserez la satisfaction en Celui qui est éternel, car vous trouverez votre Soi éternel.

# Une bénédiction du Mahavatar Babaji

*Ashram de la Self-Realization Fellowship,
Encinitas, Californie, 24 août 1965*

Au cours d'une visite dans les ashrams de Paramahansa Yogananda en Inde (d'octobre 1963 à mai 1964), Sri Daya Mata entreprit un pèlerinage sacré vers une grotte de l'Himalaya, un site qui avait été sanctifié par la présence physique du Mahavatar Babaji[1]. À la suite de ce pèlerinage, Daya Mata refusa pendant un certain temps de parler en public de l'expérience qu'elle avait vécue. Cependant, lors de ce *satsanga* à Encinitas, un fidèle lui demanda de raconter sa visite à la grotte de Babaji et la Volonté divine l'incita à répondre. Ce qui suit est le compte-rendu de cet événement, destiné à être une grande source d'inspiration pour nous tous.

---

[1] Le Guru suprême dans la lignée des maîtres réalisés en Dieu, qui assume la responsabilité du bien-être spirituel de tous les membres de la Self-Realization Fellowship (Yogoda Satsanga Society of India) qui pratiquent fidèlement le *Kriya Yoga*.

La grotte où Daya Mata se rendit en pèlerinage est celle dans laquelle vivait le Mahavatar lorsqu'il conféra en 1861 le rite sacré du *Kriya Yoga* à son grand disciple Lahiri Mahasaya. Le merveilleux récit de leur rencontre, tel que Lahiri Mahasaya le raconta, a été relaté par Paramahansa Yogananda au chapitre 34 de *Autobiographie d'un Yogi* : « Un après-midi, lors d'une de mes excursions, j'entendis avec étonnement une voix très lointaine qui m'appelait par mon nom. Je poursuivis ma vigoureuse ascension dans la montagne... J'atteignis finalement une petite clairière dont les côtés étaient pourvus de grottes. Un jeune homme souriant se tenait sur l'une des corniches rocheuses ; il tendait la main vers moi en signe de bienven... "Lahiri, tu es venu ! Repose-toi ici dans cette grotte. C'est moi qui t'ai appelé". » Le récit continue avec la description que fit Lahiri Mahasaya des circonstances exceptionnelles dans lesquelles il reçut du Mahavatar la *diksha* sacrée (initiation au *Kriya Yoga*).

*Une bénédiction du Mahavatar Babaji*

Paramahansa Yogananda et Mahavatar Babaji étaient unis par un lien très étroit. Gurudeva parlait souvent de Babaji et de cette occasion où le Mahavatar lui était apparu à Calcutta, peu avant qu'il ne quitte l'Inde pour venir aux Etats-Unis[1]. Chaque fois que le Maître parlait du grand avatar[2], il le faisait avec une telle dévotion, un tel sentiment de vénération, qu'il faisait naître en nous une ardente nostalgie et que nous sentions nos cœurs se gonfler d'amour divin. J'avais parfois l'impression que mon cœur allait éclater.

Après le décès de Guruji, la pensée de Babaji continuait de hanter ma conscience. Je me demandais pourquoi, malgré le sentiment profond d'amour et de vénération à l'égard de nos autres *paramgurus*[3] bien-aimés, mon cœur était particulièrement attiré par Babaji ; je n'avais pas conscience d'avoir reçu de grâce spéciale qui aurait pu éveiller en moi ce sentiment d'étroite proximité. Me considérant totalement indigne, je n'avais jamais espéré faire l'expérience personnelle de la sainte présence de Babaji. Je pensais que cette bénédiction pourrait peut-être m'être accordée dans une vie future. Je n'ai jamais réclamé ni recherché d'expériences spirituelles. Je souhaite seulement aimer Dieu et ressentir Son amour. Mon bonheur vient du fait de L'aimer ; je ne veux aucune autre gratification de la vie.

Lors de notre dernier voyage en Inde, deux des

---

[1] Voir *Autobiographie d'un Yogi*, chapitre 37.
[2] Une incarnation divine ; une âme qui est volontairement retournée sur terre afin d'aider l'humanité après avoir elle-même atteint la libération et l'identification totale avec l'Esprit.
[3] Un *paramguru* est le guru d'un guru ; c'est une référence à la lignée sacrée des Gurus de la Self-Realization Fellowship : Mahavatar Babaji, Lahiri Mahasaya, Swami Sri Yukteswar et Paramahansa Yogananda.

*Rien que l'Amour*

fidèles[1] qui m'accompagnaient exprimèrent le souhait de visiter la grotte de Babaji. Tout d'abord, je ne ressentis aucun désir personnel particulier d'effectuer cette visite, mais nous nous renseignâmes sur les possibilités pour s'y rendre. La grotte est située au pied des montagnes de l'Himalaya, au-delà de Raniket, près de la frontière du Népal. Des représentants des autorités à Delhi nous avisèrent que les contrées à la frontière nord du pays étaient fermées aux étrangers ; pour cette raison, un tel voyage nous paraissait impossible. Je n'étais pas déçue. J'ai vu trop de miracles pour douter du pouvoir de la Mère divine lorsqu'Elle désire que quelque chose se réalise. Et si Elle ne voulait pas que ce voyage s'accomplisse, je ne voyais aucun intérêt pour ma part à l'entreprendre.

Un ou deux jours plus tard, Yogacharya Binay Narayan[2] m'annonça qu'il avait eu un contact avec le Premier ministre de l'Uttar Pradesh, l'État dans lequel se trouve la grotte de Babaji. Le Premier ministre avait octroyé à notre groupe une permission spéciale pour visiter la région. Nous fûmes prêts à partir en moins de deux jours. Nous ne disposions pas de vêtements chauds adaptés au climat plus froid des montagnes ; nous n'avions que nos saris de coton et nos *chuddars* (châles) de laine pour couvrir nos épaules. Dans notre enthousiasme, nous étions un peu téméraires !

Nous prîmes le train pour Lucknow, capitale de l'État de l'Uttar Pradesh. Nous arrivâmes à la résidence

---

[1] Ananda Mata (voir note de la page 210) et Uma Mata. Uma Mata est membre du Conseil d'administration de la Self-Realization Fellowship/Yogoda Satsanga Society of India.

[2] Connu plus tard sous le nom de Swami Shyamananda. Il était secrétaire général de la Yogoda Satsanga Society of India et conserva ce poste jusqu'à sa mort en 1971.

En profonde communion divine à la grotte du Mahavatar Babaji, dans l'Himalaya, près de Ranikhet, 1963

*« La voix du silence fit clairement entendre la présence de Dieu. Des vagues de réalisation déferlèrent dans ma conscience et les prières que je fis monter ce jour-là furent exaucées par la suite. »*

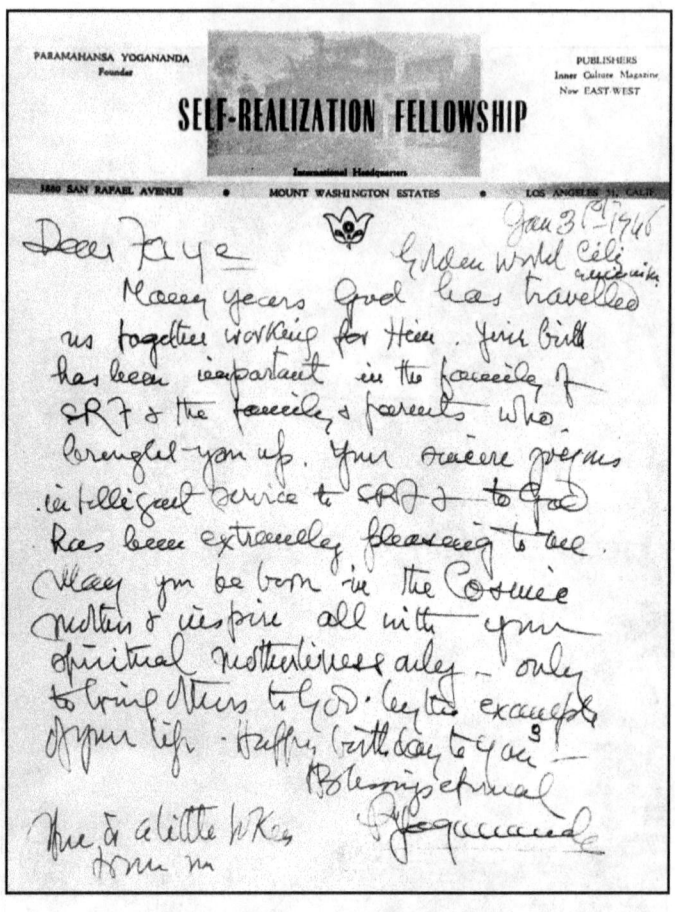

Lettre que Paramahansaji écrivit à Daya Mata
pour son anniversaire, le 31 janvier 1946

« Dieu nous a fait cheminer ensemble pendant de nombreuses années, travaillant pour Lui. Ta naissance fut un événement aussi important pour la famille de la SRF que pour la famille et les parents qui t'ont élevée. Le service que tu offres à la SRF et à Dieu avec joie, intelligence et sincérité m'a été très agréable. Puisses-tu renaître en la Mère cosmique et inspirer les autres, rien que par ton esprit maternel – dans l'unique but de les conduire à Dieu par l'exemple de ta vie. Bon anniversaire ! Avec mes bénédictions éternelles. »

*Une bénédiction du Mahavatar Babaji*

du gouverneur aux environs de huit heures du soir. Nous dînâmes avec lui, en compagnie du Premier ministre et d'autres invités. À dix heures, nous étions à nouveau à bord du train en direction de Katgodam, accompagnés par le Premier ministre. L'aube commençait à poindre lorsque nous arrivâmes à la petite gare. De là, nous dûmes encore faire un trajet en voiture jusqu'au village de montagne de Dwarahat, où il était possible pour des pèlerins comme nous de trouver à s'héberger.

## Une confirmation divine de Babaji

Pendant un moment, je demeurai assise toute seule sur un banc de la gare de Katgodam. Les autres disciples étaient sortis pour attendre les voitures. Avec un profond sentiment de dévotion, je pratiquai ce que l'on appelle en Inde le *Japa Yoga*, répétant inlassablement le nom de Dieu. Lors de cette pratique, la conscience entière s'absorbe progressivement dans une seule pensée à l'exclusion de toute autre. Je prononçais le nom de Babaji. Je ne pouvais penser qu'à lui. Mon cœur était plongé dans un ravissement indescriptible.

Subitement, je perdis toute notion de ce monde. Mon esprit se retira entièrement dans un autre état de conscience. Dans une extase remplie d'une joie si douce, je contemplai la présence de Babaji. Je compris alors ce qu'avait voulu dire sainte Thérèse d'Avila quand elle affirmait « avoir vu » le Christ sans forme : l'individualité de l'Esprit se manifestant en tant qu'âme, revêtue uniquement de l'essence et de la pensée de l'être. Cette « contemplation » est une perception plus éclatante et plus précise dans tous ses détails que les descriptions sommaires des formes matérielles

*Rien que l'Amour*

ou même des visions. Intérieurement, je m'inclinai et j'ôtai la poussière de ses pieds[1].

Le Maître avait dit à quelques-uns d'entre nous : « Vous n'aurez jamais à vous inquiéter de savoir qui dirigera notre organisation. Babaji a déjà choisi ceux qui sont destinés à remplir cette fonction. » Lorsque le Conseil d'administration me choisit, je lui demandai : « Pourquoi moi[2] ? » Je me retrouvais maintenant à implorer Babaji à ce même sujet : « Ils m'ont choisie, mais je n'en suis pas digne. Comment est-ce possible ? » Je sanglotais intérieurement à ses pieds.

Babaji me répondit avec une douceur infinie : « Mon enfant, tu ne dois pas douter de ton Guru. Il a dit la vérité. Ce qu'il t'a dit est vrai. » Au moment où Babaji prononçait ces mots, je fus submergée par une paix céleste. J'ignore combien de temps je demeurai ainsi, entièrement imprégnée de cette paix.

Je pris peu à peu conscience du retour du groupe. Lorsque j'ouvris les yeux, je perçus mon environnement sous un nouveau jour. Je me souviens m'être exclamée : « Bien sûr, je suis déjà venue ici auparavant ! »

---

[1] Une coutume hindoue, qui consiste à toucher les pieds d'un maître, puis à se toucher le front en signe d'humilité devant la grandeur spirituelle de ce maître. (Marc 5, 27-34).

[2] On posa un jour à Paramahansa Yogananda la question de la désignation des futurs présidents de la Self-Realization Fellowship/Yogoda Satsanga Society of India qui, en vertu de leurs fonctions, le représenteraient à la tête spirituelle de la SRF/YSS. Il répondit : « Il y aura toujours à la tête de cette organisation des hommes et des femmes qui sont réalisés en Dieu. Ils sont déjà connus de Dieu et des Gurus. »

Bien que Paramahansaji l'eût choisie et formée pour remplir son futur rôle spirituel, Daya Mataji, en son for intérieur, ne prit jamais cette nomination au pied de la lettre, pensant que, le moment venu, le Seigneur choisirait quelqu'un d'autre à sa place. Mais ni la volonté de Dieu, ni le désir exprimé par le Guru ne devaient être modifiés par cet espoir bien vain, venant de quelqu'un de si qualifié et dont la réticence était le fait de son humilité. (*Note de l'éditeur.*)

Tout me devenait instantanément familier, des souvenirs d'une vie antérieure refaisaient surface !

Les voitures qui devaient nous conduire dans la montagne étaient déjà là, prêtes à partir. Nous montâmes à bord et partîmes sur une route de montagne sinueuse. Chaque paysage, chaque scène que je contemplais, tout m'était familier. Après l'expérience de Katgodam, la présence de Babaji demeurait en moi avec une telle intensité que partout où je posais mon regard, il me semblait le voir. Nous fîmes une courte halte à Raniket où nous fûmes reçus par les autorités de la ville que le Premier ministre avait prévenues de notre visite.

Nous arrivâmes finalement au petit village retiré de Dwarahat, perché sur les hauteurs des contreforts de l'Himalaya. Nous logeâmes dans une petite auberge de l'État, un simple petit bungalow réservé aux pèlerins. Ce soir-là, de nombreuses personnes de la campagne avoisinante se déplacèrent pour nous rendre visite. Elles avaient entendu parler des pèlerins venus d'Occident pour visiter la grotte sacrée. Dans cette région, de nombreuses personnes parlent de Babaji, dont le nom signifie « Père vénéré ». Ils nous bombardèrent de questions alors que nous tenions un *satsanga*, tout comme ici en ce moment. Nombre d'entre eux comprenaient l'anglais et quelqu'un se chargea de traduire à l'intention des autres.

## Une vision prophétique

Une fois le *satsanga* terminé et les villageois partis, nous nous assîmes pour méditer, puis nous nous retirâmes pour nous glisser dans nos sacs de couchage bien chauds. Au milieu de la nuit, j'eus une expérience superconsciente. Un énorme nuage noir se forma soudainement au-dessus de moi, menaçant de m'engloutir. J'appelai Dieu à mon secours de toutes mes forces, réveillant Ananda Ma et Uma Ma qui dormaient dans la même pièce que moi. Alarmées, elles voulurent savoir ce qui s'était passé. Je leur dis : « Tout va bien. Je ne veux pas en parler maintenant. Retournez vous coucher. » Grâce à la pratique de la méditation, le pouvoir omniscient de l'intuition se développe en chacun de nous. J'avais compris intuitivement le message que Dieu me communiquait par le biais de cette expérience symbolique. Ce message me prédisait une grave maladie dont j'allais bientôt souffrir; et il disait aussi que toute l'humanité aurait à affronter une période très sombre de son histoire, durant laquelle les forces du mal tenteraient d'engloutir le monde. Mais du fait que le nuage ne m'avait pas entièrement enveloppée – il avait été repoussé parce que j'avais invoqué Dieu en pensée – la vision signifiait que je m'en sortirais saine et sauve, ce qui fut le cas par la suite. De même, il révélait que l'humanité se sortirait elle aussi de ce nuage karmique, sombre et menaçant, mais qu'elle devrait d'abord fournir sa part d'efforts en se tournant vers Dieu.

Le lendemain matin à neuf heures, nous nous mîmes en route pour notre expédition qui devait nous conduire jusqu'à la grotte. Durant cette étape de notre voyage, nous dûmes marcher la plupart du temps, même si nous pûmes à certains moments monter à cheval ou dans un *dandi*, ce petit véhicule semblable à un palanquin de bois grossièrement taillé, suspendu par des cordes à deux longues perches reposant sur les épaules de quatre porteurs.

L'ascension au prix d'une longue, très longue

Sa photo préférée de Paramahansa Yogananda

« ... *son devoir en tant que guru était d'aider le disciple à reconnaître et à dépasser l'illusion ; sa mission ne se limitait pas à accroître chez l'homme la connaissance intellectuelle de Dieu, mais à conduire les âmes jusqu'à Lui.* »

*Satsanga* à Paris lors d'une tournée de trois mois des centres européens de la SRF, 1969

« *Notre mission en tant qu'enfants de Dieu dans ce monde… est de rechercher la compréhension : se comprendre soi-même, les autres et, par-dessus tout, comprendre Dieu. Ce monde ne peut être meilleur que si la compréhension règne dans le cœur et l'esprit de l'homme.* »

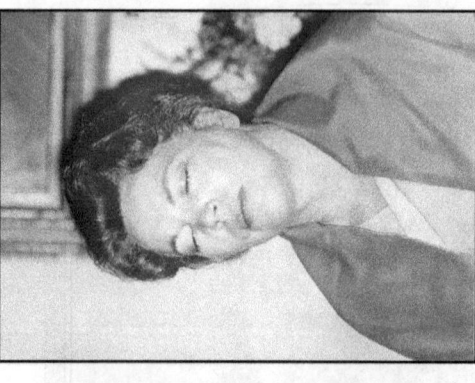

Méditation durant la cérémonie du *Kriya Yoga*, siège international de la Self-Realization Fellowship, Los Angeles, 1965

« *Apprenez à être plus silencieux et à écouter la voix de l'Amour intérieur.* »

*Une bénédiction du Mahavatar Babaji*

marche nous paraissait interminable. Parfois, il nous fallut littéralement ramper, tant le sentier était escarpé en maints endroits. Nous ne fîmes qu'une courte pause à chacune des deux auberges situées le long du chemin. La seconde était une propriété de l'État où nous pourrions passer la nuit au retour. Aux environs de cinq heures de l'après-midi, au moment où le soleil commençait à descendre sur les montagnes, nous atteignîmes la grotte. La lumière du soleil – ou était-ce la lumière d'une autre Puissance ? – baignait l'atmosphère toute entière et tout ce qui s'y trouvait dans une lueur dorée et chatoyante.

Il y a en fait plusieurs grottes dans la région. L'une d'elles est ouverte, façonnée par la nature dans un rocher géant, qui est peut-être la corniche où s'est tenu Babaji lorsque Lahiri Mahasaya le vit pour la première fois. Puis, il y en a une autre ; pour y pénétrer, il faut ramper sur les mains et les genoux. Elle est censée être celle où séjourna Babaji. Sa structure physique, l'entrée notamment, a été modifiée par les forces de la nature, car plus d'un siècle s'est écoulé depuis que Babaji l'a occupée. Nous restâmes assis un long moment à l'intérieur de cette grotte en méditation profonde et nous priâmes pour tous les fidèles de nos Gurus ainsi que pour l'humanité toute entière. Jamais auparavant le silence n'avait été si éloquent. La voix du silence exprimait clairement la présence de Dieu. Des vagues de réalisation déferlèrent dans ma conscience et les prières que j'ai faites à Dieu ce jour-là ont été exaucées depuis lors.

En souvenir de notre visite et comme symbole de vénération et de dévotion professé par tous les *chelas* de Gurudeva envers le divin Mahavatar, nous déposâmes dans la grotte un petit foulard sur lequel avait été cousu l'emblème[1] de la Self-Realization.

La nuit venue, nous prîmes le chemin du retour. Nombre de villageois s'étaient joints à notre pèlerinage et quelques-uns d'entre eux avaient pris la sage précaution de se munir de lampes à kérosène. Alors que nous descendions de la montagne, des chants de louange à Dieu s'élevèrent de notre groupe. Aux environs de neuf heures, nous arrivâmes à l'humble foyer d'un des notables de l'endroit qui nous avait accompagnés jusqu'à la grotte; nous fûmes invités à nous y reposer. Nous prîmes place autour d'un grand feu à l'extérieur du logis et on nous servit des pommes de terre rôties, du pain noir et du thé. Le pain, cuit sous la cendre, était vraiment très noir. Je n'oublierai jamais le goût délicieux de ce repas, servi dans la nuit fraîche des montagnes sacrées de l'Himalaya.

Il était minuit lorsque nous atteignîmes la petite auberge d'État où nous nous étions arrêtés à l'aller. C'est là que nous devions passer la nuit – enfin, ce qu'il en restait! De nombreuses personnes nous firent remarquer par la suite que seule la foi avait pu nous faire traverser de nuit cette région infestée de serpents, de tigres et de léopards tous plus dangereux les uns que les autres. Il ne viendrait à l'idée de personne de sortir de nuit. Mais on dit bien que l'audace est fille de l'ignorance et pas un instant nous n'avions songé avoir peur. Même si nous avions su ces dangers, je suis certaine que nous nous serions sentis en sécurité. Cela dit, je ne recommanderais quand même pas d'entreprendre ce voyage de nuit!

---

[1] Voir page de couverture. Les éléments de l'insigne représentent l'œil spirituel de l'intuition (situé sur le front entre les sourcils) à travers lequel l'homme peut contempler Dieu. La bordure extérieure représente un lotus aux pétales ouverts, symbole ancien de l'éveil divin.

*Une bénédiction du Mahavatar Babaji*

Durant toute la journée, l'expérience que j'avais eue avec Babaji à Katgodam demeura présente dans ma conscience; j'avais également en permanence la sensation de revivre des scènes du passé.

### « Ma nature est amour »

Cette nuit-là, je fus incapable de dormir. Tandis que j'étais assise en train de méditer, la pièce entière s'illumina soudain d'une lumière dorée. La lumière se transforma en un bleu éclatant et je perçus à nouveau la présence de notre Babaji bien-aimé! Cette fois, il me dit: « Mon enfant, retiens ceci: il n'est pas nécessaire que les fidèles viennent jusqu'ici pour me trouver. Je répondrai à toute personne qui se recueille intérieurement avec une profonde dévotion, qui m'appelle et qui croit en moi. » Ce message était destiné à vous tous. C'est tellement vrai. Il suffit de croire en Babaji et de l'appeler silencieusement pour sentir sa réponse.

Je lui dis: « Babaji, mon Seigneur, notre Guru nous a enseigné que lorsque nous avons besoin de sagesse, nous devrions prier Sri Yukteswarji, car il est tout *jnana*, toute sagesse; et lorsque nous désirons ressentir *ananda*, la béatitude, nous devrions prier Lahiri Mahasaya. Quelle est votre nature? » Quand j'eus dit cela, oh, j'eus l'impression que mon cœur allait éclater d'amour, un tel amour – mille millions d'amours contenus dans un seul amour! Il est tout amour, sa nature entière est *prem* (amour divin).

Bien qu'elle fut silencieuse, je ne pouvais concevoir de réponse plus éloquente; pourtant, Babaji la rendit encore plus douce et en précisa le sens en ajoutant ces mots: « Ma nature est amour; car seul l'amour peut changer le monde. »

La présence du grand avatar disparut lentement dans la lumière bleue décroissante, me laissant joyeusement enveloppée d'amour divin.

Je me souvins de ce que m'avait dit Gurudeva peu de temps avant qu'il ne quitta son corps. Je lui avais demandé : « Maître, généralement, lorsque le chef disparaît, une organisation ne prospère plus, mais commence même à décliner. Comment pourrons-nous continuer sans vous ? Qu'est-ce qui nous soutiendra et nous inspirera lorsque vous ne serez plus ici dans votre corps ? » Je n'oublierai jamais sa réponse : « Quand j'aurai quitté ce monde, seul l'amour pourra prendre ma place. Enivre-toi de l'amour de Dieu, nuit et jour, au point que rien n'aura d'importance pour toi. Et donne cet amour à tous. » C'est également le message de Babaji, – le message pour notre époque.

L'amour pour Dieu, et pour Dieu en tous, est un commandement éternel qu'ont prêché tous les géants spirituels qui ont béni cette terre de leur présence. C'est une vérité que nous devons appliquer dans nos propres vies. C'est indispensable au point où nous en sommes, alors que l'humanité vit dans l'incertitude du lendemain et qu'il semble que la haine, l'égoïsme et la cupidité pourraient détruire le monde. Nous devons être des guerriers divins armés d'amour, de compassion et de compréhension ; voilà ce qui est vital pour nous.

Mes chers amis, j'ai partagé avec vous cette expérience pour que vous sachiez que Babaji existe. Il existe vraiment et son message est un message éternel d'amour divin. Je ne parle pas de l'amour égoïste, limité, personnel et possessif des relations humaines ordinaires. Je veux parler de l'amour que le Christ a donné à ses disciples, celui que Gurudeva nous donne : un amour divin inconditionnel. C'est cet amour-là que *nous* devons offrir à tous. Car tous, nous en avons terriblement besoin. Il n'y a personne dans cette pièce qui n'aspire à l'amour, à un peu de bonté et à de la compréhension.

Nous sommes l'âme et la nature de l'âme est perfection ; c'est pourquoi nous ne pourrons jamais nous satisfaire pleinement de quoi que ce soit d'imparfait. Mais nous ne pourrons jamais connaître ce qu'est la perfection tant que nous ne Le connaîtrons pas, Lui, l'Amour parfait, le Père, la Mère, l'Ami et le Bien-Aimé : notre Dieu.

# L'esprit de la vérité

*Siège international de la Self-Realization Fellowship,
Los Angeles, Californie, 2 mai 1963*

Durant toutes les années que j'ai passées dans les ashrams de Paramahansa Yogananda, je ne peux me rappeler que de quelques occasions où le Maître s'est engagé à fond dans des discussions sur des questions d'ordre métaphysique avec les disciples qui y résidaient. Ce n'était certes par manque d'intérêt de notre part, et encore moins par manque de connaissances de sa part. Il s'abstenait à dessein de telles discussions afin de nous éviter de partir dans des analyses purement intellectuelles. Il ne souhaitait pas nous voir absorbés dans des spéculations philosophiques, de peur que nous ne cessions de ressentir d'abord et avant tout le fervent désir de connaître Dieu et de faire Son expérience.

De même, nous pouvons parler ce soir de la question de savoir si les âmes sont créées continuellement et, si oui, combien d'âmes Dieu a créées aujourd'hui et ainsi de suite. Guruji traitait parfois de sujets de ce genre dans ses écrits, mais il ne les considérait pas d'une importance capitale, parce que la compréhension de ces questions se révèle à tous les hommes à mesure qu'ils progressent dans leur développement spirituel. Tant qu'il n'a pas atteint cette perception directe, celui qui cherche Dieu devrait éviter de se laisser distraire ou égarer par la philosophie. On peut devenir très instruit dans les enseignements de Paramahansaji et

*L'esprit de la vérité*

cependant rester incapable de s'imprégner de l'esprit du Maître. L'esprit de Dieu et celui du Guru doivent être manifestes dans les vies des fidèles qui suivent cette voie ; c'est l'idéal auquel je me suis consacrée. De tels disciples représentent l'avenir de cette œuvre, car ceux qui assimilent cet esprit en communiant avec le Guru dans la méditation réaliseront leur Soi et connaîtront toutes les vérités. Étudiez et approfondissez les enseignements de Guruji, certes, mais établissez bien l'ordre de vos priorités. Votre objectif suprême auquel vous devez consacrer tous vos efforts devrait être de ressentir dans votre âme le Dieu dont Gurudeva vous parle dans ses enseignements.

Je préférerais de loin m'asseoir aux pieds de quelqu'un qui est ivre d'amour divin et l'entendre parler de sa communion personnelle avec Dieu plutôt que d'écouter un exposé, fut-il le plus brillant, de philosophie théorique. À l'ashram, vous vous sentiriez vides et inquiets si nous passions notre temps en discussions abstraites et en théories sur qui est Dieu et ce qu'Il fait. Mais lorsque quelqu'un parle de Lui à partir de son expérience personnelle et que vous méditez ensemble pour ressentir Sa présence, votre être se sent comblé et votre croissance spirituelle progresse.

Rappelez-vous de ces mots : aussi longtemps que vous entretenez des désirs pour autre chose que Dieu, vous êtes encore aux prises avec l'illusion. Lorsque Paramahansaji remarquait qu'un disciple de l'ashram commençait à désirer quelque chose plus que Dieu, il plaçait tous les obstacles possibles sur sa route pour lui faire comprendre son erreur. Et quand un disciple tentait d'impressionner Paramahansaji en posant des questions intelligentes, Gurudeva l'ignorait tout simplement. En revanche, lorsqu'il percevait chez un disciple l'attraction magnétique du désir ardent et sincère de connaître Dieu, il pouvait lui consacrer des heures. Il ne lui parlait pas seulement de vérités spirituelles, mais il lui donnait des conseils et l'encourageait à méditer; il disciplinait aussi ce fidèle, avec des paroles tranchantes au besoin. Il nous instruisait ainsi, parce que son devoir de guru était d'aider le disciple à reconnaître l'illusion et à la vaincre; sa mission ne se limitait pas à augmenter le savoir intellectuel de l'homme au sujet de Dieu, mais plutôt à guider les âmes jusqu'à Lui.

## La vérité ne peut se comprendre pleinement que par l'expérience

Lorsque l'on perçoit une vérité profondément, ou que l'on aime intensément quelqu'un, on a parfois du mal à parler de ses sentiments. De même, il est très difficile pour un fidèle de verbaliser une expérience bouleversante qu'il a eue de Dieu. C'est tellement divin, tellement parfait en soi, qu'on ne souhaite pas en parler. Les saints disent que dès l'instant où une expérience divine est décrite avec des mots, elle se couvre d'une certaine impureté. Les mots sont un moyen imparfait, c'est pourquoi ils ne peuvent pleinement traduire la perfection. Et il en est de même avec la Vérité. Dès l'instant où l'on ne fait que parler de la Vérité, ou de Dieu, sans en avoir fait l'expérience, on perd quelque chose. Les enseignements de Jésus-Christ en sont un exemple. Ils ne sont interprétés correctement que lorsqu'un saint François d'Assise ou quelques autres passionnés du Christ viennent sur terre. De tels fidèles ne se soucient pas tant des paroles que de l'esprit qui les anime; leur désir est de vivre dans l'esprit du Christ. Cet esprit de vérité est ce que Paramahansa

*L'esprit de la vérité*

Yogananda a essayé de transmettre à ceux qui sont venus à lui pour recevoir sa formation.

La plupart des gens ne recherchent pas Dieu de manière active, parce qu'ils ne réalisent pas que le bonheur véritable ne se trouve pas ailleurs. La soif de célébrité et de pouvoir, le désir d'abondance matérielle tout comme le désir d'être reconnu par ses semblables vient de l'élan naturel de l'âme humaine d'exprimer son potentiel infini. L'âme connaît sa nature parfaite – divinement glorieuse et omnipotente. Cependant, dans l'état d'illusion où se trouve l'ego, nous ignorons cette perfection de notre âme; nous ne faisons que percevoir – et interprétons mal – ses suggestions qui nous incitent à manifester notre puissance et notre gloire originelle.

## La bonne manière de satisfaire ses désirs

Il n'est pas mauvais en soi d'avoir des objectifs et des désirs louables; l'erreur consiste à essayer de les exprimer et de les satisfaire par des moyens limités, car nous finissons alors par nous enliser à force de tentatives illusoires. Lorsque de tels désirs surgissent, priez en votre for intérieur: « Seigneur, je sais que l'origine de ces envies est le désir que ressent mon âme d'exprimer sa nature infinie faite à Ton image divine. Aide-moi à satisfaire mes besoins d'amour, de puissance et d'appréciation en reconnaissant que je suis l'âme. » C'est une merveilleuse façon de raisonner: utiliser le discernement pour vaincre l'illusion.

« Cherchez premièrement le royaume et la justice de Dieu, et toutes ces choses vous seront données par-dessus. » Je sais qu'il en est ainsi. Il y a longtemps, alors que j'étais une jeune fidèle sur le chemin spirituel, j'ai compris que le Christ exprimait par ces mots la grande promesse de Dieu, à savoir que si nous Le cherchons d'abord et par-dessus tout, tout ce que nous avons toujours ardemment désiré se réalisera. Je décidai alors de vérifier ou de réfuter cette affirmation dans ma propre vie. Chaque fois qu'un doute m'assaillait, je renouvelais mon vœu intérieur : me servir des opportunités de cette incarnation pour voir si ces paroles de la Bible étaient vraies ou fausses.

Le moyen le plus simple pour suivre la voie spirituelle est de choisir un principe philosophique ou une affirmation de la vérité et de s'en inspirer dans sa vie. Il existe pour chacun une vérité spécifique dans les Écritures ou dans les paroles des grands saints que l'on chérit tout particulièrement à cause de l'inspiration qu'elle nous apporte. Ne vous contentez pas d'être inspirés par les mots. Efforcez-vous chaque jour de faire de votre mieux pour vivre cette vérité, de manière à ce que votre inspiration s'approfondisse et se transforme en perception directe.

Pour le Maître, le plus important était l'attitude du fidèle : son désir empli d'amour, sa détermination de connaître Dieu. C'est ce qui permet aux véritables enseignements spirituels de rester vivants et purs. Aucun apprentissage intellectuel au monde ne peut réaliser cela, parce que l'intellectualité constitue trop souvent un obstacle entre la compréhension qu'on obtient en entendant parler de Dieu ou en faisant des lectures à Son sujet et la perception directe qu'on a de Lui. Quand un chercheur spirituel fait personnellement l'expérience de l'amour et de la sagesse de Dieu, personne ne peut ébranler sa conviction. « Celui qui sait,

*L'esprit de la vérité*

sait; personne d'autre ne le sait[1]. » Ce disciple n'aspire qu'à vivre la Vérité, à sentir la présence de Dieu et à ne faire qu'un avec Lui. Il n'a aucune autre ambition, ni aucun autre désir.

Par conséquent, trouver Dieu ou même Le chercher sincèrement signifie la fin de tous les désirs, parce que la relation avec Dieu satisfait tous les désirs. L'homme de Dieu, totalement épanoui, n'a aucun désir de s'exprimer comme un ego séparé de Dieu. Il ne souhaite qu'accomplir la volonté de Dieu, c'est-à-dire Le partager avec les autres, éveillant en eux un intérêt, non pour lui-même, mais pour Dieu. Sa plus grande joie est d'attirer les autres vers l'unique Bien-Aimé qu'il adore.

Ceux qui méditent profondément, qui pratiquent fidèlement le *Kriya Yoga* et qui atteignent la perception directe de Dieu seront la force qui soutiendra la Self-Realization Fellowship. Dieu a dessiné dans l'éther le plan de cette œuvre; elle a été fondée à Sa demande[2]; Son amour et Sa volonté la soutiendront et la guideront. Je n'ai pas le moindre doute à ce sujet. La pratique du *Kriya* apportera la preuve de la Vérité à chaque génération de disciples de Paramahansa Yogananda.

---

[1] Tiré de *Cosmic Chants* de Paramahansa Yogananda.
[2] Dans son livre, *Autobiographie d'un Yogi*, Paramahansa Yogananda a décrit les événements exceptionnels qui ont conduit à la fondation de la Self-Realization Fellowship (Yogoda Satsanga Society of India) dont le but est de répandre le *Kriya Yoga* à travers le monde.

# Les avatars ont-ils un karma ?

*Siège international de la Self-Realization Fellowship,
Los Angeles, Californie, 17 août 1965*

Les questions suivantes ont été posées à Sri Daya Mata lors d'une conférence : la souffrance des êtres libérés est-elle la conséquence d'un mauvais karma du passé ? Leurs actions dans cette vie produisent-elles du karma ?

Nous appelons karma les résultats cumulés de nos bonnes et de nos mauvaises actions. La loi du karma (action) est la loi de cause à effet : nous devons récolter ce que nous semons. Les bonnes actions entraînent de bons résultats dans nos vies, alors que les mauvaises actions occasionnent des résultats négatifs et de la souffrance. Toute l'humanité est soumise à cette loi, à l'exception des rares âmes qui ont atteint l'au-delà en réalisant leur unité avec Dieu. De grandes âmes comme Jésus ou Krishna souffrent sur terre, mais dire que leurs souffrances seraient la conséquence de mauvaises actions qu'ils auraient commises, serait pousser la logique à une conclusion absurde. Si l'on suivait ce raisonnement jusqu'au bout, on en arriverait à supposer que l'Éternel a dû avoir un très mauvais karma pour avoir créé une humanité aussi souffrante. Et si nous sommes des étincelles individualisées de Dieu, comme l'enseignent les Écritures, notre souffrance devrait être le résultat de Ses mauvaises actions et ce serait donc Lui qui souffrirait à travers nous. Mais il est illogique de penser que la loi du karma puisse s'appliquer à Dieu ou à ceux qui, s'étant unis à Lui, échappent de ce fait à l'application de Ses lois. Le serpent a du poison dans ses crochets, mais son venin ne le tue jamais. L'Infini porte en Lui la loi de la dualité, le poison de *maya*, mais Il est immunisé contre lui. De même, celui qui ne fait qu'un avec Dieu demeure à l'abri de *maya*. Seuls ceux qui sont sujets à cette loi de la dualité souffrent de son poison. Certes, même les grands saints peuvent avoir encore quelques bribes de karma à expier. Mais lorsqu'une âme qui a été libérée retourne sur terre par la suite, elle est libre de tout impératif karmique. Peu importe ce qu'un tel être fait, il se maîtrise parfaitement, de même qu'il maîtrise les conséquences de ses actions.

## Un maître peut s'emporter sans se mettre en colère

Il serait faux, par exemple, de prétendre que Gurudeva, Paramahansa Yogananda, était capable de se mettre en colère. Je ne l'ai jamais vu en colère, mais il pouvait s'emporter lorsque c'était nécessaire. Lorsque l'on maîtrise un instrument, on peut s'en servir à bon escient selon ses intentions. Mais si on ne le maîtrise pas, on risque d'en faire un mauvais usage. Dieu a doté l'homme du pouvoir de parler et d'agir avec fougue. Le Christ lui-même en fit preuve lorsqu'il expulsa les marchands du temple[1]. Il ne les aborda pas en douceur en leur disant : « Mes enfants, vous êtes en train de commettre une mauvaise action ; veuillez, je vous prie, aller faire vos transactions ailleurs. » Il renversa leurs tables et libéra les colombes qu'ils vendaient.

[1] Matthieu 21, 12.

De même, tous les maîtres – ceux qui sont maîtres d'eux-mêmes – peuvent manifester, à l'occasion, une attitude d'apparence colérique, mais qu'en réalité ils contrôlent parfaitement. Les personnes ordinaires qui ont tendance à se mettre en colère et qui ne savent pas se contrôler doivent apprendre à maîtriser leurs émotions ou en souffrir les conséquences karmiques.

Paramahansaji nous a raconté que dans sa jeunesse, il se fâcha un jour contre une brute qui s'en prenait aux plus petits. Il se battit avec lui et remporta le combat, puis il fit le vœu de ne jamais plus se mettre en colère. Même cette colère-là doit être nuancée. Quand une grande âme vient à naître en ce monde, elle s'exprime tout d'abord à travers le corps et le caractère d'un enfant; elle a certaines limitations d'un enfant. Mais la divinité essentielle de sa nature est cachée en elle, tout comme la fleur est cachée dans la graine; la trame de la grandeur y est présente. Gurudeva se mit donc en colère comme un enfant. Mais même cette colère-là était commandée par une sagesse subconsciente, car une cause juste la motivait.

Le fait que Paramahansaji était conscient dans le ventre de sa mère démontre bien qu'il n'était pas un enfant ordinaire. Il avait atteint l'union divine de nombreuses incarnations auparavant. Il arriva dans cette vie comme un maître, mais il était tellement humble qu'il ne révéla pas grand-chose de lui-même au public. Il ne proclama jamais sa grandeur. C'est à cela que l'on reconnaît un maître authentique. Doté d'une humilité parfaite, un vrai maître ne pense jamais à sa propre excellence. Il en est de même de Dieu. Il ne parle jamais de Son incomparable grandeur, même lorsqu'Il s'adresse à Ses saints. Mais nous pouvons contempler cette grandeur quand nous observons la nature. Voyez comme la forme et l'intelligence de Dieu se manifestent dans toute leur beauté : dans la puissance de l'océan, la majesté des montagnes et l'omniscience des lois qui régissent l'univers ; en elles, nous retrouvons Son indicible splendeur.

De même, la véritable noblesse humaine est une qualité dont ne parlent pas ceux qui la possèdent. Il en est ainsi de tous les grands maîtres. Il en était ainsi de Gurudeva.

## Tout comme les acteurs jouent un rôle, les avatars prennent un nom et une forme

Cependant, pour se manifester sur terre sous une forme humaine, même un maître doit endosser un certain degré d'illusion, faute de quoi les atomes de son corps ne resteraient pas unis ; mais il ne s'agit pas de karma. Jésus invoqua cette illusion essentielle de toute forme manifestée lorsqu'il sortit du tombeau après sa crucifixion et dit à Marie-Madeleine : « Ne me touche pas ; car je ne suis pas encore monté vers mon Père[1]. » Lorsqu'une âme, même celle du Christ, descend dans le monde de la dualité et prend une forme humaine, elle accepte certaines limitations. Mais les contraintes de la loi karmique n'en font pas partie. Cette âme demeure toujours au-dessus et au-delà de tout karma.

Il existe dans les légendes spirituelles de l'Inde d'innombrables récits, tantôt mythiques, tantôt véridiques dont le but est d'illustrer – et ainsi de simplifier – de profondes vérités métaphysiques. L'histoire suivante sur le Seigneur Krishna en témoigne. On raconte qu'il marchait un jour avec un de ses fidèles dans les

---

[1] Jean 20, 17.

*Rien que l'Amour*

champs d'un petit village indien lorsqu'ils virent une truie allaitant ses petits. La maman porc grognait de temps en temps, parlant à ses petits, et ces derniers glapissaient joyeusement. Le Seigneur Krishna vit dans cette scène une merveilleuse illustration de l'amour maternel. Il dit à son disciple: «Je vais entrer dans le corps de cette truie et vivre cette expérience pendant un moment.» La forme de Krishna disparut et son identité entra dans le corps de la maman porc.

La majorité des gens ne sont pas très attirés par les porcs. Mais lorsque j'étais jeune, nous allions chaque été rendre visite à ma grand-mère dans sa ferme et je trouvais qu'il n'y avait rien de plus mignon et de plus charmant que ces petits porcelets roses. Ils étaient adorables, si propres et si affectueux. Nous les emmenions sur la pelouse devant la maison et nous nous amusions avec eux pendant des heures. Aussi, lorsque j'entendis ce récit pour la première fois, je fus en mesure de comprendre et d'apprécier les sentiments du Seigneur Krishna.

Les mois passèrent et le disciple commença à s'inquiéter pour le Seigneur Krishna, se demandant pourquoi il n'était pas encore revenu. Il retourna alors dans le champ où il l'avait quitté. Il vit la truie, joyeusement entourée de ses petits. «Krishna, mon Seigneur, que faites-vous là? Vous aviez dit que vous sortiriez de ce corps après un moment.»

Krishna lui répondit: «Oh! C'est une expérience si plaisante, je ne veux pas la quitter.»

«Mon Seigneur, vous êtes Krishna! Vous ne pouvez rester confiné dans ce corps! Revenez!»

Krishna finit par consentir. «Tu as raison. Prends une lance et transperce cette forme.» Après que le disciple lui eût obéi, la silhouette de Krishna surgit

*Les avatars ont-ils un karma ?*

du corps de l'animal, inchangée, inaltérée par cette expérience.

De même, le Christ et les maîtres n'ont pas de karma et ne sont affectés que momentanément et superficiellement par les restrictions qu'ils ont acceptées. Ce n'est que lorsqu'ils s'incarnent qu'ils se restreignent passagèrement par une enveloppe corporelle. Dieu n'a pas de forme ; Il n'est pas un vieillard à barbe blanche assis sur un trône quelque part dans les cieux. Il est Esprit, illimité, sans bornes. Lorsqu'Il prend une forme temporaire, seule cette forme est limitée.

Puisque les grands maîtres ne viennent sur terre que pour jouer un rôle donné, il n'existe pas de karma dans leur cas. Jésus-Christ demeura confiné dans son corps pendant un certain temps, mais lorsque le moment de sa crucifixion approcha, il sut le rôle qu'il était destiné à jouer conformément à la volonté de l'Infini : prouver que l'âme est immortelle. Voilà pourquoi il dit : « Détruisez ce temple et en trois jours je le relèverai[1]. » Il avait ce pouvoir. Mais il serait faux de dire que le Christ n'a pas souffert. Bien sûr qu'il a souffert ! Il était dans ce corps et il ressentait des douleurs réelles lorsqu'ils le flagellèrent et percèrent sa chair avec les clous, quand ils mirent sur sa tête la couronne d'épines et le transpercèrent d'un coup de lance. Il savait ce que signifiait la douleur, sinon il ne se serait pas écrié : « Mon Dieu, mon Dieu, pourquoi m'as-tu abandonné[2] ? » Cependant, l'instant d'après, il triompha de cette limitation. Cela nous donne tous l'espoir de pouvoir vaincre si nous persévérons dans nos efforts.

[1] Jean 2, 19.
[2] Matthieu 27, 46.

## Notre véritable force vient de notre abandon à Dieu

Un proverbe dit que ce que nous ne pouvons guérir, nous devons l'endurer. Nous devrions acquérir un peu plus d'endurance dans ce monde. Ne soyons pas si faibles, pleurnichards et geignards, pensant que la vie est sans espoir. Tant qu'il y a de la vie, il y a de l'espoir. Nous ne devrions jamais, au grand jamais, nous avouer intérieurement vaincus. Nous devrions plutôt nous jeter mentalement aux pieds de Celui qui est notre force, notre puissance, notre amour et notre joie. La vraie force provient d'un tel abandon de soi. C'est difficile à faire ; si c'était facile, tout le monde le ferait. Mais il est très difficile d'abandonner ce petit ego. Nous sommes sur cette terre pour apprendre cette leçon.

Ce qui est arrivé au Christ est arrivé aussi aux grandes âmes. Une fois leur rôle sur terre terminé, elles doivent se débarrasser de toute conscience corporelle. Même les plus grands des maîtres ressentent un choc soudain à l'approche de la mort. Lorsque Babaji fit parvenir à Lahiri Mahasaya le message suivant: « Dis à Lahiri que la force emmagasinée pour cette vie tire à sa fin ; elle est presque épuisée[1] », Lahiri Mahasaya en frissonna. Il en fut de même pour Swami Sri Yukteswar lorsque le temps fut venu pour lui de quitter son corps. Telle est la puissance de l'illusion, mais cette peur momentanée ne diminue en rien la grandeur de ces âmes divines.

## Tôt ou tard, Dieu comble tous les désirs

Puisque les âmes libérées ne sont pas assujetties au karma, elles ne sont pas liées par leurs désirs. Quand Lahiri Mahasaya reçut l'initiation au *Kriya Yoga*,

---

[1] *Autobiographie d'un Yogi*, chapitre 36.

*Les avatars ont-ils un karma ?*

Babaji créa à son intention un palais en or afin de satisfaire chez son *chela* un désir appartenant à un lointain passé[1]. Pourtant, Lahiri Mahasaya était un avatar et de tels désirs ne constituaient pour lui aucune attache. Les sages de l'Inde affirment que huit millions de vies sont nécessaires pour évoluer jusqu'à cette forme humaine et nous avons déjà traversé d'innombrables incarnations sous forme humaine. Dans toutes ces vies, nous avons accumulé des millions, voire des milliards de désirs, dont certains pour des broutilles comme des glaces. Lorsque l'on finit par trouver Dieu, tout ce que l'on a un jour désiré avec ardeur, même le désir le plus infime, sera tiré de l'ombre pour être comblé au moment opportun par l'Infini. Cependant, on est censé abandonner tous les autres désirs pour pouvoir trouver Dieu. Est-ce là du renoncement ? Vous ne renoncez à rien ! Vous renoncez seulement *pendant le temps précédant* l'accomplissement qui vous comblera. Car tant que le moindre désir demeure en vous, il doit être comblé, que ce soit en le faisant disparaître, en le neutralisant ou en le satisfaisant. Renoncer signifie simplement : « Ô, Seigneur, je ne désire que Toi ! Maintenant, prends soin de moi. Cette âme, ce "Je" T'appartiens, c'est maintenant Ton problème. Toi seul es mon plus grand désir et je n'en éprouve point d'autres. »

Il y a fort longtemps, dans une de ses vies antérieures, Lahiri Mahasaya avait probablement désiré un palais. Ce désir n'a pas fait obstacle à sa réalisation spirituelle parce que cette réalisation s'était déjà produite, neutralisant tous ses désirs du passé. C'est comme si vous veniez me voir pour me dire que dans votre enfance vous avez toujours aimé les glaces et

[1] Voir *Autobiographie d'un Yogi*, chapitre 34.

que, pour vous faire plaisir, je m'arrange pour vous en offrir. Vous n'en n'avez pas besoin car vous avez depuis longtemps dépassé ce désir. Je comprends que ce n'est pas, et que ça n'a jamais été un frein qui vous aurait empêché d'avancer dans la vie.

Par exemple, avant que je ne vienne ici au siège international du Mont Washington, chaque fois que Gurudeva donnait une conférence à Salt Lake City, j'avais le privilège d'accompagner ses assistants dans son salon à l'hôtel. Pendant qu'il se reposait un peu, il nous entretenait de façon informelle de ses cours ou de tout autre sujet d'ordre spirituel. Et avant que je ne reparte chez moi, il commandait chaque fois des glaces nappées de sauce au chocolat. Je lui avais dis une fois que j'adorais les glaces avec de la sauce au chocolat! Alors, durant les trois mois de son séjour à Salt Lake City, nous avons savouré ce délice tous les soirs.

Dix ans plus tard environ, Gurudeva retourna à Salt Lake City et j'étais du voyage. Nous logeâmes tous dans le même hôtel où il avait jadis donné des conférences. Le premier soir, nous nous réunîmes dans son salon et nous découvrîmes qu'il avait commandé de la glace nappée de sauce au chocolat. Il me regarda, l'œil pétillant, comme pour dire : « C'est pour toi. » Il savait que l'accomplissement de ce désir n'était plus indispensable ; c'était simplement un geste affectueux que de m'offrir ce qui avait jadis tant compté pour moi.

De même, la création d'un palais était pour Babaji sa façon de dire à Lahiri Mahasaya : « Puisqu'il y a fort longtemps, tu éprouvais le désir ardent de posséder un palais, je veux t'en offrir un. » Cela ne constituait d'aucune manière une condition préalable à la réalisation de Lahiri Mahasaya, car il l'avait déjà atteinte. Que pourrait signifier un palais pour quelqu'un qui

*Les avatars ont-ils un karma ?*

se trouve dans un état de conscience suprême ? Dans l'état de conscience où je me trouve, cela ne signifierait rien ; comment pourrait-ce a fortiori avoir une signification quelconque pour quelqu'un de l'envergure de Lahiri Mahasaya ?

La Vérité est tellement intéressante, tellement fascinante ! Nous pouvons en discuter sans fin. Mais, en fin de compte, la vérité la plus élevée consiste à apprendre à aimer l'Être unique. Nous trouvons dans cet amour l'unité avec l'Éternel. Alors, les désirs, les limitations ou les questions n'existent plus. C'est la raison pour laquelle Gurudeva nous a appris que nous devons aimer Dieu par-dessus tout.

# Notre unité en Dieu

*Résumé du discours inaugural de la convocation de la
Self-Realization Fellowship, Los Angeles, Californie,
25 juillet 1975*

Quel plaisir de voir autant de disciples du monde entier rassemblés ici en ce jour très spécial[1] ! Ces convocations ont lieu tous les cinq ans et nombre d'entre vous étaient présents à celle de 1970 qui commémorait le cinquantième anniversaire de la fondation de l'œuvre de Gurudeva, Paramahansa Yogananda, en Occident. Nous en célébrons maintenant le cinquante-cinquième anniversaire.

Les dix prochains jours seront riches en activités. Bien sûr, notre souhait le plus cher, objet de nos prières, est que ces journées soient d'une grande inspiration pour vous tous. La quête de Dieu, comme vous le savez, est une recherche personnelle. Personne ne peut nous apporter Dieu, pas plus que quelqu'un ne peut étancher notre soif lorsque nous sommes assoiffés. Guruji avait coutume de dire que quand on a soif, le fait de lire ou d'écouter un éloquent discours sur l'eau ne nous désaltérera pas. Ce n'est que lorsque l'on va au puits et que l'on boit son eau pure et rafraîchissante

---

[1] Le 25 juillet est la date que la Self-Realization Fellowship/Yogoda Satsanga Society of India a choisie pour célébrer le Mahavatar Babaji. Cette date commémore l'anniversaire de la rencontre entre Paramahansa Yogananda et le Mahavatar. Cet événement insolite ainsi que de nombreuses autres anecdotes sur la vie de Babaji figurent dans le livre de Paramahansa Yogananda *Autobiographie d'un Yogi*.

*Notre unité en Dieu*

que la soif est entièrement étanchée. De même, nous pourrions parler de Dieu durant des siècles et lire d'innombrables sermons à Son sujet, mais ils ne pourraient jamais assouvir la sécheresse intérieure de nos âmes. Il n'y a qu'une chose qui puisse combler ce désir ardent et nos besoins : faire l'expérience de l'amour de Dieu. Commençons donc cette Convocation en ayant cette pensée comme but suprême.

La Self-Realization Fellowship a réservé cette journée pour rendre hommage chaque année au Mahavatar Babaji. C'est pourquoi, en cette occasion, il convient de parler de sa mission dans le monde. C'est lui qui choisit Guruji, il y a de cela de nombreuses années en Inde, et qui l'envoya en Occident répandre un message aussi vieux que le monde, mais pourtant toujours aussi vibrant de modernité et d'inspiration dans sa contribution à l'humanité. La vérité est éternelle. Elle n'appartient à aucune époque, à aucun groupe de personnes, à aucune nationalité ni à aucune organisation religieuse, mais à toute l'humanité. C'est cette vérité éternelle – développée en Inde – que Babaji a voulu répandre dans le monde lorsque, dans sa grande sagesse, il choisit pour accomplir cette mission son bien-aimé Yogananda dont la vie reflétait le divin avec tant de pureté. Et c'est ainsi que Paramahansa Yogananda nous a transmis ces grands enseignements de la réalisation du Soi et le cadeau spécial que Babaji fit au monde, le *Kriya Yoga*. L'appel de Paramahansaji à l'humanité est le suivant : « Mes enfants, il y a un Dieu. Vous avez lu les différentes Écritures de toutes les religions où sont relatées les expériences de la réalisation divine. Mais ce n'est pas suffisant. Vous devez vous approprier la vérité et le *Kriya* est le moyen d'y parvenir. »

À l'origine, c'est en Inde que furent découvertes

les techniques de concentration et de méditation pour trouver Dieu. Et maintenant, conformément aux prédictions que fit Guruji en 1934, la science de la méditation, venue de l'Inde, se répand partout dans le monde occidental.

Une histoire que l'on raconte en Inde montre bien que personne n'a le monopole de la vérité. Six garçons, aveugles de naissance, faisaient prendre un bain à l'éléphant de leur père. L'un lui nettoyait la queue et il en déduisit que l'éléphant ressemblait à une corde. Un autre lui lavait les pattes et le décrivit comme quatre piliers. Le troisième fils qui lui lavait les oreilles leur dit: «Vous avez tort tous les deux. L'éléphant est semblable à deux éventails qui oscillent d'avant en arrière.» Un autre garçon dit: «Non! L'éléphant est comme un énorme mur.» Il lui lavait les flancs. Le cinquième fils qui lui nettoyait les défenses était convaincu que ce n'était qu'un assemblage de deux os. Finalement, le dernier des garçons qui lui lavait la trompe, leur assura: «Je dois vous dire que vous êtes tous dans l'erreur. L'éléphant est comme un lourd serpent.»

La discussion se poursuivit, chaque garçon étant convaincu de connaître la véritable forme du pachyderme. Le père, voyant que ses fils se disputaient, leur en demanda la raison. Après le lui avoir expliqué, ils lui demandèrent: «Lequel d'entre nous a raison?» Le père répondit: «Eh bien, mes chers fils, vous avez tous raison tout comme vous avez tous tort! Vous savez, l'éléphant ne correspond à aucune des formes que vous avez décrites mais à l'ensemble de toutes celles-ci. Vous n'avez pas tenu compte du fait que chacune d'elles ne représente qu'une partie de l'animal dans son ensemble.»

Il en est de même pour la vérité. Aucune religion

*Notre unité en Dieu*

n'en détient le monopole; elles contiennent toutes un des aspects de la vérité éternelle. Lorsque nous transcendons les barrières des croyances confessionnelles et que nous nous asseyons dans le calme pour méditer, pour brasser l'éther de notre pensée: «Mon Dieu, mon Dieu, mon Dieu, révèle-Toi, révèle-Toi» et qu'en silence nous plongeons chaque fois plus profondément dans le puits de l'inspiration et de la vérité cachée dans l'âme, nous commençons à percevoir ce qu'est Dieu. Alors, spontanément, nous Le glorifions dans toutes les religions et nous vénérons tout maître sincère. Nous savons que notre Dieu est le Dieu de toute l'humanité et que les multiples expressions de la vérité sont une partie du tout. Grâce à cette réalisation, nous arrivons aussi à avoir une compréhension de plus en plus profonde de nos semblables.

### La fraternité des hommes, la paternité de Dieu

Permettez-moi de vous lire une prophétie que Gurudeva fit en 1937 en cet endroit même[1]: «Nous nous trouvons face à un monde nouveau... et nous devons nous adapter aux changements. Il est absolument nécessaire que la nouvelle génération reconnaisse la divinité de chaque être humain et anéantisse toutes les barrières qui nous divisent. Je ne peux imaginer que Jésus-Christ, le Seigneur Krishna ou un *rishi* de l'antiquité appelent un homme un chrétien, un hindou, un juif, etc. Mais je *peux* les imaginer appeler

---

[1] L'auditorium de l'Église Méthodiste Unie est situé dans le centre-ville de Los Angeles. Paramahansa Yogananda y prit la parole à l'occasion d'une conférence des chefs religieux le 25 février 1937. Pour sa convocation de 1975, la Self-Realization Fellowship réserva ce vaste auditorium afin d'y réaliser une série d'activités spéciales.

leur prochain "mon frère". On ne pourra ériger un ordre nouveau fondé sur le mépris des autres races ou le complexe du "peuple élu"; au contraire, il devra se fonder sur la reconnaissance de la divinité de chaque être humain qui foule la surface de la terre et sur la reconnaissance de la paternité universelle de Dieu. »

Guruji avait coutume de dire que si Jésus-Christ, Bhagavan Krishna, le Seigneur Bouddha et tous ceux qui ont communié avec Dieu se réunissaient, il n'y aurait aucun désaccord entre eux parce qu'ils boivent tous à la même fontaine de Vérité. Ils ne font qu'un avec Dieu. Il Se manifeste en chacun d'eux. C'est l'enthousiasme malavisé de disciples étroits d'esprit qui crée les divisions. Nous devons bannir l'étroitesse d'esprit si nous voulons être les vrais disciples des grands maîtres. Nous devrions respecter toutes les religions et aimer tous les êtres humains, qu'ils soient noirs, jaunes, rouges, blancs ou bruns. Juger un homme à la couleur de sa peau est une absurdité. L'électricité peut circuler dans une ampoule rouge, verte, jaune ou bleue; mais diriez-vous que l'électricité est différente dans chacune d'elles? Non. De même, Dieu resplendit équitablement dans toutes les ampoules humaines en tant qu'âmes immortelles. La couleur de la peau ne fait aucune différence. Nous devons bannir les préjugés mesquins. Dieu désire que nous choisissions les qualités et les idéaux les plus élevés de toutes les nations et que nous les faisions nôtres.

### Là où deux ou trois sont assemblés

Pour terminer, laissez-moi partager avec vous quelques pensées de Gurudeva: « Nous devons établir des groupes et des centres de méditation dans le monde

*Notre unité en Dieu*

entier. Mais les ruches des temples et des centres dont le miel de la réalisation de Dieu est absent ne m'intéressent pas ; la ruche de l'organisation doit être remplie du miel de la présence divine. »

Méditer ensemble est la façon de remplir la ruche organisationnelle de miel divin. La première fois que je vins à l'ashram, Gurudeva me dit : « Rassemble deux ou trois personnes autour de toi et méditez ensemble. » C'est également ce que son guru avait l'habitude de lui dire. Je constate maintenant que vous, les fidèles qui venez des quatre coins du monde, vous vous réunissez en petits groupes, comme le souhaitait Gurudeva, non pas pour discuter de philosophie ou mus par l'ambition personnelle d'enseigner, mais pour chercher Dieu dans la méditation. Même si vous n'êtes que quelques-uns à méditer ensemble, chacun renforce chez les autres le désir de trouver Dieu.

Gurudeva dit : « Les maîtres de l'Inde affirment que le but de la religion n'est pas de créer certaines doctrines à suivre aveuglément, mais de montrer à l'humanité la méthode pérenne qui permet d'atteindre le bonheur éternel. Tout comme un homme d'affaires essaie d'alléger la souffrance des autres en subvenant à certains de leurs besoins, tout comme chaque être humain est un agent de Dieu pour faire un peu de bien sur terre, de même le Christ, Krishna, Bouddha – tous les grands maîtres – sont venus sur terre pour accorder à l'humanité le bien suprême : la connaissance de la voie qui conduit à la Béatitude éternelle et l'exemple de leurs vies sublimes comme inspiration à suivre. Un jour, il vous faudra abandonner ce corps. Peu importe votre puissance, votre corps finira enseveli sous terre. Il n'y a pas de temps à perdre. Les méthodes de yoga enseignées par le Christ et Krishna, mes bien-aimés, éradiquent l'ignorance et la souffrance en permettant à l'homme de réaliser son Soi, de s'unir à Dieu[1]. »

[Daya Mataji demande la bénédiction de Dieu pour toute l'assistance en s'exprimant dans la langue de quelques-uns des vingt-huit pays représentés à la convocation et conclut par ces mots :]

La Mère divine ne m'a pas dotée d'aptitudes linguistiques ! Mais je m'adresse à vous dans le langage universel de mon âme : je vous offre à tous l'amour divin et l'amitié de mon âme. L'amour que je ressens pour mon Dieu bien-aimé, je le ressens pour chacun d'entre vous, car je considère que vous êtes miens, – vous qui vous dirigez vers le même but suprême : Dieu et rien d'autre. Que Dieu vous bénisse !

---

[1] Tiré du chapitre « Christ and Krishna: Avatars of the One Truth », dans le livre de Paramahansa Yogananda, *Man's Eternal Quest*.

# La seule réponse à la vie

*Rencontre spirituelle indo-américaine parrainée par le centre culturel du gouvernement indien, San Francisco, Californie, 23 mars 1975*

C'est avec plaisir que je participe ce soir à l'important projet qui fait l'objet de cette rencontre : l'intégration de la pensée religieuse.

Au tournant du siècle, un remarquable géant spirituel, Swami Vivekananda, vint en Amérique où il introduisit pour la première fois le message immortel de la religion éternelle de l'Inde, semant ainsi les graines du *Sanatana Dharma*. Quelques décennies plus tard, un autre enseignant illuminé, Paramahansa Yogananda, fut envoyé par son guru pour parler au congrès des religieux libéraux de Boston et sema lui aussi les graines de la religion immortelle de l'Inde[1].

À l'âge de dix-sept ans, j'eus le privilège de commencer mon apprentissage aux pieds de Paramahansa Yogananda, recevant sa discipline et transcrivant ses paroles. En 1934, il déclara publiquement : « Un jour viendra, lorsque j'aurai quitté cette forme physique, où la ferveur spirituelle et l'intérêt pour Dieu connaîtrons un grand essor. Le message de l'Inde, le pays qui guide spirituellement le monde, déferlera alors sur toute la terre. » Ces mots ont souvent résonné à mes oreilles, car je me rends compte que c'est ce qui se

---

[1] Paramahansa Yogananda fut le premier missionnaire de la religion de l'Inde à séjourner aux États-Unis et à y enseigner pendant longtemps, plus de trente ans.

passe à l'heure actuelle. Nous constatons qu'il existe plus que jamais un désir ardent d'être ensemble et de trouver des réponses aux questions qui tourmentent les hommes, quelle que soit la couleur de leur peau ou le pays de leur naissance.

Nous sommes entrés maintenant dans une ère nouvelle où l'union de tous les hommes est nécessaire. Aucune guerre ne sauvera l'humanité. Nous nous rappelons les paroles prononcées par le Christ voilà deux mille ans : « Tous ceux qui prendront l'épée périront par l'épée[1]. » Quel prix amer nous avons payé en ces temps modernes. Le futur qui nous attend paraît bien incertain.

Il règne une extrême confusion parmi les jeunes de tous les pays. Il y a deux ans, lorsque je me suis rendue en Europe, puis en Afghanistan, j'ai pu remarquer que les jeunes ne tenaient pas en place. Ils étaient à la recherche de quelque chose, confus, insatisfaits de leur vie et des exemples qu'ils avaient devant eux. Le mécontentement prévaut dans les sociétés, mécontentement dans les nations, mécontentement à travers le monde entier.

Il n'existe qu'une seule réponse à la vie et au but de l'être humain. S'il est vrai que l'homme est fait à l'image de Dieu – comme tous les prophètes l'ont enseigné – il s'ensuit que cette image réside en chacun de nous. À nous de faire tout ce qui est en notre pouvoir pour manifester cette bonté, cette pureté et cette magnificence qui reposent dans le cœur des hommes.

La Bhagavad Gita, tout comme les Écritures chrétiennes, nous indique que le but de l'homme est de

---

[1] Alors, Jésus lui dit : « Remets ton épée à sa place ; car tous ceux qui prendront l'épée périront par l'épée. » (Matthieu 26, 52.)

Résidents de l'ashram en compagnie de Mataji lors d'une réunion informelle succédant à la cérémonie des *sannyas*, siège international de la Self-Realization Fellowship, Los Angeles, 1965

« À chaque étape de notre vie – lorsque nous travaillons, méditons, luttons avec nos problèmes ou goûtons aux joies simples de la vie – nous devons rester continuellement ancrés dans cette pensée intérieure : "Dieu ! Dieu ! Dieu !" »

Dans le village de Palpara, Bengale Occidental, Inde, 1973

« Les frontières disparaissent lorsque nous sommes unis dans l'amour de Dieu, notre Père à tous. Il doit être l'idéal commun, le même but de toute l'humanité. »

Célébration de la fête spirituelle de Holi, Ranchi, Inde, mars 1973.
*Ci-dessus*: Les maîtres et les écoliers des écoles de la YSS sont aspergés de poudre colorée, de la main de Mataji.
*Ci-dessous*: Un enfant, concentré sur l'exécution de son rituel, dispose de la poudre colorée aux pieds de Mataji.

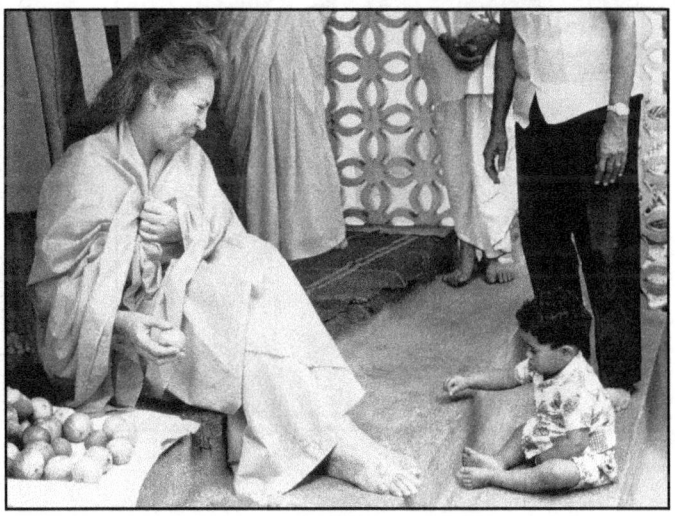

« *Lorsque vous tournez votre regard intérieur vers Dieu, vous voyez la simplicité naturelle, divine et joyeuse. Dieu est ainsi.* »

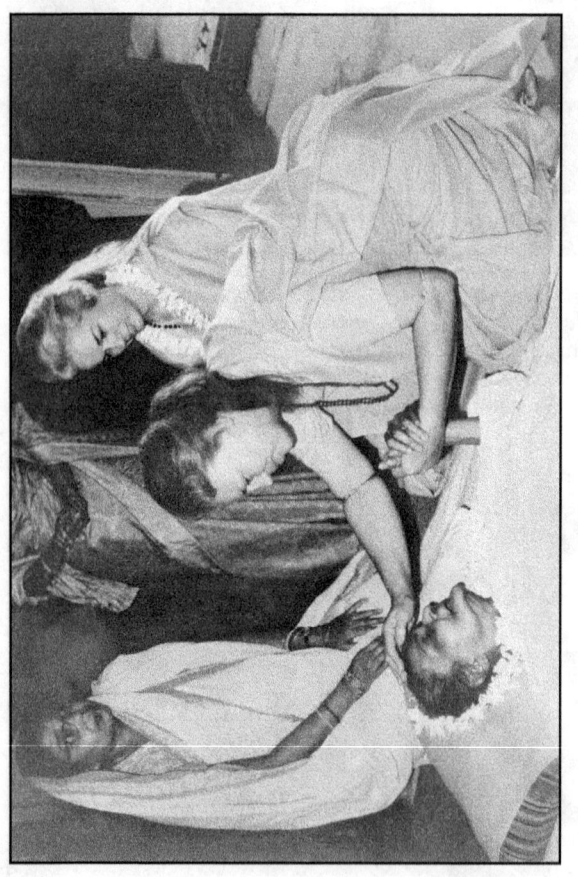

Calcutta, 1968

« Nous devrions réaliser que nous ne sommes pas seuls, que nous ne l'avons jamais été et que nous ne le serons jamais. Dieu a toujours été à nos côtés et Il sera avec nous pour l'éternité. »

*La seule réponse à la vie*

connaître Dieu, d'aimer Dieu et de servir Dieu à travers l'humanité. Ce message constitue une vérité immortelle et il a autant d'importance de nos jours que lorsque les extraordinaires géants spirituels le révélèrent il y a des millénaires.

Si nous nous analysons en profondeur, nous constaterons que nous sommes arrivés à un point dans la vie où nous sommes comme affamés d'amour, mais d'un amour si total qu'il nous consume de bonheur; et aussi que nous avons besoin de la sécurité absolue qu'il procure et que rien dans ce monde – ni l'argent, ni la santé, ni même une compréhension intellectuelle élevée – ne peut nous offrir. Cela nous ramène alors au message de la Gita qui dit que la méditation et l'action juste sont le chemin vers la vérité, la voie de retour vers Dieu, la Source de ce que nous cherchons.

Dans toutes les religions, bien que les méthodes puissent avoir des noms différents, on enseigne au fidèle à pratiquer le silence spirituel ou méditation. Le christianisme enseigne: « Priez sans relâche[1]. » Aujourd'hui plus que jamais, on trouve dans les universités, aux Nations Unies et dans de nombreuses institutions un petit coin tranquille où l'on peut s'asseoir pour converser avec Dieu dans le langage de son cœur. Des millions d'âmes sincères pratiquent cette communion.

Nous avons été mis sur terre pour apprendre à connaître Celui dont nous sommes tous issus. Nous sommes Ses enfants. N'est-il pas étrange que nous utilisions tout ce qu'Il nous a donné et que nous oubliions pourtant Celui qui nous a accompagné à travers d'innombrables incarnations passées et qui sera avec nous dans celles qui restent à venir? L'intelligence, l'amour,

---

[1] I Thessaloniciens 5, 17: « Priez sans cesse ».

le libre arbitre, tout ce que nous exprimons dans nos vies quotidiennes émanent d'une seule Puissance, de Dieu uniquement. Nous rayons Dieu de nos mémoires alors que nous profitons de tous les dons qui viennent de Lui.

En quoi consiste « l'action juste » telle qu'elle est décrite dans la Gita ? Elle consiste à adhérer – tout d'abord en pensée, puis en parole et en action – aux principes qui apportent le bien. Efforcez-vous d'être honnêtes ; toutes les religions l'enseignent. Efforcez-vous d'être fraternels ; toutes les religions l'enseignent. L'honnêteté, la pureté, les principes moraux élevés : nulle religion n'enseigne le contraire. Mais l'humanité a oublié presque tous ces principes. C'est la cause du terrible chaos dans lequel nous nous trouvons aujourd'hui.

Mes responsabilités m'amènent à voyager régulièrement autour du monde. Durant mes voyages, je découvre de plus en plus d'âmes comme vous tous qui êtes rassemblés ici et particulièrement des jeunes, qui font preuve d'un intérêt profond pour comprendre la signification de la vie, pour connaître la vérité et, par-dessus tout, pour embrasser la religion éternelle de l'Inde, le *Sanatana Dharma*. Cette « religion » m'a attirée il y a de nombreuses années lorsque j'étais une jeune chercheuse spirituelle, parce que j'étais consciente qu'il n'était pas suffisant d'écouter de magnifiques discours sur Dieu, ni de faire des lectures à Son sujet. Tout en observant les différents maîtres à qui je rendais visite, je ne pouvais m'empêcher de penser : « D'accord, mais aimez-vous Dieu ? Je cherche quelqu'un qui puisse m'insuffler un amour tel qu'il enflammera mon âme et que je ne connaîtrai rien d'autre que mon Dieu. Je me consacrerai à Le servir et, à travers Lui, à servir mes frères dans toutes les régions du monde. » Ce maître, je l'ai trouvé dans l'un des grands fils de l'Inde, mon

*La seule réponse à la vie*

Gurudeva, Paramahansa Yogananda.

C'est pour moi un privilège sacré que de me joindre à des âmes telles que vous pour parler de cette religion immortelle de l'Inde. En citant les mots de Paramahansaji dans le poème que voici, j'aimerais résumer ce qu'est la vie et comment nous, les enfants de Dieu, pouvons arriver à Le connaître et à avoir une relation plus tendre et plus intime avec Lui.

[Daya Mata conclut ses propos par le poème suivant de Paramahansa Yogananda.]

> DIEU ! DIEU ! DIEU !
>
> Tandis que des profondeurs du sommeil
> Je m'élève dans l'escalier en spirale du réveil,
> Déjà je murmure :
> Dieu ! Dieu ! Dieu !
>
> Tu es toute nourriture et quand je romps le jeûne
> Nocturne qui me séparait de Toi,
> Je Te savoure et scande mentalement :
> Dieu ! Dieu ! Dieu !
>
> Où que j'aille, le phare de mon esprit
> Toujours se tourne vers Toi ;
> Et dans le branle-bas de combat de l'action,
> Mon cri de guerre silencieux jamais ne change :
> Dieu ! Dieu ! Dieu !
>
> Quand la tempête fait rage, quand sous le fracas des épreuves
> La ronde des soucis hurle à mes oreilles,
> Je noie leur vacarme en chantant haut et fort :
> Dieu ! Dieu ! Dieu !
>
> Lorsque mon esprit tisse la toile de mes songes
> Des fils de mes souvenirs,
> Sur cette étoffe enchantée, je brode inlassablement :
> Dieu ! Dieu ! Dieu !

*Rien que l'Amour*

>Nuit après nuit, à l'heure du sommeil des sommeils,
>Ma paix rêve et chante : Joie ! Joie ! Joie !
>Et ma joie de renchérir avec elle de plus belle :
>Dieu ! Dieu ! Dieu !
>
>Que je veille, mange, travaille, rêve, dorme,
>Rende service, médite, chante ou aime d'amour divin,
>Mon âme, dans le plus grand secret, fredonne sans relâche :
>Dieu ! Dieu ! Dieu !

Que Dieu vous bénisse tous !

# Cheminer intérieurement avec Dieu

*Siège international de la Self-Realization Fellowship,
Los Angeles, Californie, 9 février 1956*

Nous devrions nous concentrer sur la Mère divine avec une telle intensité que les circonstances changeantes de notre vie extérieure ne devraient pas nous affecter intérieurement : la tristesse et la déception ne devraient pas trop nous émouvoir, ni les plaisirs matériels trop nous attirer. Je me souviens que quelqu'un dit un jour à Paramahansaji : « Un état de conscience de ce genre serait certainement des plus mornes et ennuyeux ! Le Maître répondit : « Bien au contraire, lorsque l'on est absorbé dans la Béatitude divine, dans la conscience et la perception de la présence de la Mère divine, on apprécie bien plus les bonnes choses de la vie, mais sans l'attachement ni le chagrin qui résultent habituellement des activités de ce monde. »

Nous devrions apprendre à ne pas nous attacher aux plaisirs et à ne pas craindre la douleur. Nous devrions accepter ce que la vie nous offre sans trop d'euphorie ni trop de découragement. Tel est l'état de conscience de l'homme spirituel authentique. Il ne s'agit pas d'une force extraordinaire à laquelle nous pouvons soudainement faire appel lorsque nous sommes confrontés à un gros problème. Nous devons développer progressivement cet état de conscience intérieure en nous entraînant à réagir de façon appropriée aux problèmes et aux

*Rien que l'Amour*

événements de tous les jours.

Le Maître vivait dans cette conscience de la Mère divine dans laquelle rien d'extérieur ne pouvait l'atteindre intérieurement. Rajarsi [1] manifestait cet état de conscience ainsi que notre Gyanamata [2] bénie. Cet état devrait aussi faire partie de notre vie quotidienne.

Nous devrions apprendre à cheminer intérieurement avec Dieu, libres de tout attachement inhérent à notre nature matérielle ou aux plaisirs et aux situations liés au monde. Nous devrions bannir la colère, l'envie, la jalousie, la haine, l'orgueil et la rancœur. L'objectif de l'homme spirituel est de maîtriser ses émotions, ses désirs et sa nature humaine. La maîtrise de soi est ce que tout être humain, consciemment ou inconsciemment, s'efforce d'atteindre ; car ce n'est qu'en étant maître de lui-même que l'homme peut vraiment être heureux. Nous devrions faire l'effort nécessaire pour parvenir à cet état dans lequel nous sommes capables de conserver notre calme en toutes circonstances. Ce calme et cette équanimité parfaits ne peuvent s'acquérir qu'en méditant profondément, en nous approchant au plus près de la Source divine d'où notre âme, notre véritable nature, jaillit à l'origine. Ce n'est qu'en unifiant par la méditation la minuscule goutte d'eau de la conscience humaine avec l'Océan divin qu'il nous sera possible de suivre l'exemple des saints, d'imiter leur état idéal de béatitude.

À l'exception des qualités qui émanent de notre unité avec l'Esprit, les traits de personnalité que nous manifestons sont comme un manteau que nous revêtons : une apparence extérieure qui n'exprime ni nos

---

[1] Rajarsi Janakananda. Voir page XIV.
[2] Voir note de la page 90 .

*Cheminer intérieurement avec Dieu*

véritables sentiments, ni notre véritable nature intérieure. Nous devons ramener notre conscience au plus profond de notre for intérieur et nous efforcer de percevoir notre unité avec Dieu. Ainsi, quand notre conscience refait surface dans le monde pour mener les activités de notre vie extérieure, nous pouvons nous comporter de manière à refléter la nature divine que nous ressentons en nous et qui révèle ce que nous sommes réellement.

Dieu d'abord, Dieu enfin, Dieu toujours, – Dieu seul! Nous devons nous tenir à cet idéal, à cette pensée. Peu importe le nombre de fois où nous chutons, si nous continuons à faire des efforts, cet idéal finira par faire partie de nous. Mieux, nous deviendrons une partie de cet idéal; nous nous identifierons à ce but. Il deviendra la force qui gouvernera, animera, bénira et guidera nos vies.

Ne vous découragez jamais. Ne pensez jamais que vous êtes incapables de progresser sur la voie spirituelle, peu importe si le chemin vous paraît parfois escarpé. L'un des encouragements les plus réconfortants et les plus édifiants que le Maître nous ait donné fut ce rappel: «Un saint est un pécheur qui n'a jamais abandonné.» Nous devrions nous en souvenir chaque fois que nous nous décourageons ou que nous sentons que nous avons failli à notre idéal spirituel. La grâce qui sauve le saint en devenir, c'est qu'il n'abandonne jamais, qu'il persiste toujours dans ses efforts, peu importe le nombre de fois où il tombe, peu importe le nombre d'erreurs qu'il commet. En n'abandonnant jamais, nous prouvons à Dieu que notre dévotion, notre loyauté, notre désir de Lui sont inconditionnels. Une fois que le Seigneur est convaincu que nous ne voulons que Lui, que nous ne nous tournons que vers

*Rien que l'Amour*

Lui, Il est satisfait malgré nos faiblesses et nos imperfections. Alors, Dieu nous prend par la main « et Il marche avec nous, Il nous parle et nous dit que nous sommes Siens[1]. »

---

[1] Paraphrase de l'hymne célèbre, *Dans le jardin*, de C. Austin Miles.

# Apprendre à bien se comporter

*Compilation*

Gurudeva, Paramahansa Yogananda, nous disait souvent que son guru, Swami Sri Yukteswar, leur répétait le conseil suivant : « Apprenez à bien vous comporter. » La première fois que Gurudeva m'a dit cela, j'ai pensé : « C'est simple, tout ce que j'ai à faire, c'est d'être polie et aimable tous les jours. Rien de bien compliqué ! » J'avais beaucoup à apprendre ! C'était plus complexe qu'il n'y paraissait. Apprendre à bien se comporter couvre tout. Et l'attitude mentale est primordiale.

Aucun disciple ne va bien loin sur le chemin qui conduit à Dieu s'il ne commence pas à pratiquer l'introspection et à chasser peu à peu toutes les tendances mauvaises ou négatives qui maintiennent sa conscience identifiée à son ego et à son corps. « Ceci est à moi ! » « Cela heurte ma sensibilité ! » « Je » par-ci, « Je » par-là : c'est une grande erreur de penser ainsi. Mais plus nous méditons, plus nous réalisons que ce « Je » n'est pas l'auteur. Dieu est l'unique Auteur. Le fidèle devrait prier ainsi : « Seigneur, fais de moi un instrument plus docile. Guide cet instrument avec Ta sagesse, afin qu'il puisse accomplir les devoirs que Tu as prévus pour lui et qu'il puisse servir conformément à Ton désir. »

Il n'est pas suffisant de s'abstenir de commettre une mauvaise action. Il n'est pas non plus suffisant d'apprendre à contrôler son tempérament afin de ne pas prononcer de paroles blessantes dans des moments de tension. Il n'est pas suffisant de simplement se taire en réprimant la méchanceté et la colère dans notre esprit. Nous devons aussi vaincre ces pensées de l'intérieur. S'il vaut la peine de résister à une conduite erronée dans ses actes, il vaut également la peine d'y résister dans ses pensées. Résistez-y, aussi bien en pensée qu'en action.

## Il est impossible de réussir à concilier à la fois le bien et le mal

Tous les fidèles qui décident de chercher Dieu passent à un moment où un autre par une étape où ils s'accrochent simultanément à leurs bonnes et à leurs mauvaises habitudes. Après avoir analysé leurs pensées, ils découvrent que bien qu'ils soient réellement résolus à connaître Dieu et bien qu'ils essaient sincèrement d'implanter en eux de bonnes habitudes de méditation et d'actions spirituelles, ils demeurent encore extrêmement réticents à se défaire de leurs mauvaises habitudes, telles que la colère, les sautes d'humeur, les préférences et les aversions. Or, dans une vie consacrée à Dieu, il est impossible de concilier les bonnes actions avec les mauvaises. Cela ne marchera pas. Notre esprit doit s'y résoudre, faute de quoi nous ne ferons pas de réels efforts pour vaincre nos sautes d'humeur et nos mauvaises habitudes. En méditant plus profondément et en s'acquittant de toutes ses responsabilités dans la pensée de servir Dieu, le fidèle commence peu à peu à renforcer ses bonnes habitudes et ses tendances positives. À mesure que ces dernières prennent l'avantage, les mauvaises habitudes commencent à perdre de leur pouvoir.

Donc, en cherchant Dieu et en nous efforçant d'être

vertueux, nous devons accepter le corollaire incontournable qui est de nous défaire du mal. Nous ne pourrons pas réussir à concilier en nous et le bien et le mal. Car, tôt ou tard le conflit entre les deux détruira la paix de notre esprit. Je me souviens que Gurudeva disait souvent aux disciples : « Si vous pensez pouvoir garder vos colères, votre jalousie, vos désirs égoïstes tout en trouvant Dieu, vous vous trompez. Vous n'y arriverez pas ! »

Faites toujours le maximum pour vaincre ces tendances qui ne sont pas de nature spirituelle, mais ne vous découragez pas si cela vous prend du temps. Le Seigneur ne s'intéresse pas au temps qu'il nous faut pour éradiquer nos fautes. Son principal souci est que nous *résistions continuellement* à nos mauvaises tendances, que ce soit en pensée ou en action. En nous efforçant de nous améliorer et de méditer plus longtemps et plus profondément, nous découvrirons de temps à autre – souvent au moment où nous nous y attendons le moins – que notre conscience s'est allégée d'un fardeau, nous libérant complètement d'une mauvaise habitude ou d'une tendance négative.

## Le pouvoir transformateur d'une vision fugitive de Dieu

Gurudeva avait coutume de nous dire : « Si vous pouviez apercevoir, ne serait-ce qu'une fois, la Mère divine, vous abandonneriez tous vos désirs et toutes vos ambitions contraires. Vous n'auriez plus d'autre désir. » C'est vrai ; mais les tentations n'en demeurent pas moins sur votre chemin. Le fidèle doit faire face à de nombreuses tentations et à de nombreuses épreuves de toutes sortes ; mais ayant ressenti l'amour de Dieu, il est capable de discernement. Il ne désire rien qui l'éloigne de Dieu. Lorsqu'il se concentre trop sur des objectifs matériels, il sent que Dieu Se retire de son cœur et il décide alors de méditer davantage. S'il a tendance à critiquer les autres ou à être susceptible, il se dit soudain : « Pourquoi faire toute une histoire pour si peu ? Pourquoi n'essaierais-je pas de changer ? Pourquoi perdrais-je mon temps à tenter d'expliquer aux autres mes croyances, mes opinions, mes convictions, alors que je pourrais faire meilleur usage de mon temps en pensant à Dieu ? »

## Lorsque nous savons nous maîtriser, rien ne peut nous troubler ou nous ébranler

Se maîtriser consiste à apprendre à s'élever au-dessus de son corps, de ses désirs, de ses habitudes et de ses états d'âme. Chaque fois que quelque chose vient perturber votre esprit, sachez que Dieu vous met à l'épreuve et vous discipline. Si cette épreuve suffit à vous « estomaquer », à détourner votre esprit de Dieu, à vous perturber, à déclencher votre colère ou à vous inciter à vous apitoyer sur votre sort, vous avez alors découvert un maillon faible dans la chaîne de votre conscience.

Le vrai fidèle est celui dont l'esprit est toujours plongé dans le calme et la paix de notre Mère divine. Afin d'atteindre cet état béni, nous devrions lutter pour acquérir cette maîtrise de soi qui fait que rien ne peut nous troubler ni nous ébranler. Acceptez avec philosophie les épreuves qui vous assaillent quotidiennement et faites de votre mieux pour vous adapter. Soyez comme le bouchon de liège qui flotte sur l'océan : peu importe comment les vagues le ballottent, il reste toujours à flot. Quelle que soit la violence des secousses de la vie, nous ne devons pas accepter de sombrer dans l'océan de la tristesse, l'océan de l'illusion.

## Les obstacles sont faits pour nous fortifier

Prenez conscience de tout ce qu'il vous reste à parcourir sur le chemin qui vous ramènera vers Dieu et de l'importance d'être au-dessus des problèmes futiles qui surgissent dans votre vie quotidienne. Ignorez les vexations causées par les difficultés. Elles ne font que distraire votre attention de votre objectif primordial, qui est de trouver Dieu et de vous unir à Lui en adoptant l'attitude juste et en manifestant Ses qualités divines dans votre vie.

Le chemin de la vie est jonché des nombreux écueils que sont les épreuves et les chagrins. Nous ne pouvons nous attendre à ce que Dieu les en retire, mais nous pouvons Lui demander de nous accorder la force et la sagesse d'éviter de trébucher sur eux. Ce n'est pas dans les intentions de Dieu que la vie soit exempte d'obstacles car, s'il en était ainsi, nous continuerions d'êtres faibles. Il désire que nous devenions plus forts en les surmontant.

Pour obtenir cette force, il n'y a qu'une formule à suivre : accroître notre amour pour la Mère divine. En faisant grandir dans notre cœur notre amour pour Dieu, les montagnes d'obstacles se réduisent à des taupinières. Tout ce qui auparavant paraissait impossible à accomplir devient alors réalisable.

## La plus grande force du monde

L'amour est la force la plus motivante au monde, et l'expression la plus élevée de l'amour dans la création est l'amour de Dieu. Plus vous vous concentrez sur l'amour de la Mère divine – même si vous ne pouvez pas toujours le sentir dans votre cœur – et plus vous L'implorez de pouvoir ressentir cet amour divin afin de le donner aux autres, plus vous sentirez cet amour s'éveiller peu à peu en vous. Rien n'égale ce sentiment! La joie que procure la béatitude de l'amour divin est un baume pour tous les maux de l'humanité.

N'arrêtez jamais – pas un seul instant, nuit et jour – jusqu'à ce que vous ressentiez l'amour de Dieu dans votre cœur. Lorsque vous le percevrez, une extraordinaire compréhension s'éveillera en vous. Vous comprendrez que Dieu a voulu que le monde nous refuse la compréhension, l'amitié et l'amour parfaits pour que nous puissions les recevoir directement de Lui. Il nous aime tellement qu'Il ne désire pas que nous atteignions la plénitude totale sur le plan humain, de peur que nous nous contentions de parcelles de joie éphémère et que nous soyons perdus à jamais pour Lui.

Aimez Dieu avec une telle profondeur – de tout votre cœur, de tout votre esprit et de toute votre âme – que nuit et jour, quoi que vous fassiez, Sa pensée soit toujours à l'arrière-plan de votre esprit. Gurudeva avait l'habitude de dire: «Surveillez vos pensées. Observez le temps que vous gaspillez en pensées inutiles, absurdes ou négatives et réalisez combien de temps vous consacrez à penser à Dieu.»

Ne soyez jamais satisfaits avant que la pensée de Dieu ne soit présente en permanence à l'arrière-plan de votre esprit, que l'amour de Dieu occupe la place principale dans votre cœur, quels que soient les devoirs que vous accomplissez ou les plaisirs que vous vous accordez. Même à ce stade, ne soyez pas satisfaits tant que vous n'aurez pas atteint le but ultime de tous les fidèles : l'union divine complète avec Lui, celle que les grands maîtres ont accomplie.

# Comment connaître Dieu

*Compilation*

Du fait que nous avons été créés à l'image de Dieu, nous ne serons jamais satisfaits tant que nous ne serons pas de nouveau unis à Lui. Lorsque nous cherchons l'amour parfait en des êtres humains, nous ne le trouvons pas. Gurudeva, Paramahansa Yogananda, nous répétait souvent : « Tout vous décevra, sauf Dieu. » C'est pour cela qu'il est si important d'imprégner votre conscience de la pensée du Seigneur.

La conscience des êtres matérialistes réside principalement dans les centres coccygien, sacré et lombaire de la colonne vertébrale[1]; elle s'élève rarement au-delà. Lorsque nous cédons à des états d'âme négatifs, à la mauvaise humeur ou à n'importe quel défaut propre à la nature émotionnelle humaine, notre conscience est attirée vers ces trois centres inférieurs de la colonne vertébrale.

La conscience d'un être divin demeure prinpalement

---

[1] Le yoga enseigne qu'à l'intérieur du cerveau et des plexus rachidiens de l'être humain se trouvent sept centres subtils de la vie et de la conscience. Les traités de yoga appellent ces centres *muladhara* (coccygien), *svadhisthana* (sacré), *manipura* (lombaire), *anahata* (dorsal), *vishuddha* (cervical), *ajna* (situé dans le bulbe rachidien et dans le centre christique situé entre les sourcils) et *sahasrara* (le lotus aux mille pétales, localisé dans le cerveau). Sans les facultés spécifiques situées en ces endroits, le corps serait une masse d'argile inerte. Les bas instincts et les motivations matérialistes de l'homme ont leurs facultés corrélatives dans les trois centres subtils inférieurs du rachis. Les centres supérieurs sont la source des sentiments divins, de l'inspiration et de la perception spirituelle. Selon la nature des pensées et des désirs de l'homme, sa conscience est attirée et concentrée dans le centre énergétique dont l'activité est correspondante.

au niveau dorsal ou centre du cœur où il ressent l'amour le plus pur pour Dieu et toute l'humanité; dans le centre médullaire, où il perçoit tout l'univers comme étant la vibration sacrée de Dieu et l'entend dans le son cosmique *Aum*[1]; et dans le centre christique, appelé aussi *Kutastha*[2], où sa conscience s'élargit, lui permettant de réaliser par la perception directe son unité avec Dieu dans chaque atome de la création. Chaque fois que nous faisons preuve de bonté, de miséricorde, de compréhension, d'endurance, de courage, de foi ou d'amour, notre conscience est attirée vers ces centres cérébro-rachidiens supérieurs.

## L'autoanalyse est un bon moyen pour évaluer nos progrès spirituels

L'un des moyens qui nous permettent réellement de savoir si nous progressons spirituellement est de nous analyser en toute honnêteté. Il se peut que nous nous fassions de sérieuses illusions sur nos aptitudes et notre développement spirituel; que nous ayons la meilleure opinion de nous-mêmes, simplement parce que c'est ce que nous voulons croire. Nous devrions analyser attentivement nos pensées. Paramahansaji nous invitait à faire régulièrement une pause au milieu de nos activités quotidiennes pour se demander: «Où est ma conscience en ce moment?» Souvent, la réponse provoque un brusque réveil. Si notre conscience n'est pas absorbée dans une communion silencieuse avec Dieu, dans l'amour et l'intérêt pour nos semblables, dans le sentiment d'expansion qui se manifeste en

---

[1] La «Parole» ou la «voix pareille au bruit des grandes eaux» dont parle la Bible. (Voir Jean 1, 1, Apocalypse 19, 6 et Ézéchiel 43, 2.)
[2] Le point situé entre les sourcils.

écoutant intérieurement le son *Aum*, alors nous devons admettre qu'il nous reste encore bien du chemin à faire sur le sentier spirituel.

## La méditation transforme notre vie

La première étape est la méditation. C'est la plus importante, car ce n'est qu'en méditant profondément et régulièrement que nous pouvons avoir la certitude d'atteindre cet état divin que nous croyons souvent, à tort, avoir atteint. La méditation peut nous épargner de tomber dans le piège de nos propres illusions.

Avec la méditation vient l'oubli de soi ; nous pensons davantage à notre relation avec Dieu et à la manière de servir Dieu à travers les autres. Le fidèle doit oublier son petit soi s'il aspire à se souvenir qu'il est fait à l'image de Dieu, immortel et toujours conscient. La Bible dit : « Arrêtez, et sachez que je suis Dieu. » C'est cela le yoga. « Arrêter » signifie retirer sa conscience du petit ego et du corps, de tous les désirs et de toutes les habitudes qui abaissent l'esprit au niveau des centres rachidiens inférieurs où le sentiment d'identification avec le corps est puissant. Ce n'est que lorsque nous élevons notre conscience jusqu'aux centres de perception supérieurs qu'il nous est possible de réaliser que nous sommes faits à l'image de Dieu.

Ne craignez pas de méditer pendant de longues périodes. Plus vous méditez, plus vous désirerez méditer. Moins vous méditez, moins vous aurez envie de le faire.

Si vous faites l'effort de prendre l'habitude de méditer profondément, vous vous apercevrez que votre vie entière se transformera. Vous commencerez à intégrer dans votre vie un élément essentiel, à savoir l'équilibre spirituel. Vous sentirez que Dieu vous guide, qu'Il est derrière vous, qu'Il vous soutient. Il le fait vraiment. Le seul problème est que nous ne le *réalisons* pas. Nous devons nous débarrasser de l'identification au corps pour reconnaître que c'est Dieu qui nous soutient, que c'est Son énergie qui circule à travers notre corps et que c'est Son intelligence qui œuvre à travers notre conscience.

Voilà ce qu'est la méditation : l'oubli de notre existence mortelle et le rappel que nous sommes des âmes immortelles. Dans la conscience de l'âme se trouvent la force et la faculté d'accomplir tout ce que nous souhaitons dans la vie.

Ne vous laissez pas décourager par quoi que ce soit. Les problèmes ne sont là que pour nous rappeler qu'au fond de notre cœur nous avons besoin de Dieu. Accueillez chacun d'entre eux. Si notre vie se déroulait sans encombre, nous ne ressentirions pas l'urgence de chercher Dieu. Nous L'oublierions. Ce n'est que lorsque nous sommes terrassés par l'adversité que nous aspirons à être réconfortés. L'homme ordinaire se tourne vers sa famille et ses amis, mais le fidèle se précipite aux pieds de la Mère divine et c'est en Elle qu'il trouve le réconfort et la liberté.

## L'attachement à Dieu diminue les attachements matériels

Débutez bien votre journée en communiant tout d'abord avec Dieu. Terminez bien votre journée en méditant à nouveau profondément, alors que le reste du monde dort. Priez la Mère divine avec ferveur afin qu'Elle se révèle à vous ; luttez si nécessaire jusqu'à ce que vous obteniez Son attention. Même si vous ne disposez que de cinq ou dix minutes, implorez-La avec toute l'insistance de votre cœur ou chantez Son nom en silence. Après avoir médité, allez vous coucher en pensant à Elle. Ces pratiques contribuent à élever le niveau de votre conscience. Vous sentirez une sérénité divine, un courant continu de paix et de silence en votre for intérieur.

Quand vous aurez fait de Dieu l'étoile polaire de votre vie et que vous trouverez que l'engagement que vous pris avec Lui matin et soir représente le moment le plus important de votre programme quotidien, vous vous attacherez de plus en plus à Lui en même temps que votre attachement au monde diminuera. Vous ne perdrez pas votre intérêt pour la vie, mais vous pourrez vivre sans tomber dans ses pièges. Le Seigneur Krishna nous a dit: « Soyez un yogi[1] », c'est-à-dire ancrez-vous avec une telle fermeté dans votre conscience de Dieu que votre dévotion et votre loyauté à Son égard ne seront pas affectées par les circonstances fluctuantes de ce monde.

Le fidèle qui désire connaître Dieu doit s'appliquer longtemps avec sérieux et sincérité, mais en même temps avec une foi d'enfant. Si vous êtes en mesure de vous arrêter un moment au milieu de vos activités quotidiennes et de ressentir immédiatement une paix divine monter en vous, si en votre cœur vous pouvez ressentir de l'amour pour Dieu et pour chacun de vos semblables, alors vous savez que vous progressez sur la voie spirituelle.

## Dieu est notre compagnon éternel

Le fidèle devrait sentir que le Seigneur est son compagnon personnel, que tout ce qu'il fait, il le fait

---

[1] Bhagavad Gita VI: 46 (D'après la traduction anglaise de Paramahansa Yogananda dans *God Talks With Arjuna: The Bhagavad Gita*).

avec Dieu. Nous devons réaliser que nous ne sommes pas seuls, que nous ne l'avons jamais été et que nous ne le serons jamais. Dieu est à nos côtés depuis le commencement des temps et Il le restera éternellement. Développez une relation plus intime avec Lui en vous considérant comme Son enfant, Son ami ou Son fidèle. Nous devrions apprécier la vie en ayant conscience que nous partageons nos expériences avec ce Quelqu'un qui est suprêmement bon, compréhensif et aimant. Seul l'Être divin connaît nos pensées avant même que nous ne les pensions et si nous ne cherchons que Lui, Il ne s'éloigne jamais de nous, même si nous commettons des erreurs. C'est ce genre d'amour, ce genre de compréhension que toute âme humaine recherche. Mais nous devons faire notre part. Notre bien-aimé Gurudeva, Paramahansa Yogananda, a dit :

« Dieu ne Se trouve que par une dévotion incessante. Quand Il vous aura accordé tous les dons matériels et que vous refuserez toujours de vous estimer satisfaits sans Lui ; quand, avec insistance, vous exigerez exclusivement le Donneur et non Ses présents, alors Il viendra à vous... Nous marchons sur les chemins encombrés de la vie en apercevant de temps à autre des visages connus ; mais ils disparaissent un à un. Ainsi va la vie. Vous et moi, nous nous voyons maintenant, mais un jour nous nous perdrons de vue. C'est un monde tragique où toutes les âmes sont mises à l'épreuve et parfois consumées dans le feu de l'illusion. Mais ceux qui sont victorieux et qui affirment "Je veux seulement Te connaître, Toi mon Seigneur" trouvent Dieu et la liberté. »

# Remettez vos problèmes à Dieu

*Siège international de la Self-Realization Fellowship,
Los Angeles, Californie, 31 mars 1961*

« Méditez ! Méditez ! » Je le dis à vous tous. Le travail vient en second. Bien que vous soyez très occupés en cette vie à suivre l'exemple de Gurudeva en travaillant activement au service de Dieu, la méditation devrait occuper la première place. Souvenez-vous-en. Ni Guruji, ni moi n'avons insisté sur autre chose.

Pensez au nombre de fois où vous avez passé des heures en conversations futiles ou à vous attarder sur des pensées négatives. À partir d'aujourd'hui, accordez plutôt ce temps à Dieu. Il se peut que vous ayez des problèmes psychologiques et émotionnels – c'est le lot de tout homme tant qu'il ne réalise pas son unité avec l'Être divin – mais aussi longtemps que vous vous en plaindrez et que vous en propagerez l'aspect négatif, vous ne ferez pas l'ascension jusqu'à Dieu.

Chaque fois que quelque chose vous tracasse, faites de votre mieux pour remédier à la situation, mais chassez les inquiétudes négatives de votre esprit. Comment faire ? En vous inclinant et en déposant mentalement votre problème aux pieds de Dieu. Il les connaît même avant que vous ne les Lui présentiez. Il est au courant de vos petites contrariétés même avant que vous ne les Lui abandonniez. Plus vous vous éloignez de votre place naturelle à Ses pieds, plus votre croix s'alourdit. Si je ne pouvais graver qu'une seule idée en vous, ce serait celle-ci : ici, vous n'avez à faire qu'à Dieu et au

Guru. Apportez-leur vos problèmes. Méditez davantage sur Dieu. Quelle extase, quelle joie, quel amour vous ressentirez alors!

Efforcez-vous d'exprimer davantage de bonheur, d'allégresse, de compréhension, de compassion et d'amour dans votre vie. Ce n'est qu'en méditant de plus en plus profondément et régulièrement que vous pourrez développer ces qualités. C'est grâce à l'harmonie divine acquise en méditant que vous découvrirez à quel point Dieu et le Guru vous guident dans tout ce que vous faites. Lorsque votre vie sera en harmonie avec eux, tout ira bien. Vous ressentirez toujours de la joie en vous. Aucune infortune extérieure ne pourra vous ravir ce bonheur.

Si vous avez l'habitude de penser que des circonstances extérieures sont la cause de votre malheur ou que d'autres personnes sont responsables de vos ennuis, alors je dois vous dire que vous n'avez pas compris en quoi consiste la vie dans un ashram. Si vous n'arrivez pas à manifester dans votre vie de l'allégresse, de la joie et de l'amour en ce lieu, vous ne pouvez en faire le reproche qu'à vous-même. Dieu aide celui qui s'aide soi-même. Mais Il ne peut pénétrer dans un cœur rempli de doutes. Il ne peut Se manifester à travers un esprit imprégné d'amertume. Il n'y a aucune place pour Lui dans la vie d'un fidèle qui est saturé de négativité. Souvenez-vous-en!

Vous avez ici le temps et l'opportunité de trouver Dieu. Cet environnement divin est idéal pour réaliser un tel projet. Mais c'est à vous seul qu'il incombe de bâtir votre paradis intérieur; aucune situation, aucune circonstance n'a le pouvoir de vous dénier ce droit sacré.

## Désirez Dieu de tout votre cœur

Je me suis toujours efforcée de vivre en accord avec un principe acquis il y a de nombreuses années aux pieds de Guruji, bien exprimé par ces mots de saint François : « Apprenez à accepter le blâme, la critique et les accusations en silence, sans esprit de vengeance, même si cela s'avère faux et injustifié. » Quel trésor de sagesse ce conseil renferme ! Vous êtes injustes vis-à-vis de votre âme lorsque vous critiquez autrui ou lorsque vous vous souciez des reproches ou des louanges qui vous sont adressés. Qu'importe ce que les gens pensent, c'est l'approbation de Dieu que vous recherchez. Soyez remplis d'un seul désir : Dieu, Dieu et encore Dieu. Chers amis, à moins d'être sincère, il est très difficile de Le trouver. Si vous laissez continuellement traîner vos pensées dans la boue de la mesquinerie, la méchanceté des critiques, si vous jugez vos semblables de façon égoïste, vous ne trouverez jamais Dieu dans cette vie. Pourquoi perdre du temps quand vous n'en n'avez guère ? Vous comprendrez cela de plus en plus en vieillissant.

Si vous voulez Dieu, désirez-Le de tout votre cœur. Il ne peut accepter qu'un abandon complet de la part de Son fidèle et ne Se contentera pas de moins. Le Christ l'a prouvé. Il a même abandonné son corps, le bien le plus précieux de l'être humain en disant, sans colère ni amertume : « Père, pardonne-leur, car ils ne savent ce qu'ils font. »

Nous devrions suivre l'exemple divin de pardon et de compassion du Christ. Mais, en agissant ainsi, nous ne devrions pas penser : « Oh ! Je suis si bon, si noble, je pardonne à mes ennemis avec magnanimité. » L'orgueil spirituel est dangereux. Au fond de notre cœur, nous devons éprouver une compassion réelle et un amour authentique pour eux. Mais, cela n'est possible que si nous aimons d'abord Dieu. Commencez tout d'abord par Le chercher. Aimez-Le de tout votre cœur, de tout votre esprit et de toute votre âme. Et ne soyez pas satisfaits tant que vous n'aurez pas cet amour divin. Implorez Dieu nuit et jour; parlez-Lui continuellement; soyez sans cesse grisés de joie et de désir pour Dieu et vous verrez votre vie se transformer de façon absolument merveilleuse.

# Les buts spirituels de la Self-Realization Fellowship

*Extrait du discours de clôture de la convocation tenue lors du cinquantième anniversaire de la fondation de la Self-Realization Fellowship, Hôtel Biltmore, Los Angeles, Californie, 12 juillet 1970*

Depuis que mon regard s'est posé pour la première fois sur mon Guru, Paramahansa Yogananda, il y a presque quarante ans, cela a toujours été une joie pour moi que de déposer mon cœur, mon esprit, mon âme et mon corps aux pieds de Dieu dans l'espoir qu'Il puisse utiliser cette vie que je Lui ai offerte comme Il le jugera bon. Durant toutes ces années, un immense bonheur a toujours empli mon âme ; c'est comme si je m'abreuvais constamment à la fontaine de l'Amour divin. Je ne m'en attribue aucun mérite ; c'est la bénédiction du Guru, une bénédiction qu'il prodigue à tous de manière égale, si nous sommes simplement prêts à la recevoir.

Je vous demande à tous de prier pour moi et de m'accorder votre bienveillance et vos bénédictions tant que je continuerai de servir avec vous cette grande cause que représente la Self-Realization Fellowship/ Yogoda Satsanga Society of India.

Nous sommes au commencement d'une grande renaissance spirituelle, d'une résurrection qui englobera le monde entier. Je relis souvent les notes que j'ai prises lorsque Gurudeva s'adressait à nous, ses disciples. En 1934, il nous dit qu'un jour viendrait

*Les buts spirituels de la Self-Realization Fellowship*

où ce grand message venu de l'Inde s'étendra sur le monde, parce qu'il contient les vérités immortelles qui constituent le fondement même de la vie et de toutes les religions. Répandre ces enseignements spirituels libérateurs est l'objectif de la Self-Realization Fellowship et la mission que Mahavatar Babaji assigna à Paramahansa Yogananda. Revoyons rapidement ensemble quelques uns des «Buts et idéaux de la Self-Realization Fellowship.»

*Répandre parmi toutes les nations la connaissance de techniques scientifiques définies permettant de faire l'expérience personnelle et directe de Dieu.* Le premier et le plus important des principes de la Self-Realization Fellowship est de diffuser une science précise dont la pratique permettra aux fidèles de toutes les religions de communier avec Dieu et de savoir, non seulement par le biais des Écritures ou d'un grand maître, mais par leur expérience spirituelle directe que Dieu existe.

Gurudeva nous disait souvent: «Je peux vous dire quel goût a le fruit du jaquier[1], je peux vous le décrire, le décortiquer, l'examiner et vous en nommer les différents composants comme le ferait un scientifique, mais même si je continuais à vous en parler pendant des milliers d'années, vous ne sauriez toujours quel est goût du jaquier. Mais si je vous offrais un petit morceau de jaquier pour le goûter, vous vous exclameriez aussitôt "Ah oui! Maintenant je sais."»

Cet exemple s'applique à notre relation avec Dieu. Les paroles sans fin, les discours interminables, les longs écrits sur Dieu ne suffisent pas à eux seuls. Bénis sont ceux qui écoutent, lisent et mettent ces paroles en

---

[1] Un fruit très répandu en Inde.

pratique. Mais le message de Paramahansa Yogananda, c'est que nous devons d'abord et avant tout *goûter* à la Vérité. Nous devons connaître Dieu à travers notre expérience personnelle directe.

*Révéler l'harmonie complète et l'unité fondamentale existant entre le Christianisme original tel que Jésus-Christ l'a enseigné et le Yoga original tel que Bhagavan Krishna l'a enseigné ; et montrer que les principes de vérité qu'ils contiennent constituent le fondement scientifique commun à toutes les vraies religions.* Combien de guerres de religions ont eu lieu à travers les siècles ! La Vérité est une, parce que Dieu est un, quand bien même les hommes Lui attribuent différents noms. La mission de Paramahansa Yogananda est de démontrer qu'il existe une autoroute commune qui conduit à Dieu, la route que les disciples de toutes les religions doivent prendre s'ils désirent atteindre la réalisation du Soi, la réalisation en Dieu. Cet objectif est décrit au point suivant.

*Indiquer la voie divine universelle où tous les sentiers des croyances religieuses véritables finissent par aboutir : la voie de la méditation quotidienne, scientifique et fervente sur Dieu.* Il y a trente ans de cela, Guruji dit : « Le jour viendra où les églises, les temples et les mosquées seront vides. » Ce n'est pas la faute de la religion, mais plutôt de ses disciples. Tant que les hommes se contenteront d'entrer dans un édifice pour y écouter simplement quelques paroles de vérité, y puiser un peu d'inspiration pour retourner ensuite chez eux et continuer de vivre comme on vit d'ordinaire sans penser Dieu – en manifestant les mêmes sautes d'humeur, le même égoïsme, la même nervosité, les mêmes tensions, les mêmes craintes et la même sensualité – quelle valeur peut avoir leur religion ? La mission de la Self-Realization est d'encourager tout être humain à établir dans son cœur un temple sacré dédié à Dieu seul, dans lequel il communiera quotidiennement avec le Seigneur Lui-même grâce à la méditation.

*Démontrer la supériorité de l'esprit sur le corps et celle de l'âme sur l'esprit.* Nous cherchons à démontrer que l'homme n'est pas limité par cette petite prison de chair. Jésus a dit : « Ne vous inquiétez pas pour votre vie, de ce que vous mangerez, ni pour votre corps, de quoi vous serez vêtus[1] ». N'accordez pas trop d'attention à cette forme physique. Dépendez davantage du pouvoir de l'esprit et du pouvoir de Dieu qui se trouve dans l'âme. Nous ne sommes pas des êtres physiques ; en fait, nous ne sommes pas non plus des êtres mentaux, bien que nous fonctionnions à travers un esprit et un corps physique. Nous sommes une âme, une expression individualisée de l'Esprit infini. Telle est notre véritable nature. La démonstration de cet idéal a pour but de nous libérer de toutes les entraves physiques et de toutes les chaînes mentales cachées qui, en liant l'âme au corps et aux humeurs changeantes, nous privent de la paix.

*Affranchir l'homme de sa triple souffrance : maladies physiques, discordances mentales et ignorance spirituelle.* Seule la réalisation divine peut définitivement libérer l'homme de toutes souffrances. L'action juste – physique, mentale et spirituelle – équilibrée par la méditation juste, est la formule nécessaire pour atteindre cette triple liberté.

---

[1] Matthieu 6, 25.

*Rien que l'Amour*

*Favoriser la compréhension spirituelle et culturelle entre l'Orient et l'Occident ainsi que l'échange de leurs qualités respectives les plus nobles.* Bien que ce monde soit divisé entre l'Orient et l'Occident, Dieu montre aujourd'hui à l'humanité qu'elle ne peut plus vivre confinée dans les limites étroites de ses nations. Notre Guru a dit: « Dieu créa la terre, mais l'homme créa les pays qui mettent à l'étroit, figés dans d'artificielles frontières[1]. » Dieu nous indique que les frontières égoïstes doivent être abolies. Mais elles ne peuvent être détruites par les bombes ou la force brutale. Il n'existe qu'un seul moyen de briser ces frontières; vous tous, ici présents, en faites la démonstration. Les frontières disparaissent lorsque nous nous unissons dans l'amour de Dieu qui est notre Père à tous. Il doit être l'idéal commun, le but commun de toute l'humanité. Lorsque nous Le reconnaissons davantage comme étant la Source unique, le Père Nourricier de la vie, les entraves des préjugés se brisent. Nous commençons à nous apercevoir que ceux que nous trouvions si différents sont en fait exactement comme nous. J'ai fait quatre fois le tour du monde jusqu'à présent et visité la plupart des grands pays; je retrouve la même sincérité touchante, les mêmes buts, les mêmes besoins et les mêmes intérêts chez les habitants de tous les pays. La Self-Realization doit être le porte-drapeau du message de la fraternité divine. Faites de cela votre idéal lorsque vous retournerez chez vous. Faites disparaître les préjugés. Accueillez tout le monde avec cet esprit fraternel, qui est le véritable reflet de Dieu en chacun de vous.

---

[1] Paramahansaji cita cette phrase ainsi que d'autres vers de son poème, « My India », dans le discours qu'il prononça à l'Hôtel Biltmore le soir du 7 mars 1952, juste avant d'entrer dans l'état de *mahasamadhi*.

*Les buts spirituels de la Self-Realization Fellowship*

*Unir science et religion en réalisant l'unité de leurs principes fondamentaux.* Il n'existe pas de différence entre la science et la religion. Elles finiront toutes les deux par aboutir à la même conclusion : il n'y a qu'une seule Cause. Les scientifiques matérialistes s'efforcent constamment de trouver la raison d'être de cette création. Certains d'entre eux nient l'existence de Dieu. Mais même un athée, lorsqu'il est confronté à une grande épreuve dans la vie, s'exclame sans le vouloir : « Oh, mon Dieu, mon Dieu ! » Il s'accroche inconsciemment au Principe éternel qui donne un sens de continuité à la vie. La vie est régie par un Principe éternel ; il n'y a pas de hasard. Nous sommes tous ici maintenant parce que nous étions destinés à être ici et maintenant ; et aussi sûrement que le soleil, la lune et les étoiles voyagent dans l'espace et le temps selon la vitesse respective qui leur a été assignée, la vie de chacun d'entre nous est guidée et protégée par ce grand principe qui se révèle à travers les lois de l'harmonie du monde et qui n'est autre que Dieu. « Ne vend-on pas deux passereaux pour un sou ? Cependant, il n'en tombe pas un à terre sans la volonté de votre Père[1] ».

*Favoriser « une vie simple doublée d'un idéal élevé » et répandre parmi tous les peuples un esprit de fraternité en leur enseignant le fondement éternel de leur unité : leur parenté avec Dieu.* Chercher Dieu et renoncer à ce que Paramahansaji appelait « les nécessités inutiles » ne signifie pas faire vœu de pauvreté. Il disait souvent : « Je n'aime pas le mot "pauvreté", car il a une connotation négative. Je crois plutôt en un mode de vie simple. La *simplicité* est mon idéal. » La simplicité de cœur et de parole, la simplicité dans nos

---

[1] Matthieu 10, 29.

possessions ; la pureté qui vient d'une vie et d'un esprit sans complications ; la pureté qui vient d'une relation directe et personnelle avec Dieu, quand vous réalisez : « Seigneur, je suis à Tes pieds. Je suis satisfait de tout ce que Tu m'offres et de tout ce que Tu fais de moi. »

Avoir des pensées élevées signifie maintenir constamment notre esprit à un niveau élevé afin que notre conscience puisse, à tout moment, se tourner instantanément vers Dieu. L'esprit devrait toujours s'éloigner des commérages, de tout ce qui est négatif et de tout ce qui entraîne la conscience dans la nervosité et l'agitation. Un esprit rempli de la pensée de Dieu est serein. Il possède la clarté de comprendre la nature humaine comme aussi toute expérience qui se présente à lui.

En simplifiant nos conditions de vie et en les réduisant à l'essentiel de manière à vivre une existence heureuse et spirituellement élevée, nous constatons que nous avons atteint le dénominateur commun de la vie : Dieu. Nous réalisons que nous provenons de Dieu, de même que tous les êtres humains, que Son pouvoir est notre unique soutien et que nous retournerons un jour vers Lui. Nous nous considérons comme faisant partie de la grande famille du Père divin ; l'humanité entière devient notre propre famille, sans distinction de race, de couleur, de croyance, de nationalité ou de statut social. Imaginez quel monde de beauté et de paix pourrait naître de l'acceptation universelle de cette vérité !

*Triompher du mal par le bien, de la peine par la joie, de la cruauté par la bonté et de l'ignorance par la sagesse.* Nous ne pouvons chasser l'obscurité en la pourchassant avec un bâton ; elle ne disparaîtra que lorsque nous répandrons la lumière. De même, seule la

*Les buts spirituels de la Self-Realization Fellowship*

lumière des qualités et des actions positives ainsi que de la réalisation du Soi peut dissiper les forces obscures et négatives de ce monde.

Ce qui m'enchante ce soir, c'est de voir tant de joie en vous. Lorsque je suis arrivée à l'ashram pour la première fois, j'avais dans l'idée que chercher Dieu était un sujet si sérieux que je n'aurais pas le temps de rire. Mais Guruji me dit: « Sois toujours rayonnante de joie, car telle est la nature de ton âme. Il faut que tu sois si heureuse dans ce monde que tu ne puisses jamais connaître la tristesse, car la tristesse n'est pas une réalité. Seul Dieu est réel. Or, Il est la joie. Chercher Dieu, c'est la fin de la tristesse. » Je n'ai jamais oublié ces paroles. Aussi, lorsque je vois des fidèles aux visages illuminés de sourires et lorsque je vois la manière charmante et joyeuse qu'ils ont de rire entre eux, mon cœur se remplit d'allégresse, car je vois que nous suivons l'idéal de notre Guru.

*Servir l'humanité comme son propre Soi universel.* L'idéal de l'adepte de la Self-Realization est de s'efforcer de vivre en pensant davantage à faire du bien aux autres et à vivre moins sur le mode du « je », du « moi » et du verbe avoir. Voyez quelle joie vous avez trouvée, vous qui avez collaboré à cette convocation pour en faire un événement heureux et spirituellement gratifiant pour tant de membres et d'amis bien-aimés venus du monde entier. Vous avez contribué à créer ces retrouvailles dans la fraternité divine par votre générosité et votre dévouement, oubliant plus d'une fois votre fatigue ainsi que les petits problèmes et les tensions inhérents à l'organisation d'un événement de cette envergure. Vous avez vraiment exprimé cet idéal de servir l'humanité comme son propre Soi universel. Je

*Rien que l'Amour*

prie pour que chacun d'entre vous ici adopte cet idéal de service désintéressé, car c'est en servant autrui que nous apprenons à sentir et à voir Dieu en tous.

Ce cinquantième anniversaire est une célébration dont nous nous souviendrons tous encore longtemps. Vous retournerez chez vous et vous évoquerez à maintes reprises cette douce amitié divine que nous avons ressentie. Vous emportez avec vous une parcelle de notre cœur et je pense que vous partez en nous laissant une part du vôtre, dans un partage réciproque. Nous avons noué un lien d'amitié spirituelle, une relation divine appelée à perdurer; en l'entretenant, elle prendra encore plus de puissance, de force magnétique qui attirera de nombreuses personnes sur cette voie sacrée de la Self-Realization Fellowship.

Pour conclure, laissez-moi vous lire ces quelques mots de notre Guru: « Mon corps disparaîtra, mais mon œuvre se poursuivra. Et mon esprit vivra. Même quand je vous serai enlevé, je continuerai de travailler avec vous tous à la libération de ce monde par le message de Dieu. Préparez-vous à la gloire de Dieu. Rechargez-vous à la flamme de l'Esprit. »

« Si Dieu me disait aujourd'hui même: *"Viens à la maison!"* j'abandonnerais, sans jeter un seul regard en arrière, toutes mes tâches actuelles – l'organisation, les bâtiments, les projets, les gens – et je m'empresserais de Lui obéir. Gouverner le monde est Sa responsabilité. C'est Lui l'Auteur, pas vous, ni moi. »

# Une anthologie de conseils

*Conseils d'inspiration spirituelle. Sauf indications contraires, cette sélection est tirée de discours donnés au siège international de la Self-Realization Fellowship, Los Angeles, Californie*

## Dieu est le plus grand des trésors
*25 mai 1961*

Lorsque vous vous sentez seuls, appelez votre Père céleste. Lorsque vous aspirez vraiment à être compris, courez vers Lui. Les hommes n'ont qu'une faible idée de l'Ami extraordinaire, de l'Amoureux fantastique qui est à la fois l'extraordinaire Père-Mère-Bien-Aimé et qui recherche leur amour !

Mais il faut commencer par Le chercher. Il ne s'imposera pas de Lui-même à Ses enfants ; Il attend qu'ils Le cherchent. Sur votre chemin, Il vous donnera *tout* sauf Lui-même. Il vous offrira continuellement toutes sortes de substituts, attendant de voir si vous vous en contenterez. Si c'est le cas, vous stagnerez sur la voie spirituelle, alors que le fidèle avisé, comme un enfant têtu, repousse les jouets et les babioles qui font partie des plaisirs du monde et continue d'appeler le Seigneur. Lui seul trouvera Dieu.

Je prie pour que vous soyez tous des enfants têtus de notre Père céleste, pleurant intérieurement et sans relâche pour qu'Il vienne à vous. Ne laissez pas votre esprit s'égarer dans la fange de l'insatisfaction et des

*Rien que l'Amour*

distractions futiles. Ne gaspillez pas vos vies ainsi, chers amis ! Soyez avides de Lui à chaque instant. Brûlez de désir pour Dieu. Transformez toutes vos convoitises en une immense flamme de désir pour le Seigneur. Toutes vos limitations se consumeront dans cette flamme libératrice.

Lorsque vous vous laissez distraire par les tentations de ce bas monde, priez : « Seigneur, si les plaisirs matériels me paraissent si tentants, ô combien plus fascinant dois-Tu être ! » Dieu est le plus grand des trésors. Toutes les Écritures l'affirment. Usez de votre discernement pour éviter les activités futiles et chercher ce Trésor inestimable, le seul qui soit éternel.

## Dieu est la réponse à tous les problèmes
*3 mai 1956*

Dieu est la réponse à tous les problèmes qui se présentent dans la vie. Nous devons nous accrocher à Lui en nous rapprochant toujours plus près. Nous devons nous tourner vers Lui pour obtenir Ses conseils et pour trouver des solutions aux mystères de l'existence. Puisqu'en dernière instance nous devons abandonner ce corps, pourquoi accorder tant d'attention aux choses matérielles ?

Accordez la plus grande importance à chercher Dieu et à Le servir. Servir Dieu avec un sens profond d'abandon de soi, avec la conscience d'accomplir tous nos devoirs pour Lui, est une forme de méditation, une manière de chercher Dieu. Nous devons apprendre à Le rencontrer dans notre propre conscience et à faire

*Une anthologie de conseils*

de Lui un compagnon inséparable.

Gurudeva avait l'habitude de nous encourager à nous réunir en petits groupes pour méditer plutôt que de nous retrouver pour parler de banalités et perdre notre temps. Vous constaterez, comme nous l'avons découvert nous-mêmes, que vous tirerez bien meilleur profit de la méditation avec quelqu'un, ou même seul, que du bavardage.

Évitez de vous concentrer sur les menus problèmes de la vie. Votre principal souci doit être votre relation avec Dieu. Vos émotions, vos habitudes, ce que vous considérez comme vos droits : rien de tout cela n'est bien important. Laissez Dieu y penser. Mettez-vous en harmonie avec Dieu et Dieu prendra soin de vous. C'est l'alliance divine entre la Mère et l'enfant. Gardez fermement cette promesse et ne doutez jamais qu'il existe une loi divine qui se charge de tout.

Notre seule véritable relation est celle que nous établissons avec Dieu et notre Guru. Ne lâchez pas Leur main. Sainte Thérèse de Lisieux disait : « Je passerai mon Ciel à faire du bien sur la terre. » C'était également la promesse du Maître. Son unique désir est de nous aider à trouver Dieu. Quiconque recherche ses conseils, quiconque lui tend la main pour recevoir son aide sentira infailliblement sa présence le guider. Vous devez avoir la foi, vous devez faire votre part, vous devez méditer ; vous arriverez alors à vous mettre en harmonie parfaite avec l'aide omniprésente et les bénédictions du Guru.

## La bataille psychologique entre le bien et le mal
*12 juillet 1956*

Peu importe la gravité des épreuves qui vous affligent dans la vie, peu importe vos problèmes, rappelez-vous que la Mère divine vous protège. Nous ne devrions pas nous étonner de rencontrer des difficultés et des épreuves sur la voie spirituelle. Tôt ou tard, tous les fidèles y sont confrontés. Nous devrions les affronter courageusement et en toute confiance, sachant que la grâce de l'amour et de la protection de la Mère divine est toujours avec nous.

Une bataille entre le bien et le mal se livre sans cesse en nous. Gurudeva avait coutume de dire que le fidèle se trouve au milieu, tiré d'un côté par Satan, qui représente le mal et les forces négatives et, de l'autre côté, par Dieu, qui représente le bien et les forces positives. Cependant, ni le bien ni le mal ne peuvent s'approprier le royaume de notre conscience, sauf si nous leur accordons le pouvoir de nous gouverner. Dieu nous a donné la liberté d'accepter ou de rejeter le mal, tout comme d'accepter ou de rejeter le bien. En d'autres mots, de collaborer avec Dieu ou avec Satan.

La Mère divine se tient derrière chacun d'entre nous, nous guidant et nous aidant, essayant par tous les moyens possibles de nous inspirer à travers notre conscience pour nous aider à prendre la bonne décision dans la lutte qui se livre entre le bien et le mal sur notre champ de bataille psychologique. Ce qui est une merveilleuse bénédiction, c'est que la Mère divine répond à chaque effort – même le plus infime – que fait le fidèle pour trouver Dieu, sentir Dieu ou être avec Dieu. Il se peut que nous ne soyons pas toujours conscients de la réponse de notre Mère divine ; mais quand nous nous trouvons au beau milieu de nos combats intérieurs et que nous nous tournons vers notre Mère divine pour obtenir de l'aide, Sa grâce est là pour guider nos actions, soutenir nos efforts et nous protéger par Son amour omniscient.

## Le Soi se réalise dans le silence intérieur
*Ashram d'Ananda Moyi, Calcutta, 18 janvier 1959*

La réalisation du Soi signifie l'union de l'âme avec Dieu. Les expériences des âmes illuminées de toutes les époques ont attesté que la réalisation du Soi est l'objectif essentiel, le but ultime de toutes les religions. Qu'il s'agisse d'Ananda Moyi Ma, de mon Gurudeva Paramahansa Yogananda ou d'autres, tous les grands saints parlent de ce but unique.

Nous ne devrions pas nous égarer dans les aspects extérieurs de la religion que sont les formes et les rituels. Les *pujas*, les messes et les rites ont pour seul but d'inspirer les fidèles à chercher Dieu en eux-mêmes. Mis à part cela, ces manifestations extérieures d'adoration sont inutiles.

Dieu est éternellement vivant, éternellement conscient, tout-puissant et Béatitude toujours renouvelée : *Satchitananda*. L'âme est éternellement vivante, éternellement consciente, omnipotente, Béatitude toujours renouvelée qui se manifeste comme Être individualisé. Nous pouvons connaître cette réalité grâce à la méditation. Nous ne pouvons connaître le Soi qu'en nous immergeant profondément dans la paix intérieure. Trouvez un endroit isolé chez vous ou

*Rien que l'Amour*

à l'ashram, plongez dans la méditation et comprenez qui vous êtes. Alors, vous saurez que vous êtes faits à l'image de Dieu. Nous sommes nés de la Joie, nous vivons pour la Joie et nous renaîtrons dans la Joie. Lorsque nous l'aurons compris, nous aurons obtenu la réalisation du Soi. Pour atteindre cet état, il est indispensable d'être en mesure de ressentir à l'intérieur de soi une félicité silencieuse. Il n'est pas possible de connaître Dieu uniquement par la foi aveugle ou des formes d'adoration extérieures. Nous devons pratiquer la méditation profonde afin de parvenir jusqu'à Dieu; c'est là le but de l'être humain. Soyez avec Dieu maintenant et vous serez avec Lui dans l'au-delà.

## Nous n'avons pas de temps à perdre

*Ashram de la Self-Realization Fellowship, Hollywood, Californie, 16 décembre 1959, au retour de la visite de Daya Mata des ashrams de Paramahansa Yogananda en Inde*

Notre voie est double : servir et méditer. Guruji a dit : « Je crois en l'équilibre. » Il nous a enseigné à être calmement actifs et activement calmes afin de trouver Dieu aussi bien en vaquant à nos activités que dans le silence de la méditation. Celui qui trouve cet équilibre connaît le bonheur; c'est un disciple qui connaît Dieu, car Dieu est à la fois actif et inactif : indescriptiblement occupé en tant que Créateur et d'une ineffable sérénité en tant qu'Esprit absolu bienheureux.

L'idéal est de chercher Dieu dans la méditation profonde et de trouver la joie et le bonheur en Le servant, quelle que soit la nature du service que nous accomplissons. Peu importe si nous travaillons en cuisine, dans l'enseignement ou dans l'écriture, ce qui compte, c'est d'agir pour plaire à Dieu et pas seulement à nous-mêmes.

Je prie avec ferveur afin que chacun d'entre nous puisse s'efforcer de ressentir un désir intérieur plus ardent pour le Bien-Aimé divin. Méditez très profondément. Souvenez-vous de cela. Peu importe si votre méditation ne dure que cinq minutes; utilisez ces cinq minutes précieusement pour votre Bien-Aimé. Mais méditez plus longtemps si vous le pouvez. Ne cherchez aucune excuse pour ne pas méditer chaque jour, régulièrement. Brûlez jour et nuit de désir pour Dieu. Aucun mot ne peut décrire la joie qui découle de cette relation.

Il y a dix-sept mois, j'avais quitté les ashrams du Maître en Amérique pour visiter ceux qu'il a instaurés en Inde. Je n'avais qu'une pensée en tête: « Tu es ma vie, Tu es mon Bien-Aimé... »; mon âme brûlait d'amour pour Dieu. Je suis revenue avec le même sentiment. Nous n'avons pas une minute à perdre. Guruji disait souvent: « La vie est comme une goutte de rosée qui glisse sur la feuille de lotus du temps. » Je pense souvent qu'une fois que cette goutte de rosée commence à glisser, elle s'accélère. Pour beaucoup d'entre nous, la plus grande partie de la vie n'est plus devant nous, mais derrière. Je ne peux que ressentir l'urgence d'utiliser ce temps pour connaître intérieurement mon Bien-Aimé.

Nous devons être passionnés de Dieu, ardents à Le trouver à travers notre amour et notre dévotion et brûler de Le servir. N'ayez pas peur de sacrifier votre corps, si nécessaire, au service du Bien-Aimé divin. Dieu vous soutiendra. Il est notre force. Il est notre vie. Il est notre amour.

Et lorsque vous méditez, laissez votre esprit

s'absorber entièrement en Dieu. Quand vous vous asseyez pour penser à Lui, rejetez de votre esprit toute autre pensée et plongez profondément, toujours plus profondément dans l'omniprésence de l'Éternel, notre Bien-Aimé. C'est de Dieu que se déverse tout l'amour qui a jamais filtré dans le cœur humain : l'amour d'un enfant pour sa mère, celui de la mère pour son enfant, celui d'un ami pour son ami, celui d'un mari pour son épouse. Toutes les formes d'amour ont jailli de cette Source unique. Cherchez la Source. Vous avez ici tout ce qu'il vous faut pour trouver Dieu. Vous n'avez pas à chercher plus loin. Gurudeva nous a apporté les enseignements. C'est à nous maintenant de les mettre en pratique.

Je me rappelle souvent ce merveilleux poème du Maître qui devrait être notre philosophie de vie :

> Ô Bien-Aimé divin, je n'ai rien à T'offrir,
> Car tout T'appartient.
> Je ne me lamente pas de n'avoir rien à offrir,
> Car rien n'est à moi, rien n'est à moi.
> Voici, je dépose à Tes pieds
> Ma vie, mon corps, mes pensées et mes paroles ;
> Car ils sont à Toi, car ils sont à Toi.

Gurudeva se conformait à ces paroles. Puissions-nous, ses disciples, nous appliquer à imiter son exemple.

## Enflammez-vous pour Dieu

*18 janvier 1960*

La paresse et le manque de jugement sont deux gros écueils à éviter sur notre parcours spirituel. Au fil des ans, nous oublions souvent le motif principal pour

Sur la plage d'Encinitas, où se situe un ashram de la Self-Realization Fellowship, surplombant l'Océan Pacifique

*« Je n'ai jamais demandé ou désiré avoir des expériences spirituelles. Je ne veux qu'aimer Dieu et ressentir Son amour. Ma joie découle du sentiment de L'aimer ; je ne recherche aucune autre récompense dans la vie. »*

À Pahalgam, dans les montagnes du Cachemire, 1961

*« L'homme qui vit vraiment est celui qui s'éveille à l'aube et qui est plein de vie, de joie de vivre, du désir de s'oublier lui-même et d'exprimer son Soi supérieur, qui est Dieu en lui. Avant cela, il ne fait qu'exister. »*

lequel nous avons choisi de nous consacrer à la vie spirituelle. Nous nous installons dans des habitudes de dévotion, nous pratiquons les rites extérieurs, mais nous échouons à garder vivante la flamme intérieure de notre désir pour Dieu. Nous nous engageons avec plaisir dans toutes sortes d'activités, mais nous nous complaisons dans la paresse lorsqu'il s'agit d'utiliser adéquatement notre temps libre : à rechercher Dieu passionnément.

Vous ne faites que rationaliser lorsque vous argumentez comme suit : « Si les circonstances avaient été différentes, si l'on m'avait traité avec davantage de compréhension, si telle ou telle chose n'était pas arrivée, je serais aujourd'hui plus près de Dieu. » Vous faites fausse route en raisonnant ainsi. Si vous ne trouvez pas Dieu, la faute n'en incombe pas à une circonstance extérieure ou à une tierce personne, mais à vous uniquement. En fin de compte, rien ni personne ne peut nous empêcher de connaître Dieu si nous nous efforçons constamment de nous libérer de notre paresse, de notre indifférence et de notre manque de jugement. Cherchez ardemment le Bien-Aimé divin en vous. Et si vous ne percevez pas Sa présence, ne blâmez que vous-même.

Lorsque je suis arrivée au Mont Washington, j'ai dû affronter beaucoup de problèmes, avec moi-même et avec mon entourage. J'étais découragée de découvrir que pas même dans un ashram je ne pouvais échapper à ces difficultés. Mais le désir intense de connaître Dieu brûlait en moi. Comme je rêvais vraiment de Le connaître dans cette vie, je me suis dit : « Existe-t-il une circonstance, un environnement ou une personne qui puisse m'enlever mon désir ardent de Dieu ? Si oui, alors je ne Le désire pas tant que cela. » Avec cette pensée en tête et armée d'une grande détermination, j'ai

*Rien que l'Amour*

pris la bonne direction sur le chemin spirituel.

Quelle tragédie lorsque quelqu'un se complaît dans sa routine au point de vivre sa vie spirituelle pour les apparences tout en laissant l'indifférence éteindre sa ferveur ardente pour Dieu. Lorsqu'un fidèle se retrouve dans cette situation, il doit s'empresser d'y remédier en gardant son esprit fixé jour et nuit sur l'Éternel : Dieu en premier, Dieu en dernier, Dieu tout le temps.

## Grâce à l'amour divin, chaque âme est unique

*Au retour d'un voyage en Inde, au siège international de la Self-Realization Fellowship, le 20 juillet 1964*

L'amour divin est le lien qui nous maintient tous étroitement unis, plus encore que les liens familiaux. Plus je vis, plus je réalise que c'est l'unique force capable de maintenir l'unité de l'humanité. Recevoir et donner de l'amour, de l'amour divin, est le devoir que Dieu nous a confié dans la vie. Cet amour est inné, il est déjà dans nos âmes ; et, tout comme il est naturel que la rose exhale un doux parfum, la douce fragrance de l'amour divin émane de notre âme. Je ne cesse de rappeler aux fidèles, ici ou en Inde, ces paroles immortelles de Guruji qui expriment le message des grands saints de tous les temps : « Seul l'amour pourra me remplacer. » J'ai parlé à de nombreuses personnes durant mes voyages et j'ai découvert que l'amour est le seul message auquel tous les êtres humains répondent. L'amour divin est la juste manière d'approcher toute âme ; et la voie de l'amour divin est le sentier que notre guru béni, Paramahansa Yogananda, a tracé pour nous.

Chacun d'entre nous est unique aux yeux de Dieu

et nous sommes tous égaux devant Lui : personne n'est plus grand, personne n'est plus petit. Nous sommes tous exceptionnels à Ses yeux, car lorsqu'Il a créé chacun de nous, Il n'a pensé à personne d'autre qu'à nous. C'est pourquoi, dans Sa pensée et dans Sa conscience illimitée, nous sommes tous des individualités. Cette originalité de l'âme est ce que nous devons découvrir en notre for intérieur et ce que nous devons exprimer. Il n'existe pas de façon plus magnifique d'exprimer notre individualité que par l'amour divin, la faculté d'aimer d'une manière pure et inconditionnelle que Dieu nous a donnée. Lorsque nous comprenons et pratiquons cela, notre chemin devient plus facile. Une fois que nous avons fait l'expérience du flot d'amour divin qui circule en nous, notre vie rayonne d'une splendeur que rien ici-bas ne peut égaler : ni le pouvoir, ni la gloire, ni les plus grands plaisirs des sens.

## Laissez Dieu vous aider à porter votre fardeau
*22 mars 1956*

Ce n'est pas le faible qui découvre Dieu, mais celui qui dit : « Mon Seigneur, je T'ai donné ma vie ; je T'ai abandonné mon cœur. Fais de moi ce que Tu veux. » J'ai demandé un jour à Gurudeva : « Quelle est l'attitude pour m'aider à porter le fardeau qui pèse sur mes épaules ? »

Il me répondit : « Tout d'abord, ne le considère pas comme un fardeau. Servir Dieu est un privilège sacré. Même lorsqu'il ne s'agit que de nettoyer et de récurer, discipline ton esprit afin qu'il accepte comme une bénédiction divine l'occasion de servir partout où Dieu t'a placée, que ce soit pour des tâches importantes ou banales. » Le Maître ajouta : « Souviens-toi toujours que tu n'es pas l'Auteur. Dieu est l'Auteur ; tu n'es que Son instrument. Prends la résolution d'être un canal réceptif et sois prête à faire Sa volonté. » Alors qu'il me donnait ces deux conseils, je pensai : « À moi maintenant de mettre cette leçon en pratique. » Et je dois dire que cela m'a permis d'accepter beaucoup plus de poids que je ne l'aurais pensé. Cela vous permettra, à vous aussi, d'assumer beaucoup plus que vous ne l'auriez cru possible.

Faites en sorte que votre conscience soit en harmonie avec celle de la Mère divine afin qu'Elle puisse porter ce fardeau et que le poids soit ainsi sur Ses épaules. Il ne vous appartient pas. Et lorsque vient le moment de méditer, tout le reste doit sortir de votre esprit, y compris les pensées en rapport avec votre corps. Vous devez être dans un état de calme intérieur absolu. Il est possible d'y arriver, mais vous devez faire un effort. Vous devez, par-dessus tout, prier pour l'amour de la Mère divine. Faire un effort spirituel devient alors très simple. Utilisez vos fins de semaine pour méditer, vous isoler et renouveler votre force spirituelle intérieure. Si vous méditez régulièrement et profondément, votre vie entière se transformera.

## Ne dépendez que de Dieu

*7 février 1956*

Nous devrions aimer Dieu de tout notre cœur. Alors, le sentiment d'être seul ou de dépendre des relations humaines disparaît. La compagnie de l'Eternel ne peut se comparer à nulle autre.

*Une anthologie de conseils*

C'est bien d'aimer les autres, mais nous ne devrions dépendre que de Dieu et non des êtres humains. Nous perdons ceux à qui nous nous attachons. Peut-être est-ce parce que le Seigneur veut nous prouver que si nous voulons arriver à Lui, notre intérêt envers Lui doit être total. Il est merveilleux de pouvoir implorer le Bien-Aimé divin de notre âme pendant la nuit ; merveilleux de murmurer à Dieu tout ce que nous désirons tellement Lui dire, sachant qu'Il nous comprend et qu'Il nous répond en silence.

Je sais maintenant pourquoi Gurudeva ne parlait pas souvent avec nous de nos problèmes personnels. Il ne voulait que nous parler de Dieu et ne discuter avec nous que de sujets spirituels. Il nous exhortait à ne pas nous fixer sur nos difficultés personnelles, insistant sur le fait que nous pouvions les surmonter en cherchant Dieu. Le Maître accordait parfois de longues entrevues à des fidèles qui venaient le voir et je me disais : « N'est-ce pas étrange ? Les disciples qui vivent à ses côtés ont rarement la chance de s'entretenir avec lui de leurs problèmes. » Mais il ne voulait pas d'une relation de ce genre avec nous. Il nous apprenait à nous adresser directement à Dieu. Nous pouvons recevoir quelques encouragements et un peu d'aide sur notre parcours en confiant de temps à autre nos difficultés aux autres ; mais lorsque nous avons besoin de la force divine, nous devrions nous adresser à Dieu et à Dieu seul.

Le guru est le canal divin à travers lequel la sagesse et la miséricorde du Seigneur bien-aimé coulent. De même que l'oiselle pousse son petit hors du nid pour qu'il apprenne à voler, le guru contraint le fidèle à établir sa propre relation avec Dieu. Pour la même raison, Dieu retire au fidèle tout appui humain et tout élément matériel qui n'éveille pas en lui Sa conscience,

*Rien que l'Amour*

jusqu'à ce que celui-ci parvienne à réaliser ceci : « Dieu est ma force. Il est mon amour et mon ami. Dieu est mon bien-aimé, mon seul amour. Lorsqu'Il n'est pas à mes côtés, tel un mendiant, je suis privé de tout. Lorsqu'Il est avec moi, je suis rempli d'amour et de joie ; je suis plein de courage et de force. »

Si nous recourons à des êtres humains pour obtenir une consolation divine, un réconfort divin, nous pouvons recevoir passagèrement un peu de bonheur et de satisfaction mais, tôt ou tard, le Seigneur nous retire cette béquille. Nous devons nous en remettre à Dieu. Lui seul est éternel. C'est pourquoi Il veut que nous soyons forts en Lui.

## Donnez une chance à Dieu

*8 septembre 1955*

Nous devrions donner à Dieu l'occasion de Se manifester dans nos vies ; mais nous ne Lui offrons aucune opportunité si, d'un cœur tiède, nous nous accrochons à moitié au monde et à moitié seulement à Lui. Nous devons tout laisser derrière nous et nous immerger entièrement dans L'Infini. Les saints nous disent que ce n'est pas difficile du tout : que si nous dirigeons nos pensées et notre amour vers l'intérieur, nous découvrirons ce Compagnon, éternel, aimant et joyeux qui est toujours secrètement avec nous.

Je me souviens que souvent, quand j'entrais dans son salon, je voyais Gurudeva avec des yeux aussi brillants que des diamants, reflétant l'amour divin. Tous les disciples présents pouvaient sentir qu'il était en extase

*Une anthologie de conseils*

divine. Parfois, lorsqu'il se trouvait dans cet état, le Maître parlait à voix audible. Et nous pouvions l'entendre parler dans un doux murmure à la Mère divine.

Pourtant, bien qu'il fût constamment absorbé en Dieu, je n'ai jamais connu personne qui appréciait autant ce qu'il faisait que le Maître. Il ne considérait jamais ses tâches comme des corvées. Il était très créatif et accordait un grand intérêt à tout ce qu'il accomplissait, car Dieu était toujours présent dans sa conscience et son seul désir était de Lui plaire.

Le Maître nous répétait sans cesse ses conseils spirituels : méditez profondément tous les jours et *sentez* la présence de Dieu. Nous ne sommes pas ici pour être seulement versés dans cette grande philosophie yoguique de la Réalisation du Soi, mais, ce qui est plus important, pour la *vivre*. C'est par la grâce et l'intercession du Maître que nous avons reçu cette opportunité bénie.

## Admonitions pour progresser sur la voie spirituelle
*7 mars 1956*

Durant ses derniers jours parmi nous, Gurudeva a laissé, pour tous ses disciples, plusieurs admonitions à suivre pour progresser plus vite sur le chemin spirituel. Il a ainsi abordé plusieurs sujets.

Il nous a conseillé d'être plus sérieux tout en étant plus joyeux : « Montrez-vous heureux et enthousiastes, mais ne vous perdez pas trop en plaisanteries et en frivolités. À quoi bon gâcher votre perception intérieure dans des bavardages inutiles ? Votre conscience est semblable à un seau de lait. Quand vous l'avez empli de la paix de la méditation, vous devez le maintenir ainsi. Plaisanter ou blaguer n'est souvent qu'une fausse distraction qui perfore les parois de votre seau et permet au lait de votre paix intérieure et de votre bonheur de se répandre en dehors. »

Le Maître nous a enseigné à ne pas trop dormir, mais à utiliser ce temps gagné pour méditer profondément et pour communier avec Dieu. « Le sommeil n'est qu'un moyen inconscient d'apprécier la paix de la présence divine. La méditation, plus régénératrice que mille millions d'heures de sommeil, est l'état conscient de repos et de paix. »

« Ne perdez pas votre temps, disait-il. Personne ne peut vous donner ce désir profond pour Dieu qui vous maintient sur le bon chemin. Vous devez le cultiver vous-mêmes. Éviter d'intellectualiser et de rationaliser ; par-dessus tout, ne doutez jamais que Dieu viendra à vous. Quand vous avez accompli vos devoirs, offrez votre temps à Dieu en méditation et vous ferez l'expérience intérieure de Sa béatitude divine, de Son amour divin. »

## L'amour divin est la motivation qui conduit à l'action juste
*11 juin 1968*

Je crois fermement à cet idéal qui combine l'action juste et la méditation. Dans l'action juste, le cœur, l'esprit et l'âme sont joyeusement réunis. Il ne contient aucune pensée du genre : « Je Te fais une

*Une anthologie de conseils*

faveur, Seigneur. » Il s'agit plutôt d'un dévouement joyeux envers Dieu. Lorsque nous agissons justement, nous ne nous attendons pas à jouir des fruits de nos actions, mais nous agissons uniquement pour la joie de les accomplir pour Dieu. C'est la joie que l'on ressent quand on est amoureux. On ne peut traverser la vie sans être amoureux de quelque chose ! Chaque être humain s'épanouit sous l'influence de l'amour. Pour ressentir le plus grand amour de votre vie, cherchez l'Amoureux cosmique, le Bien-Aimé éternel de nos âmes. J'en ai fait l'expérience ou, plus exactement, j'en *fait* l'expérience. À mes yeux, Dieu est la seule réalité dans ce monde.

Celui qui garde son esprit absorbé dans le Bien-Aimé cosmique fait preuve de sagesse. Vous ne pouvez savoir quel amoureux merveilleux est l'Éternel tant que vous n'apprenez pas à cheminer avec Lui, à converser avec Lui et à comprendre qu'Il est vôtre. Alors, vous saurez ce qu'est le bonheur, vous découvrirez ce qu'est l'amour sous son aspect le plus élevé et le plus beau. L'essence du message de notre Gurudeva, Paramahansa Yogananda, est que Dieu est amour.

C'est vrai, la Réalisation du Soi est une voie de sagesse, de travail et de félicité ; mais au-delà de tout cela, c'est pour moi la voie de l'amour divin. L'amour divin transforme l'être humain à tel point qu'il ne peut plus jamais penser en termes de « moi » et de « mien », mais uniquement de « Toi, Toi, mon Seigneur. »

Chacun de nous devrait transmettre ce message d'amour à son âme et s'efforcer de le vivre.

## L'illusion d'une conscience mortelle

*Méditation de Noël d'une journée entière,
23 décembre 1960*

Afin d'obtenir les meilleurs résultats de la méditation, il est important pendant que l'on médite, de chasser de l'esprit la conscience du corps ainsi que toute agitation mentale. Nous pouvons y parvenir si nous comprenons pleinement que nous ne sommes ni le corps, ni l'esprit. Au cours de nos innombrables vies antérieures, nous avons revêtu de nombreux corps et de multiples intellects. Essayez d'élever votre conscience au-delà de toute identification avec le petit manteau corporel que vous portez en ce moment et l'habit mental particulier qui vous sert temporairement. Vous êtes l'âme immortelle, faite à l'image de l'Être à aimer par dessus-tout.

Laissez votre cœur brûler de désir pour Dieu comme il ne l'a jamais fait auparavant. Nous avons passé bien des incarnations à errer sur les sentiers intriqués des désirs – pour être quelqu'un, pour connaître la célébrité et la gloire – pour toutes ces choses de valeur terrestre que cette vie nous offre. Aujourd'hui, durant votre méditation, chassez toutes les pensées de votre esprit, à l'exception d'une : « Mon Dieu, je suis fait à Ton image de sagesse, de béatitude et d'amour. Je suis Ton enfant. Libère-moi de l'illusion qui fait que je me perçois comme un être mortel et laisse-moi me voir – ainsi que Gurudeva et tous les grands maîtres ont pu le faire – comme Ton enfant, Ton enfant bien-aimé. »

## Le privilège de servir Dieu
*9 octobre 1964*

Personne en ce monde n'est indispensable. Dieu peut très bien se passer des services de qui que ce soit. Je me remémore toujours ce que Guruji me dit il y a bien longtemps: « Ne donne jamais à la Mère divine l'impression que tu Lui fais une faveur en accomplissant ton travail. » À ce moment-là, ses mots m'impressionnèrent profondément et ils ont pris encore plus de sens pour moi aujourd'hui ; je constate que servir la Mère divine – comme nous le faisons en poursuivant l'œuvre de Gurudeva – est un privilège exceptionnel. Mais chaque fois que nous pensons en avoir trop fait, nous adoptons la mauvaise attitude. Nous devrions ressentir à chaque instant une humble gratitude pour la bénédiction que représente l'opportunité de La servir.

Tout service doit être accompli dans l'attitude juste, sans quoi aucune tâche n'a de signification pour la Mère divine. Nous pouvons nourrir les pauvres, prodiguer des conseils ou accomplir maintes autres tâches utiles, mais si nous nous mettons à penser « Je participe à tant de bonnes œuvres ! N'est-il pas merveilleux que je puisse tant faire pour aider les autres ? Voyez comme les gens l'apprécient ! », ce n'est pas la bonne attitude. Le Maître nous rappelait souvent que « La Mère divine observe votre cœur. » Elle espère que nous voulons Lui plaire plutôt que de nous soucier de savoir si nos semblables apprécient ce que nous faisons. L'opinion des gens est variable : même s'ils nous aiment et nous respectent aujourd'hui, ils pourraient très bien nous rejeter demain. La dévotion humaine n'est pas célèbre pour sa constance. Par conséquent, nous devrions nous concentrer sur l'essentiel : plaire à Dieu, notre Ami éternel.

## Objectifs pour la nouvelle année
*Janvier 1967*

Alors que nous débutons cette nouvelle année, puissions-nous bien comprendre l'importance d'utiliser chaque minute pour nous améliorer et nous perfectionner en tant qu'enfants de Dieu. Le moment est maintenant venu de nous pencher sur l'analyse psychologique de nos actions de l'année qui s'achève, pour voir les progrès spirituels que nous avons accomplis. Nous devrions bien réfléchir sur ce que nous souhaiterions changer, en nous comme dans notre vie, et nous efforcer ensuite de faire de notre mieux pour atteindre ces objectifs. Nous devrions mettre par écrit les bonnes résolutions qui nous aideront à atteindre nos aspirations les plus élevées pour l'année qui s'annonce et les revoir ensuite chaque mois afin d'évaluer si nous atteignons les buts que nous nous sommes fixés.

En cette nouvelle année, puissions-nous comprendre pleinement que trouver Dieu est la seule solution définitive à tous les problèmes que nous devons affronter dans la vie. Nous devons développer une perception plus profonde de Lui.

La seule relation authentique que l'homme puisse avoir est celle avec Dieu et avec le Guru, en tant qu'intermédiaire. C'est Dieu qui nous discipline ; c'est Dieu qui nous aime. Soyez-Lui fidèles ! Et accrochez-vous à l'enseignement de la Réalisation du Soi comme à la main de votre Guru béni. Son unique et grand désir est de nous aider à nous réunir avec notre Père céleste.

*Une anthologie de conseils*

## Nous sommes liés par l'amour

*Commémoration du dix-huitième anniversaire de l'ashram de la Self-Realization Fellowship à Hollywood, Californie, 21 avril 1969*

Gurudeva, Paramahansa Yogananda, nous a réunis tous ensemble dans la conscience de l'amour divin. Il nous a tous reliés par un fil d'amour, délicat mais solide, afin de former une guirlande parfumée de dévotion et d'amour à déposer aux pieds de l'unique Amour, du Bien-Aimé suprême de nos âmes. Il a embrasé nos cœurs de désir pour Dieu, car il nous a toujours enseigné comme idéal que l'amour de Dieu devait arriver en premier ; puis, dans l'esprit de cet amour, l'amour pour tous. Cet amour divin est ce à quoi il faisait allusion quand il me dit : « ... Je veux tous vous voir à ce point grisés d'amour pour Dieu, nuit et jour, que vous ne voulez rien savoir d'autre que Dieu ; et donnez cet amour à tous ceux que vous rencontrerez. »

## La Mère divine sous Son aspect disciplinaire
*1er mars 1956*

La Mère divine a une nature multiple. La forme sous laquelle Elle se manifeste n'est qu'un reflet de notre état de conscience. Lorsque nous sommes en harmonie avec Elle, Elle est la Mère bienheureuse et aimante. Si nous ne le sommes pas, Elle nous semble être stricte et disciplinaire. Ce n'est pas qu'Elle désire nous discipliner. La souffrance surgit lorsque nous

nous séparons de Dieu. C'est nous qui avons créé cette séparation en L'oubliant, en suivant nos mauvaises habitudes, en nous engageant trop dans les activités de ce bas monde ou en nous complaisant dans nos émotions et dans nos états d'âme. La Mère divine ne nous abandonne jamais : c'est nous qui L'abandonnons. Alors, si elle Se montre sous un aspect disciplinaire et strict, c'est uniquement parce que nous avons rompu le lien avec la Source de tout ce qui est juste et bon.

Pour cette raison, lorsque la Mère divine semble avoir disparu de notre regard, S'être éloignée de l'orbite de notre conscience, le problème ne vient pas d'Elle mais de nous. Il se peut que notre esprit soit trop absorbé par nos préoccupations, ce qui est un péché spirituel, car cela dénote un manque de foi, un manque de confiance en Dieu ; ou que nous soyons trop enchevêtrés dans notre susceptibilité, qui se manifeste lorsque nous nous identifions à l'ego et que nous croyons être mortels plutôt que de nous considérer comme des images divines, c'est-à-dire des âmes ; ou trop impliqués dans des choses de ce monde. C'est à ce moment-là que la Mère divine s'éloigne de nous. Elle nous dit : « Mon enfant, là où Je suis, tu dois être aussi. » Elle Se dérobe, non pas pour nous punir, mais pour nous encourager à faire l'effort d'élever notre niveau de conscience jusqu'au royaume divin où Elle demeure. Elle désire que nous persévérions dans nos efforts pour nous améliorer.

La formation que nous a donnée le Maître était identique. Lorsque nous pensions avoir fait le maximum d'efforts ou avoir élevé notre conscience à un certain niveau, il plaçait la barre un peu plus haut. « Maintenant que vous en êtes arrivés là, essayez d'aller encore plus loin. » Nous essayions constamment de nous améliorer afin d'atteindre cette nouvelle hauteur, en nous libérant de la conscience du corps et de ses limites ainsi que des émotions qui nous enchaînent à cette forme mortelle. L'objectif du guru, le maître divin, est de nous aider à nous surpasser. Il nous aide à nous départir de notre nature inférieure, l'ego, et à nous rappeler que nous avons été créés à l'image immortelle de Dieu, qui est toujours existant, toujours conscient, béatitude et amour toujours renouvelés. C'est ce que nous sommes et nous devrions avoir honte d'être incapables de manifester notre véritable nature à chaque instant de notre vie. Nous devons nous efforcer d'atteindre la perfection. Ainsi, la Mère divine n'aura plus besoin de prendre l'aspect d'un tyran et Elle continuera à Se manifester à nous sous Sa forme pure de Mère joyeuse, bonne, compréhensive et aimante.

## Faites ressortir le meilleur de vous-mêmes
*Chapelle de l'ashram de Janakananda, siège international de la SRF, 28 février 1962*

Si vous n'avez pas encore ressenti un désir ardent et intense pour Dieu, ne vous découragez pas ; prenez la décision de méditer de plus en plus profondément chaque jour, ne serait-ce que cinq minutes. Comme Guruji nous le répétait souvent, appelez Dieu avec la même urgence que le ferait un homme sur le point de se noyer, un mourant luttant pour respirer. Si vous ressentez ce besoin impérieux, vous connaîtrez Dieu dans cette vie. Pour cultiver ce sentiment de nécessité immédiate pour Dieu, vous devez méditer quotidiennement et entretenir d'autres habitudes positives.

Vous ne pouvez chasser l'obscurité d'une pièce en la pourchassant d'un bâton. Faites de la lumière et elle disparaîtra. De même, le refoulement des mauvaises habitudes n'est pas le moyen le plus efficace de les vaincre. Allumez plutôt la lumière de la compréhension qui émane de la méditation profonde et d'un effort volontaire et conscient pour obtenir la maîtrise de soi. L'obscurité des mauvaises habitudes se dissipe à la lumière de l'autodiscipline et de la sagesse.

Dans ce monde, tout est pensée. Aussi, si vous souhaitez déloger une mauvaise habitude, affirmez mentalement, de façon positive, la bonne habitude opposée. Si vous avez tendance à être trop critiques, dès l'instant où vous vous apercevez que vous êtes en train de chercher des fautes chez quelqu'un sans raison, pensez plutôt à ses bons côtés. Très souvent, la tendance à critiquer émane d'un sentiment de jalousie, d'insécurité ou d'égotisme. Il est inutile de vous soucier des défauts des autres ; pensez plutôt aux vôtres, sans quoi cette attitude détruira votre paix.

Cherchez toujours les bons côtés de chacun. Cela ne veut pas dire fermer les yeux sur les erreurs des autres, car cela indiquerait uniquement un manque de discernement de votre part. Mais il y a une limite à devenir critique au point de ne plus être capables de percevoir le bien chez autrui.

L'être humain est plein d'imperfections. Pourquoi se concentrer sur elles ? Le Maître accueillait chaque fidèle tel qu'il était et concentrait ses efforts pour éveiller en lui les meilleures qualités. Savez-vous comment il s'y prenait ? En faisant tout simplement preuve d'amour et de compréhension à son égard. C'est ce que nous devrions faire. Nous devons nous efforcer de nous aider les uns les autres à nous améliorer en nous prodiguant de l'amour et de la compréhension, qui sont les qualités divines innées de notre âme, et nous devons les prodiguer généreusement aux autres.

## Le pouvoir du discernement
*21 mars 1962*

Le seul moyen de nous libérer de cette terrible roue du karma dans laquelle nous tournons inlassablement, tels des hamsters dans un cylindre, est d'adhérer à la voie spirituelle et aux idéaux exposés par notre Gurudeva béni, tout en se souvenant que ses bénédictions et ses conseils nous accompagnent toujours. Grâce à son omniprésence en Dieu, il est juste derrière l'obscurité de nos yeux clos, nous observant en silence. En entretenant un état de conscience qui nous maintient réceptifs à son aide omniprésente, nous augmenterons notre habileté à manier l'épée du discernement qu'il nous a donnée à travers la sagesse de ses enseignements; nous nous couperons bravement des distractions terrestres qui conduisent nos esprits sur des sentiers matérialistes; nous serons en mesure de choisir librement de vivre en conformité avec ces idéaux qui nous conduisent vers Dieu. Grâce au pouvoir de discernement, nous apprenons à faire ce que nous devons, quand nous le devons – sans être gouvernés par une quelconque influence extérieure – en agissant avec calme et sagesse, grâce à l'intelligence et à la volonté que Dieu nous a données.

Nous devrions apprendre à nous analyser chaque jour en nous posant les questions suivantes : « Comment me suis-je comporté ? Dans quelle direction est-ce que

*Rien que l'Amour*

je me dirige ? Qu'ai-je fait aujourd'hui qui m'ait rapproché de Dieu, en pensée, en paroles et en action ? » Sans oublier ceci : « Quelles sont les mauvaises habitudes dans lesquelles je m'entête et qui éloignent mon esprit de Dieu ? »

Lorsqu'inlassablement, grâce à la méditation et à un effort spirituel constant, nous nous rappelons que nous ne sommes pas des êtres mortels, mais des âmes immortelles, nous brisons peu à peu les chaînes qui nous ont longtemps assujettis à la conscience restreinte du corps et à un monde de changements perturbateurs incessants. À mesure que nous nous débarrassons de ces entraves, nous commençons à nous voir fugitivement comme des âmes faites à l'image de Dieu. Plus nous contemplons cette image divine en nous, plus nous ressentons Son amour dans nos cœurs, Sa sagesse dans nos esprits et Sa joie dans nos âmes.

## Surveillez vos pensées et vos actions
*28 janvier 1962*

Après notre méditation, Guruji avait coutume de nous dire : « Restez calmes et recueillis. Même lorsque vous quittez votre posture de méditation, laissez votre esprit reposer constamment, ou aussi longtemps que vous le pouvez, dans la pensée de Dieu. » C'est dans cette pensée que nous puisions la force, la sagesse, l'amour infini dont nos âmes sont assoiffées. Établissez fermement votre esprit dans ce qui seul a le pouvoir de demeurer immuable dans ce monde en perpétuel changement : Dieu.

Lorsque l'on arrive à connaître sa véritable nature,

*Une anthologie de conseils*

on devient un océan bouillonnant de joie intérieure. Et l'on est si désireux de demeurer dans cette joie que l'on évite soigneusement de trop la manifester extérieurement, de peur de la perdre.

Soyez toujours aimables et affectueux. Chassez de votre esprit les pensées mesquines et la médiocrité. Si les autres sont désagréables avec vous, essayez de les apprivoiser par votre amour. Si vous n'y réussissez pas, remettez alors le problème entre les mains de Dieu et oubliez-le. C'est la bonne manière d'aller de l'avant dans le monde.

Chacun de nous devrait s'efforcer d'exprimer l'amour divin. Nous n'avons pas à nous inquiéter de savoir si les autres expriment ou non cet amour; si notre comportement dépend des autres, nous ne triompherons jamais de notre petit moi. Nous devons essayer de maintenir notre conscience à un niveau supérieur. Si ce noble idéal est toujours présent dans votre esprit et si vous vous concentrez sur vos propres efforts, vous n'aurez pas le temps de vous demander si les autres poursuivent ou non cet idéal et s'ils font de leur mieux pour l'atteindre. Vous devez vous soucier uniquement de vos propres actions et de votre propre état de conscience. Intérieurement, veillez à toujours voler vous prosterner aux pieds de Dieu, notre Bien-Aimé.

## Un modèle de vie spirituelle

*Janvier 1961*

Comment savoir si vous progressez spirituellement? Vous progressez lorsqu'un profond désir pour Dieu est présent en vous de façon permanente; lorsque vous pouvez contrôler votre esprit de sorte que votre attention reste centrée sur l'objet de votre méditation; lorsque vous ressentez un immense océan de paix en vous et tout autour de vous, dans l'univers; lorsque vous avez le désir constant d'essayer de faire le bien, d'essayer d'accomplir ce qui est juste tout en vivant votre vie de tous les jours; et lorsqu'une seule et unique pensée habite votre esprit: «Bénis-moi, Seigneur, guide-moi, aide-moi à connaître Ta volonté. Aide-moi à trouver Ton amour.»

Il est en quelque sorte très facile de connaître Dieu: c'est un style de vie. Levez-vous le matin avec une seule pensée en tête: Dieu. Accomplissez toutes vos tâches en vous efforçant le plus possible d'éviter la colère, l'égoïsme, la rancœur et la critique, en sachant pertinemment que vous n'avez à faire qu'à Dieu dans toutes vos activités. Il est votre soutien. Il est votre protection. Il est votre force. Il est votre amour. Cherchez à Lui plaire en premier, en dernier et toujours; cherchez aussi à plaire au Guru et à vos semblables à travers Lui. Comme dernière activité de la journée, méditez profondément avant de vous endormir.

Lorsque nos corps étaient fatigués, Guruji nous regardait et nous disait souvent: «Cela n'a pas d'importance; c'est une bonne chose pour vous de travailler dur pour Dieu. Mais n'utilisez pas cette excuse comme justification pour éviter de méditer le soir. Dormez moins. Et si vous ne disposez que de quinze minutes pour méditer, faites que ces quinze minutes soient bien utilisées. Repoussez inlassablement le monde hors de votre conscience et immergez-vous dans le vaste océan intérieur de la présence divine.»

Connaître Dieu est facile lorsque nous n'avons qu'un seul objectif, qu'un seul but: Dieu. Connaître

Dieu est très difficile lorsque nous laissons nos pensées vagabonder et se perdre en futilités. Sachez ce que vous voulez et atteignez ensuite votre but en vous y mettant cœur et âme. Si c'est Dieu que vous voulez, cherchez-Le avec ferveur. Si votre corps est un obstacle ou oppose de la résistance, disciplinez-le. Lorsque vous méditez, ordonnez à votre corps de s'asseoir bien droit et de rester calme; observez votre respiration[1] et ne laissez pas votre esprit s'assoupir. Lorsque vous méditez, votre esprit doit être comme un câble électrique; votre attention doit être intense. Si vous me demandez comment parvenir à cet état, je vous dirais que c'est très simple : cultivez une relation personnelle avec Dieu en Lui parlant à chaque instant. Nos esprits sont toujours dirigés sur quelque chose : plaisir ou douleur, idées ou personnes qui captent notre attention. Focalisez plutôt votre esprit sur Dieu. Aimez-Le nuit et jour. Si vous ne pouvez ressentir cet amour, priez sans relâche pour l'obtenir. Aimer Dieu est tellement merveilleux ! C'est un état comme si une rivière silencieuse, douce et joyeuse traversait continuellement votre conscience, unissant votre être avec le vaste océan de la présence de Dieu qui habite en vous et à l'extérieur de vous, partout.

## Le secret d'une vie heureuse
*18 décembre 1962*

Notre monde intérieur[2] est la seule véritable échap-

---

[1] Daya Mata fait référence à une technique spécifique de méditation yoguique pratiquée par les étudiants de la Self-Realization Fellowship.

[2] «...Personne ne devra dire : «Il est ici ! Il est là ! » Car voici, contempler le royaume de Dieu est au milieu de vous. » (Luc 17, 22.)

*Rien que l'Amour*

patoire à nos épreuves. Plus nous demeurons dans la conscience divine de notre monde intérieur grâce à la méditation, plus nous désirons y demeurer. Il est facile de comprendre pourquoi les grands yogis s'immergent dans un état méditatif durant des heures, des jours, voire des années sans interruption. Lorsque quelqu'un se recueille au plus profond de lui-même, il réalise que ce n'est que là qu'il vit vraiment, que ce n'est que là qu'il est en contact avec la Réalité. Il ne subsiste plus aucun désir en lui de quitter ce paradis intérieur, de redescendre de ce niveau de conscience. La seule raison qui l'incite à le faire est qu'il doit accomplir les tâches que Dieu lui a confiées ici-bas.

Le Seigneur n'attend pas de nous que nous fuyions au fond des bois pour Le chercher dans la solitude. Nous devons trouver cette solitude en notre for intérieur. Quand nous ramenons ensuite notre conscience de l'état méditatif à la perception du monde, nous demeurons à un niveau plus élevé, ce qui nous permet de mieux accomplir la volonté divine. Étant détachés des fruits de nos actions, nous accomplissons tous nos devoirs le plus honnêtement possible, avec la vigilance la plus consciencieuse et l'enthousiasme le plus fervent, recherchant des résultats non par intérêt personnel, mais uniquement pour accomplir la volonté de Dieu: voilà la façon de trouver la paix dans ce monde.

Un jour, Gurudeva me dit: « Le secret d'une vie heureuse consiste simplement à répéter sans cesse intérieurement: "Seigneur, que Ta volonté soit faite, non la mienne. C'est Toi l'Auteur, pas moi." » Quand vous vous efforcerez de vivre conformément à cette pensée, vous découvrirez après un certain temps un état de non-attachement et de grande liberté intérieure. Un seul désir vous habitera: « Seigneur, je ne désire que faire Ta volonté. Peu importe en quoi cela consiste, cela me convient, car je ne veux rien accomplir dans ce monde pour moi-même. Je m'efforce seulement d'accomplir les tâches que Tu m'as confiées, parce que mon seul désir est de Te plaire. »

## L'histoire d'amour avec Dieu
*7 avril 1955*

Soyez si forts intérieurement, si absorbés dans la pensée de Dieu, avec une foi absolue en Lui, que rien d'autre n'aura d'importance. Alors, aucune peine, aucune contrariété ne pourra vous ébranler, car ce ne sont que des épreuves. Si le corps souffre, c'est pour nous inciter à nous souvenir de la Mère divine et de notre véritable nature en Elle. À travers les souffrances physiques, nous finissons par apprendre à prier : « Bien que ce corps soit tourmenté par la douleur, bien que j'ignore ce qui m'attend, ô Mère, je sais que je ne suis pas ce corps, mais l'âme immortelle qui ne réside dans cette forme mortelle que pour une brève période. » Et si l'esprit est torturé par le doute et que l'âme se sent insatisfaite, ce n'est que pour se souvenir que nous devons nous tourner vers la Source infinie afin d'obtenir cette sécurité, cette plénitude à laquelle le cœur aspire ainsi que cet amour qu'aucune relation humaine ne peut nous apporter. Seul Dieu peut satisfaire pleinement ces ardents désirs qui sont innés à l'esprit humain.

Nous sommes issus de Dieu ; nous devons vivre et travailler de manière désintéressée, de plus en plus désintéressée pour Lui et Lui seul ; et c'est dans les bras de notre Dieu bien-aimé que nous retournerons un jour nous fondre à nouveau. Réfléchissez à cette vérité et gardez-la toujours présente à votre esprit.

N'ayez peur de rien. Ne soyez pas effrayés par les luttes de votre du corps. N'ayez pas peur de faire quelques sacrifices et de vous abandonner à Dieu. C'est une grande leçon que chaque fidèle doit apprendre. Pourquoi accorder tant d'attention à ce corps périssable ? Abandonnez-le à Dieu.

Je me souviens du temps où je stagnais, pensant beaucoup trop à moi-même. Vous ressentez une formidable liberté dès lors que vous avez franchi ces barrières et compris que c'est la Mère divine qui nous soutient à chaque instant de notre vie, à travers chaque respiration, chaque battement de notre cœur. Si Elle est avec nous, qui ou quoi peut bien être contre nous ?

Chacun de nous porte en soi cette même Étincelle divine qui animait tous les saints. Dieu ne nous aime pas moins qu'Il ne les aime. Alors, où se situe notre insatisfaction ? Uniquement en nous. Si nous ne pouvons ressentir l'amour de Dieu, c'est que notre amour pour Lui est trop superficiel. À qui la faute ? Une fois de plus, à nous. Nous ne pouvons blâmer personne d'autre, ni les circonstances, ni notre environnement, ni notre entourage. Nous devons méditer plus profondément.

Quand vous vous levez le matin, méditez. Au besoin, cravachez mentalement votre corps pour qu'il vous obéisse. Après tout, le corps ne vous accompagne que durant quelques années, destiné à servir d'instrument pour votre âme immortelle, votre véritable soi. Disciplinez également votre esprit. Lorsque vous aurez maîtrisé le corps et l'esprit, vous découvrez qu'il est si simple, si facile de réaliser la présence de Dieu.

Peu importe ce que vous êtes en train de faire,

rien ne peut vous empêcher de converser silencieusement avec Dieu. Tant qu'il est encore temps – que vous disposez de la vie, de la santé, des occasions et de la liberté de commencer cette histoire d'amour avec Dieu –, ne vous estimez pas satisfaits tant que vous ne ressentirez pas l'amour de Dieu jaillir au plus profond de votre être chaque fois que vous penserez simplement son Nom divin. « Ce jour viendra-t-il, Mère, où en prononçant le mot "Mère" mes yeux s'empliront de larmes ? » Lorsque Guruji chantait ces paroles, mon cœur se consumait d'un désir ardent : « Ô Mère, est-ce que ce jour viendra pour moi ? » Seul cet amour est réel. Notre devoir suprême dans la vie est de trouver cet amour et de l'éveiller dans le cœur des autres. C'est la seule raison pour laquelle la Self-Realization Fellowship existe. En tant que disciples de cette voie, ayez toujours cet idéal devant vos yeux.

# PARAMAHANSA YOGANANDA

« *La vie de Paramahansa Yogananda est une parfaite expression de l'idéal de l'amour pour Dieu et du dévouement à l'humanité… Bien qu'il ait passé la plus grande partie de sa vie en dehors de l'Inde, son pays natal, il a sa place parmi nos plus grands saints. Son œuvre continue à grandir et à rayonner toujours davantage, attirant des pèlerins spirituels de tous les horizons sur le chemin de la connaissance de l'Esprit.* »

Extrait d'un hommage rendu par le gouvernement de l'Inde à Paramahansa Yogananda lors de l'émission d'un timbre commémoratif en son honneur.

Paramahansa Yogananda est révéré dans le monde entier comme l'une des figures spirituelles les plus éminentes de notre temps. Né en 1893 dans le nord de l'Inde, il vécut et enseigna aux États-Unis pendant plus de trente ans – à partir de 1920, lorsqu'il fut invité à être le représentant de l'Inde lors d'un congrès international des religions libérales à Boston, jusqu'au moment de sa mort en 1952. Sa vie et son enseignement contribuèrent largement à faire connaître en Occident la sagesse spirituelle de l'Orient.

L'histoire de la vie de Paramahansa Yogananda, relatée dans *Autobiographie d'un Yogi*, n'offre pas seulement un portrait fascinant de ce grand enseignant de l'humanité qui ne cesse de susciter l'admiration et l'affection. Elle constitue aussi une introduction à l'antique science et philosophie du yoga avec sa tradition séculaire de la méditation. Depuis sa première publication il y a soixante ans, ce best-seller intemporel fut traduit en plus de vingt langues; il est utilisé comme texte de base et ouvrage de référence dans de nombreuses universités. Considéré comme un classique en matière de spiritualité, il a réussi à toucher le cœur de millions de lecteurs dans le monde entier.

De nos jours, l'œuvre spirituelle et humanitaire de Paramahansa Yogananda se poursuit à travers la Self-Realization Fellowship – l'organisation religieuse internationale qu'il fonda en 1920 – sous la direction de Sri Mrinalini Mata. En plus de la publication de ses écrits, conférences et propos informels (y compris une série complète de leçons par correspondance), l'organisation supervise des temples, des retraites et des centres tout autour du monde. Elle dirige également la communauté monastique de l'Ordre de la Self-Realization ainsi qu'un Cercle de Prière mondial.

# BUTS ET IDÉAUX DE LA SELF-REALIZATION FELLOWSHIP

Tels que définis par le fondateur,
Paramahansa Yogananda
Présidente : Sri Mrinalini Mata

Répandre parmi toutes les nations la connaissance de techniques scientifiques définies permettant de faire l'expérience personnelle et directe de Dieu.

Enseigner que le but de la vie est de faire évoluer, par l'effort personnel, la conscience mortelle et limitée de l'homme jusqu'à lui faire atteindre la Conscience de Dieu ; et, à cette fin, établir dans le monde entier des temples de la Self-Realization Fellowship pour communier avec Dieu et aussi encourager l'établissement de temples de Dieu individuels dans le foyer et dans le cœur de chaque homme.

Révéler l'harmonie complète et l'unité fondamentale existant entre le Christianisme originel, tel que Jésus-Christ l'a enseigné, et le Yoga originel, tel que Bhagavan Krishna l'a enseigné ; et montrer que les principes de vérité qu'ils contiennent constituent le fondement scientifique commun à toutes les vraies religions.

Indiquer la voie divine universelle où tous les sentiers des croyances religieuses véritable finissent par aboutir : la voie de la méditation quotidienne, scientifique et fervente sur Dieu.

Affranchir l'homme de sa triple souffrance : maladies physiques, discordances mentales et ignorance spirituelle.

Favoriser « une vie simple doublée d'un idéal élevé » et répandre parmi tous les peuples un esprit de fraternité en leur enseignant le fondement éternel de leur unité : leur parenté avec Dieu.

Démontrer la supériorité de l'esprit sur le corps et de l'âme sur l'esprit.

Triompher du mal par le bien, de la peine par la joie, de la cruauté par la bonté et de l'ignorance par la sagesse.

Unir science et religion en réalisant l'unité de leurs principes fondamentaux.

Favoriser la compréhension spirituelle et culturelle entre l'Orient et l'Occident ainsi que l'échange de leurs qualités respectives les plus nobles.

Servir l'humanité comme son propre Soi universel.

# PUBLICATIONS DE LA SELF-REALIZATION FELLOWSHIP DES ENSEIGNEMENTS DE PARAMAHANSA YOGANANDA

Disponibles en librairie ou directement auprès de l'éditeur :

*Self-Realization Fellowship*
*3880 San Rafael Avenue • Los Angeles, CA 90065-3219, USA*
*Tél. +1(323) 225-2471 • Fax +1(323) 225-5088*
*www.yogananda-srf.org*

### TRADUITS EN FRANÇAIS

*Autobiographie d'un Yogi*
*À la Source de la Lumière*
*Ainsi parlait Paramahansa Yogananda*
*La Science de la Religion*
*La Loi du Succès*
*Comment converser avec Dieu*
***La Science sacrée*** de Swami Sri Yukteswar
***Relation entre Gourou et Disciple*** de Sri Mrinalini Mata

### LIVRES EN ANGLAIS

***The Second Coming of Christ:*** *The Resurrection of the Christ Within You*
Un commentaire révélé des Évangiles sur l'enseignement originel de Jésus.

***God Talks with Arjuna: The Bhagavad Gita***
Une nouvelle traduction de la Bhagavad Gita et un nouveau commentaire.

***Man's Eternal Quest***
Volume I des conférences et propos informels de Paramahansa Yogananda.

***The Divine Romance***
Volume II des conférences, propos informels et essais de Paramahansa Yogananda.

***Journey to Self-realization***
Volume III des conférences et propos informels de Paramahansa Yogananda.

***Wine of the Mystic:*** *The Rubaiyat of Omar Khayyam*
*A Spiritual Interpretation*
Un commentaire inspiré qui nous fait découvrir la science mystique de la communion avec Dieu, dissimulée derrière les images énigmatiques des *Rubaiyat*.

### *Whispers from Eternity*
Un recueil de prières de Paramahansa Yogananda et de ses expériences divines dans des états élevés de méditation.

***The Yoga of the Bhagavad Gita:*** *An Introduction to India's Universal Science of God-Realization*

***The Yoga of Jesus:*** *Understanding the Hidden Teachings of the Gospels*

***In the Sanctuary of the Soul:*** *A Guide to Effective Prayer*

***Inner Peace:*** *How to Be Calmly Active and Actively Calm*

### *To Be Victorious in Life*

### *Why God Permits Evil and How to Rise Above It*

***Living Fearlessly:*** *Bringing Out Your Inner Soul Strength*

### *Metaphysical Meditations*
Plus de 300 méditations, prières et affirmations pour favoriser l'élévation spirituelle.

### *Scientific Healing Affirmations*
Avec une explication approfondie de Paramahansa Yogananda sur la science de l'affirmation.

### *Songs of the Soul*
Poésie mystique de Paramahansa Yogananda.

### *Cosmic Chants*
Paroles et musique de 60 chants de dévotion, avec une introduction expliquant comment le chant spirituel peut conduire à la communion divine.

## ENREGISTREMENTS AUDIO DE PARAMAHANSA YOGANANDA

*Beholding the One in All*
*The Great Light of God*
*Songs of My Heart*
*To Make Heaven on Earth*
*Removing All Sorrow and Suffering*
*Follow the Path of Christ, Krishna, and the Masters*
*Awake in the Cosmic Dream*
*Be a Smile Millionaire*
*One Life Versus Reincarnation*
*In the Glory of the Spirit*
*Self-Realization: The Inner and the Outer Path*

## AUTRES PUBLICATIONS DE LA SELF-REALIZATION FELLOWSHIP

Le catalogue complet des livres et des enregistrements audio et vidéo de la Self-Realization Fellowship est disponible sur demande.

**Finding the Joy Within You: Personal Counsel for God-Centered Living** de Sri Daya Mata

**God Alone: The Life and Letters of a Saint** de Sri Gyanamata

**"Mejda": The Family and the Early Life of Paramahansa Yogananda** de Sananda Lal Ghosh

**Self-Realization** *(magazine trimestriel fondé par Paramahansa Yogananda en 1925)*

## LES LEÇONS DE LA SELF-REALIZATION FELLOWSHIP

Les techniques scientifiques de méditation enseignées par Paramahansa Yogananda, y compris le Kriya Yoga – tout comme ses instructions sur les différents aspects d'une vie spirituelle équilibrée – sont exposées dans les *Leçons de la Self-Realization Fellowship*. Pour de plus amples renseignements, veuillez nous écrire afin de recevoir la brochure gratuite d'introduction en français *Qu'est-ce que la Self-Realization Fellowship?* ou notre brochure gratuite *Undreamed-of Possibilities* disponible en anglais, en espagnol et en allemand.

# TABLE DES ILLUSTRATIONS

Pages

Sri Daya Mata *(frontispice)*
Avec Paramahansa Yogananda, Encinitas, 1939 ...................... 21
Au siège international, Los Angeles, 1969 ............................... 22
À la convocation de la SRF, Los Angeles, 1975 ....................... 60
Arrivée à Ranchi, 1967 ................................................................ 61
En méditation, durant Ram Dhun, Ranchi, 1968 .................... 92
Nourrissant les enfants, Dakshineswar, Inde, 1961 ................ 93
Dirigeant un *satsanga*, Dakshineswar, Inde, 1973 ................... 94
Avec Ananda Mata et Mrinalini Mata, Bombay ...................... 95
À l'école de la YSS, Ranchi, 1972 ............................................. 136
Se liant d'amitié avec un serpent, Bénarès, 1961 ................... 136
Dirigeant les *sannyas*, Ranchi, 1968 ........................................ 137
Bénissant un enfant, Inde, 1961 ............................................... 137
Avec le Jagadguru de Gowardan Math, 1958 ......................... 179
En samadhi, Ranchi, 1967 .......................................................... 180
À la grotte de Mahavatar Babaji, Himalaya, 1963 ................. 221
Lettre de Paramahansa Yogananda .......................................... 222
Sa photo préférée de Paramahansa Yogananda ..................... 227
Dirigeant un *satsanga* à Paris, 1969 ......................................... 228
En méditation, cérémonie du *Kriya Yoga*, Los Angeles ......... 228
Après une cérémonie de *sannyas*, Los Angeles, 1965 ............ 259
À Palpara, Bengale occidental, 1973 ........................................ 260
Célébrant le Holi, Ranchi, mars 1973 ...................................... 261
Célébration du Holi par un enfant pour Mataji, Ranchi ....... 261
Réconfortant un disciple âgé, Calcutta, 1968 ......................... 262
Sur la plage à l'ashram de la SRF, Encinitas ........................... 305
À Pahalgam, Cachemire, 1961 .................................................. 306

# TABLE DES MATIÈRES

*Préface* ............................................................................... VII
*Introduction* ........................................................................ X

**Pourquoi devrions-nous chercher Dieu ?** ............................................ 3
  « Comment pouvons-nous trouver Dieu ? »
  Les bienfaits de la méditation
  Dieu est le dénominateur commun de toute vie

**L'expansion des horizons de l'homme** ............................................. 17
  La communion avec Dieu conduira à l'unité du monde
  La proximité du monde aveugle l'homme
  N'attendez-pas que la vie vous force à chercher Dieu

**Notre destinée divine** ........................................................... 28

**Les qualités d'un disciple** ...................................................... 32
  Garder l'esprit sur Dieu aide à résoudre vos problèmes
  Efforcez-vous de vous améliorer
  Quand une attitude est juste, elle s'apparente au Christ
  Tout le monde a un grain de folie
  Captez la vérité avec l'intellect et assimilez-la avec l'âme
  Dieu timidement Se dérobe
  Nos désirs fondamentaux proviennent de l'âme

**Comment se comprendre les uns les autres** ....................................... 50

**Comment changer les autres** ..................................................... 55
  Qui est responsable du comportement des adolescents ?
  L'intention divine derrière les relations humaines

**Les enseignements que nous pouvons tirer des autres** ............................ 70
  Conservez votre équanimité
  Découvrez ce que Dieu attend de vous
  Ancrez-vous en Celui qui est immuable

**L'importance d'aimer Dieu** ...................................................... 78

**Comment spiritualiser sa vie** ................................................... 82
  Plongez votre esprit dans la méditation
  Apprenez à vous inspirer d'un Pouvoir supérieur
  L'importance d'une vie équilibrée

    La Vérité est simple

## Les expériences de la vie vues par les sages .............................. 90

## Réflexions sur l'attitude juste ................................................... 99
    Que Ta volonté soit faite
    Soyez un instrument de Dieu

## Une occasion spirituelle pour la nouvelle année.................. 103
    La lumière de Dieu dissipe l'obscurité
    Renforcez vos bonnes résolutions
    Construisez votre vie sur le rocher de la méditation
    Pratiquez la présence de Dieu
    Rappelez-vous seulement de faire chaque jour de votre mieux
    Ma prière pour vous

## Le secret du pardon ..................................................... 113
    Cherchez la réalisation de l'âme, dépositaire de l'amour

## Un temps pour prier, un temps pour s'abandonner................ 118
    Converser spontanément avec Dieu : la plus naturelle des prières
    Le corps n'est qu'un manteau qui recouvre l'âme
    « Aide-toi et le Ciel t'aidera »
    Le pouvoir magnétique de l'affirmation
    La pensée : la force la plus puissante au monde

## L'être humain a besoin de Dieu .............................................. 127
    Dieu et l'être humain cherchent l'amour inconditionnel
    Accrochez-vous fermement à Dieu, car Il peut vous aider
    Plaire à Dieu devrait être notre motivation dans la vie

## Comment trouver grâce aux yeux de Dieu ........................... 133
    Dieu est extrêmement facile à connaître
    Si vous recherchez les miracles, Dieu Se dérobera
    L'intuition qui soulève le voile de la nature
    Les qualités requises pour être un véritable karma yogi
    Nous dépendons entièrement de Dieu
    Ne craignez jamais Dieu
    Rappelez à Dieu quelle est Sa part de responsabilités dans vos difficultés

**Les secrets du progrès spirituel** ........................................ 145
    Le conflit entre le service et la méditation
    La méditation est notre devoir le plus important
    Changer notre façon de penser nous rapprochera de Dieu
    Accomplissez vos tâches de bon cœur, sans vous plaindre
    En tant qu'âmes, tous les hommes sont égaux
    Dieu est l'unique bien

**La méditation sur Dieu est-elle compatible avec la vie moderne ?** .......................................................................... 155
    Conjuguez la méditation avec l'action juste
    Seule la méditation peut étancher votre soif spirituelle
    Soyez sincères dans vos objectifs spirituels
    La pensée positive et juste
    Pensez jour et nuit à Dieu
    La signification de la responsabilité
    Sensibilité constructive et sensibilité destructrice
    La méditation et la pensée juste
    Votre véritable mission dans la vie

**La seule voie du bonheur** ............................................... 175
    L'homme le plus accompli
    Les étapes vers la réalisation du Soi
    Notre royaume n'est pas de ce monde

**Le paradis est en nous** ................................................... 184
    Le vide que seul Dieu peut combler
    La vérité puisée en notre for intérieur change notre vie
    Dieu est toujours avec nous

**Tu n'auras pas d'autres Dieu** ......................................... 191
    La valeur du silence
    Le yoga nous enseigne à nous transformer
    Une expérience avec la Mère divine

**Apprentissage avec mon guru, Paramahansa Yogananda** ....... 204
    Seule l'expérience personnelle nous permet de connaître Dieu
    Toute dévotion offerte au guru est offerte à Dieu
    Une expérience de *nirbikalpa samadhi*
    Les derniers jours avec le Guru
    Suivez la *sadhana* de votre guru

**La voie de la dévotion** .................................................................. 212
    Votre dévotion ne devrait être que pour Dieu, pas pour impressionner les autres
    Le but suprême de l'être humain est la félicité

**Une bénédiction du Mahavatar Babaji** ...................................... 218
    Une preuve divine de Babaji
    Une vision prophétique
    « Ma nature est amour »

**L'esprit de la vérité** ..................................................................... 234
    La vérité ne peut se comprendre pleinement que par l'expérience
    La bonne manière de satisfaire ses désirs

**Les avatars ont-ils un karma ?** .................................................. 240
    Un maître peut s'emporter sans se mettre en colère
    Tout comme les acteurs jouent un rôle, les avatars prennent un nom et une forme
    Notre véritable force provient de notre abandon à Dieu
    Tôt ou tard, Dieu comble tous les désirs

**Notre unité en Dieu** ................................................................... 250
    La fraternité des hommes, la paternité de Dieu
    Là où deux ou trois sont assemblés

**La seule réponse à la vie** ........................................................... 257

**Cheminer intérieurement avec Dieu** ....................................... 267

**Apprendre à bien se comporter** ............................................... 271
    Il est impossible de réussir à concilier à la fois le bien et le mal
    Le pouvoir transformateur d'une vision fugitive de Dieu
    Lorsque nous savons nous maîtriser, rien ne peut nous troubler ou nous ébranler
    Les obstacles sont faits pour nous fortifier
    La plus grande force du monde

**Comment connaître Dieu** ......................................................... 278
    L'autoanalyse est un bon moyen pour évaluer nos progrès spirituels

La méditation transforme notre vie
L'attachement à Dieu diminue les attachements matériels
Dieu est notre compagnon éternel

**Remettez vos problèmes à Dieu** ............................................. **284**

**Les buts spirituels de la Self-Realization Fellowship** ............. **288**

**Une anthologie de conseils** ..................................................... **297**
Dieu est le plus grand des trésors
Dieu est la réponse à tous les problèmes
La bataille psychologique entre le bien et le mal
Le Soi se réalise dans le silence intérieur
Nous n'avons pas de temps à perdre
Enflammez-vous pour Dieu
Grâce à l'amour divin, chaque âme est unique
Laissez Dieu vous aider à porter votre fardeau
Ne dépendez que de Dieu
Donnez une chance à Dieu
Admonitions pour progresser sur la voie spirituelle
L'amour divin est la motivation qui conduit à l'action juste
L'illusion d'une conscience mortelle
Le privilège de servir Dieu
Objectifs pour la nouvelle année
Nous sommes liés par l'amour
La Mère divine sous Son aspect disciplinaire
Faites ressortir le meilleur de vous-mêmes
Le pouvoir du discernement
Surveillez vos pensées et vos actions
Un modèle de vie spirituelle
Le secret d'une vie heureuse
L'histoire d'amour avec Dieu

www.ingramcontent.com/pod-product-compliance
Lightning Source LLC
Chambersburg PA
CBHW071235160426
43196CB00009B/1076